安徽省高等学校省级规划教材
社会工作专业创新教材

社会工作服务项目策划与执行

主　编　夏维奇　李　松
副主编　缪保爱　胡善平　程书松
编　委（按姓氏笔画排序）
　　　　方曙光　刘　娟　孙天骄　李　松
　　　　李春桃　汪　明　张　冬　胡善平
　　　　姚政宏　夏维奇　梁　霞　程书松
　　　　缪保爱

中国科学技术大学出版社

内 容 简 介

本书从当前我国社会工作服务项目运行实际入手，以训练学生项目策划与执行能力为目标，着重提升学生对社会工作服务项目的设计和策划能力、参与政府招投标的组织协调能力、项目管理能力以及督导与评估能力。本教材分为上下两篇：上篇为策划与设计篇，下篇为执行与管理篇。读者通过本教材的学习能达到熟悉社会工作项目策划与运行的各个环节，有效实现对社会工作服务项目的运行管理。每章开篇点出本章知识要点和能力训练目标，并结合相应案例进行讨论，激发学生学习的主动性。每章有针对性地设计了相应讨论话题，以引导学生有效参与教学过程。本教材不仅适用于大学社会工作专业的本科生或研究生，也可作为社会工作机构的培训教材。

图书在版编目(CIP)数据

社会工作服务项目策划与执行/夏维奇,李松主编. —合肥:中国科学技术大学出版社,2021.1

安徽省高等学校"十三五"省级规划教材

ISBN 978-7-312-04881-4

Ⅰ.社⋯ Ⅱ.①夏⋯ ②李⋯ Ⅲ.社会工作—高等学校—教材 Ⅳ.C916.2

中国版本图书馆 CIP 数据核字(2019)第 299991 号

社会工作服务项目策划与执行
SHEHUI GONGZUO FUWU XIANGMU CEHUA YU ZHIXING

出版	中国科学技术大学出版社
	安徽省合肥市金寨路 96 号,230026
	http://press.ustc.edu.cn
	http://zgkxjsdxcbs.tmall.com
印刷	合肥市宏基印刷有限公司
发行	中国科学技术大学出版社
经销	全国新华书店
开本	787 mm×1092 mm 1/16
印张	12.5
字数	320 千
版次	2021 年 1 月第 1 版
印次	2021 年 1 月第 1 次印刷
定价	50.00 元

前　言

21世纪以来,中国的社会工作事业蓬勃发展,社会工作服务的环境不断优化,政府、社会、高校、社工机构以及社工从业者共同推动了社会工作事业的全面进步。

2009年,民政部发布《关于促进民办社会工作机构发展的通知》,指出促进民办社会工作服务机构发展必须加强政府购买社会工作服务,正式开启了政府购买社会工作服务的探索之路。2012年中组部等19个部委和群团组织联合出台《社会工作专业人才队伍建设中长期规划(2011—2020年)》,"制定政府购买社会工作服务政策"被正式提上议事日程,极大地推动了地方政府购买服务的制度建设和实践发展。2012年6月,深圳市在全国率先推出《政府向社会组织购买社会服务暂行办法》,首次明确了政府向社会组织购买服务的范围、程序方式和资金安排等。紧接着,2012年11月14日,民政部、财政部出台《关于政府购买社会工作服务的指导意见》(以下简称《意见》)。该《意见》充分阐述了政府购买社会工作服务的重要性与紧迫性,政府购买社会工作服务的指导思想、工作原则和主要目标,以及政府购买社会工作服务的主体、对象、范围、程序与监督管理等。这一系列政策的密集出台,为社会工作服务项目化运作提供了必要的政策环境。以项目的形式,推动中国社会工作服务的开展,正日益成为一种主流形式。因此,社会工作的从业者需要对什么是社会工作服务项目、如何开展社会工作服务项目有全面的了解和认识。

高校作为培养社会工作专业人才的主阵地,对社会工作专业人才在知识、能力、素养等方面的培养具有不可替代的作用。如何在新时代适应新要求,培养具有中国特色的社会工作人才,成为高校社会工作专业必需认真思考的问题。这就需要我们立足前沿,脚踏实地,与社会工作机构协同育人,积极构建中国特色的社会工作课程体系和教材体系。有感于此,我们在社会工作人才培养方面进行了积极探索。过去几年,我们通过走访调研,了解社会工作机构对专业人才培养的需求,按照产出导向教育(OBE)模式,回溯课程体系设计和教材研发。在此过程中,我们于2016年制定了新的人才培养方案,增设了"社会工作服务项目策划与执行"课程,并于2017年联合部分社工机构申报的《社会工作服务项目策划与执行》省级规划教材建设项目成功获批。

所谓社会工作服务项目,是指由专业社会工作者主导,遵循社会工作专业价值理念,运用项目管理的方法和技巧,为特定对象开展的一系列具体的社会工作专业服务。其主体是由政府通过招投标或委托方式形成的政府购买服务项目。

　　本教材的编写从当前我国社会工作服务项目运行实际入手，以训练学生项目策划与执行能力为目标，着重提升学生对社会工作服务项目的设计和策划能力、参与政府招投标的组织协调能力、项目管理能力以及督导与评估能力。读者通过本教材的学习能达到熟悉社会工作项目策划与运行的各个环节，并有效实现对社会工作服务项目运行管理的目的。

　　本教材分为上、下两篇：上篇为策划与设计篇，下篇为执行与管理篇。全书以政府购买社会服务项目为主体，突出训练学生在社会工作服务项目申报、项目设计、项目执行、项目管理等方面的能力。每章开篇点出本章知识要点和能力训练目标，并结合相应案例进行讨论，激发学生学习的主动性。每章有针对性地设计了相应讨论话题，以引导学生有效参与教学过程。

　　本教材是高校与社会工作机构紧密合作共同研发课程的产物。教材内容编排紧扣当前社会工作专业学生在社会工作服务项目策划与执行方面的痛点，突出知识要点，注重能力训练。教材吸收了国内外学者的最新研究成果和实务经验，相关社工机构或提供案例，或参与编写，或提出建议，深入介入了教材的设计与研发。因此，本教材不仅适用于大学社会工作专业的本科生或研究生，也可以作为社会工作机构的培训教材。

　　本教材在编写过程中，疏漏之处在所难免，祈请方家批评指正。

夏维奇　李　松

2020 年 9 月

目　　录

前言 ··（ i ）

策划与设计篇

第一章　社会工作服务项目概论 ··（ 3 ）
　第一节　项目与项目管理概述 ··（ 3 ）
　第二节　社会工作服务项目的内涵、特征与类型 ·······························（ 7 ）
　第三节　社会工作服务项目策划与管理 ··（ 12 ）

第二章　社会工作服务项目分析与设计 ···（ 21 ）
　第一节　社会工作服务项目的政策环境分析 ·····································（ 21 ）
　第二节　社会工作服务项目的服务对象需求分析 ······························（ 24 ）
　第三节　社会工作服务项目的方案设计 ··（ 33 ）

第三章　社会工作服务项目的申报与立项 ··（ 43 ）
　第一节　社会工作服务项目申报概述 ···（ 43 ）
　第二节　政府购买社会工作服务的招投标与立项 ·······························（ 49 ）
　第三节　招投标文件解读与实训 ···（ 62 ）

执行与管理篇

第四章　社会工作服务项目执行 ···（ 85 ）
　第一节　社会工作服务项目准备阶段 ···（ 85 ）
　第二节　社会工作服务项目实施阶段 ···（106）
　第三节　社会工作服务项目总结阶段 ···（117）

第五章　社会工作服务项目管理 ···（122）
　第一节　社会工作服务项目人员管理 ···（123）
　第二节　社会工作服务项目财务管理 ···（135）
　第三节　社会工作服务项目目标管理 ···（144）
　第四节　社会工作服务项目过程管理 ···（146）
　第五节　社会工作服务项目时间管理 ···（155）

第六节　社会工作服务项目质量管理 …………………………………………（163）
　　第七节　社会工作服务项目风险管理 …………………………………………（168）
第六章　社会工作服务项目的督导与评估 …………………………………………（174）
　　第一节　社会工作服务项目督导概述 …………………………………………（174）
　　第二节　社会工作服务项目督导的主体、类型及内容 ………………………（175）
　　第三节　社会工作服务项目评估概述 …………………………………………（181）
　　第四节　社会工作服务项目评估的内容、方法和程序 ………………………（184）

参考文献 ………………………………………………………………………………（191）

后记 ……………………………………………………………………………………（193）

策划与设计篇

第一章　社会工作服务项目概论

项目管理与社会工作服务项目管理，社会工作服务项目的内涵与特征，社会工作服务项目的设计与策划。

培养学生相关概念的辨析能力及表达能力，以及社会工作服务项目设计中的分析能力。

第一节　项目与项目管理概述

一、项目与项目管理

（一）项目的含义

在社会工作领域，经常会遇到"项目"一词。其实，不仅社会工作领域，在很多社会事业、公共管理以及企业经营管理乃至文化产业中，也经常涉及"项目"一词，那么到底什么是"项目"？如何进行项目管理？在不同的行业领域里，各种类型的项目又有什么异同点？这是我们首先要弄清楚的问题。

项目（project）是指在一定时间和预算内，为创造独特的产品、服务或成果而进行的一连串工作。[①] 对于项目的定义，学者们从不同角度给出了许多不同定义。美国项目管理协会（Project Management Institute，PMI）提出，项目是为创造独特产品、服务或成果而进行的一项临时性工作。[②] 戚安邦在《项目管理学》一书中提出：项目是一个组织为实现既定的目标，在一定时间、人员和其他资源的约束条件下，所开展的一种具有一定特性的一次性工作，是人类社会特有的一类经济、社会活动形式，是为创造特定产品或服务而开展的一次性活动。[③] 所以，从体量上看，项目可以小到一天的工作计划，或一款产品的研制开发，也可以大到一项大型工程、一次体制改革，等等；从团队数量上看，项目可以小到几人参加，也可以大到几千

[①] 项目臭皮匠.项目百子柜[M].北京：中国社会出版社，2017：5.
[②] 美国项目管理协会.项目管理知识体系指南[M].6版.北京：电子工业出版社，2018：4.
[③] 戚安邦.项目管理学[M].2版.北京：科学出版社，2018：2.

人、上万人参与；从周期上看，有几周或几个月的短期项目，也有长达几年才能完成的长期项目，等等。

事实上，很多行业领域都使用项目推动工作。如从工程到环保，从科技到扶贫，从公益到服务，可以有长有短，有大有小。可以是短期的工作坊，例如为期三周的夏令营；也可以是长达数年的扶贫项目或工程项目，例如我们国家的扶贫项目。一般而言，项目往往有始有终，有既定的预算及执行方案，也有最后的验收和评估阶段。据此，我们可以概括出项目一般具有如下几方面的特征：

首先，项目具有时间限制。

无论何种类型的项目，一般都会有时间起点和终点，拥有明确的时间限制。大项目一般会长达数年，小项目可能仅有数周时间。例如，中央财政社会工作教育对口扶贫服务示范项目（安徽省），便是一个为期半年的项目，时间从2018年6月到12月，由安徽五所高校社会工作专业师生参与实施。

第二，项目具有预算限制。

任何一个项目从启动到结项，往往都需要资金的支持，而资金一般来源于政府拨款、企事业单位捐赠或自筹、公益组织募集等方面，做任何项目都需要做好资金的预算和管理工作，使整个项目处于可操控的资金范围内。

第三，项目需要组建团队去运行。

项目的立项，便意味着需要具体的人去操作。项目的完成往往需要决策层、管理层、执行层等不同的人员去共同实现。项目在整个操作过程中，需要组建相应的团队去具体实施，以确保人尽其责，人尽其力。

第四，项目注重过程性管理。

项目的招投标、立项、启动、实施、结项、评估等是一个系统的过程，每一个环节都需注重过程性管理。在不同的行业领域，虽然项目流程略有不同，但在项目的各个阶段，会有不同的执行标准和实施步骤，每个环节的完成又将会为下一个环节的实施奠定基础。项目的过程性管理涉及对人、财、物、信息、质量、时间等具体指标的把控与掌握，这对于整个项目能否最终完成起到至关重要的作用。

（二）项目管理

1. 项目管理的内涵

传统的项目管理以某个具体的项目为对象，进行系统管理。它更加侧重于成本、进度和质量三个方面的控制。随着社会的不断进步，项目管理理念也在不断发展，项目利益相关者开始受到关注，这使得项目管理从实现三大控制逐步转向以利益相关者满意为目标。美国项目管理学会（PMI）认为项目管理就是工作人员在项目活动中运用科学的知识、技巧、工具和方法，使项目目标能够达到或超越利益相关者的期望和需要的一种服务活动。因此，项目管理每个阶段的活动都要体现出其特有的创新性、专业性和复杂性。[1] 项目管理包括以下九大知识领域：① 范围管理，项目管理经理必须划分好各项目工作者的工作内容；② 时间管理，主要包括活动策划、活动安排、活动时间、活动资源的获取和活动计划的控制与编制；③ 成本管理，包括成本的计划、成本估算、成本预算和成本控制；④ 组织与人力资源管理，包括项目工作人员的招聘与录用、岗前培训和项目队伍组建等；⑤ 沟通

---

[1] 吕彩云.项目管理在社会工作实务中的应用研究[D].苏州：苏州大学，2017.

管理,包括项目经理与利益相关者之间、项目经理与项目工作人员之间、项目工作人员之间的沟通,良好的沟通环境有助于对项目的信息进行加工、收集、发布、存储和归档等;⑥ 质量管理,包括项目实施过程中的质量计划、质量监察和质量保障等;⑦ 风险管理,不仅包括风险预估以及相对应的措施,还包括临时风险的及时应对等;⑧ 采购管理,包括产品和服务的选购以及合同管理;⑨ 综合管理,即根据项目章程、项目计划和项目变更对各相关领域进行整合。项目管理的九大工作领域中包含各自的工作方法和工具,对各领域的项目管理都有较重要的指导作用。如社会工作项目管理的指导、社会工作专业实习管理的指导等。

综上所述,我们可将项目管理的定义概括为项目承接方运用各种管理技术、方法和知识为实现项目目标而对项目的各项活动所开展的管理工作。

2. 项目管理理论

项目管理理论起源于第二次世界大战期间,此后迅速发展,逐步应用于多个领域。它是以具体的项目为研究对象,运用定量和定性相结合的方法,将一些先进的管理理念和技术运用到日常的项目管理中,有效提高了项目管理的效率。项目管理理论作为一门专业学科,具有成熟的理论基础和方法体系,已经在多个领域发挥了重要作用。

(1) 工作分解结构(work breakdown structure,WBS)理论。美国项目管理协会认为,WBS 是以交付成果为导向的工作层级分解,创建工作分解结构是把项目可交付成果和项目工作分解成较小的、更容易管理的组成部分的过程,它将项目的总体任务分解成为一组同步并越来越明确的任务。WBS 由 3 个关键元素构成:工作(work)——产生有形结果的工作任务;分解(breakdown)——是一种逐步细分和分类的层级结构;结构(structure)——按照一定的模式组织各部分。如图 1-1 所示,第 1.0 层代表整个项目,下一层(1.1、1.2、1.3 等)是支持项目完成的主要可交付成果,再下一层则是具体的子项目。① 这些子项目代表着可以具体开展和执行的工作,它们是完成整体项目目标的一个组成部分。

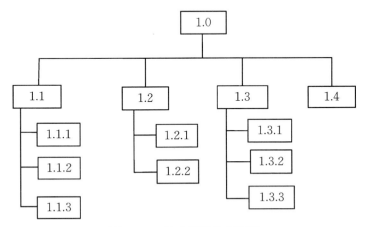

图 1-1 工作分解结构示意图

(2) 项目周期理论。项目是一个动态的系统,它随着时间的推移而不断变化,正如所有有机体都会经历出生、成长、成熟、衰老和死亡的生命周期一样,项目也具有生命周期。项目

---

① 罗峰. WBS 在社会工作项目管理中的应用研究[J]. 社会工作(学术版),2011(3).

的生命周期包含了项目从开始到结束所经历的各个阶段。实际工作中,由于标准不同项目可以划分为不同类型,但无论怎样划分,都要对项目的完成和限制条件进行明确规定,以便更好地完成和审核。① 项目周期理论普遍适用于各种类型的项目。如在社会工作服务项目中,从项目的启动到项目的收尾评估这一动态过程便是一个完整的项目生命周期。

3. 项目管理的内容

根据美国项目管理协会出版的《项目管理知识体系指南》,项目管理的知识体系一般从两个方面展开:一是项目的动态管理,即项目的过程管理;二是项目的静态管理,涉及九大知识领域。

项目管理过程是指在实现项目目标的过程中,所开展的组织、计划、领导、协调和控制等一系列活动的过程。项目管理过程分为5个阶段:项目起始阶段、项目计划阶段、项目执行阶段、项目控制阶段及项目结束阶段。

(1) 起始阶段:包括明确需求、确定项目界限;调查研究、收集数据;进行可行性研究;初步确定项目组成员;识别项目利益相关者等。

(2) 计划阶段:包括确定项目范围;编制项目进度表;配置人力资源;制定项目质量保证计划、风险管理计划、沟通管理计划、采购计划等。

(3) 执行阶段:包括获取订购物品及服务;实施项目奖励机制;跟踪范围、进度、预算、质量执行情况;实施阶段性评审;报告项目进展;处理冲突、解决问题;评估项目成效等内容。

(4) 控制阶段:包括对范围、进度、成本、质量、变化的控制,把握实际情况,以进行必要的调整。

(5) 结束阶段:包括移交评审与验收、合同收尾、行政收尾及评估结项等工作。

在每个阶段项目管理过程中,都有各自的管理内容和主要工作,但是各个阶段的内容和工作又具有一定的关联性。比如在社会工作项目管理过程中,项目起始阶段更加突出项目需求的调研和项目可行性的分析,而计划、执行、控制和结束四个阶段的工作又是相辅相成、相互促进的。项目管理过程的五个阶段是一个闭环控制过程,组成了项目的生命周期。

4. 项目管理与行政管理、企业管理的区别

项目管理作为一种管理方式和手段被广泛应用于现代社会治理体系中。与之类似的概念还有行政管理和企业管理。

行政管理的定义有广义和狭义之分。广义的行政管理是指一切社会组织、团体对有关事务的治理、管理和执行的社会活动。同时也指国家政治目标的执行,包括立法、行政、司法等。狭义的行政管理指国家行政机关对社会公共事务的管理,又称公共行政。这种管理不同于一般的项目管理和企业管理,其更具有宏观性、公共性及公益性。行政管理不仅涉及政府、社会组织、社会公众,还涉及生活中的公共领域,诸如公共安全、交通、教育等。企业管理是对经营活动进行计划、组织、指挥、协调和控制等一系列活动的总称,是社会化大生产的客观要求。企业管理是尽可能利用企业的人力、物力、财力、信息等资源,实现多、快、好、省的目标,取得最大的投入产出效率。与项目管理、行政管理相比,企业管理更侧重于经营性管理,是一种以提高效益、降低成本和追逐利益为主导价值的管理行为。

---

① 吕彩云.项目管理在社会工作实务中的应用研究[D].苏州:苏州大学,2017.

由此我们可以看出,项目管理、行政管理、企业管理三者有如下关系:

第一,就涉及范围而言,项目管理是针对某个具体项目,涉及各行各业;行政管理是对社会组织、公共事务的治理;企业管理则是对企业内部经营活动的管理。

第二,就直接目标取向而言,项目管理是为了取得利益相关者的满意;行政管理是追求社会组织和团体的协调运营及全体公民的公共福利;企业管理则关心自身发展以及投入产出效率。

第三,就执行者而言,项目管理的执行者是承接某项目的部门和项目经理;行政管理的执行者是对整个社会组织、团体和公共事业进行管理的有关部门;企业管理的执行者则是企业内部的高级职能部门。

第二节 社会工作服务项目的内涵、特征与类型

一、社会工作服务项目的内涵

近年来,随着我国社会工作事业的不断发展,社会工作领域的项目化运作悄然兴起。从定义上看,社会工作项目也有广义和狭义之分。广义的社会工作项目是基于实现既定的社会工作目标而在社会工作领域开展的一系列项目化运作。它涵盖社会工作政策制定、社会工作人才培养、社会工作机构培育与孵化以及社会工作服务等内容。而狭义的社会工作项目则专指社会工作服务项目。它是指由专业社会工作者主导,遵循社会工作专业价值理念,运用社会工作专业方法和技巧,为满足特定服务对象的需求,在一定的时间内,运用一定的资源,按照预定的服务目标、服务内容和服务要求所实施的一项系统工作。简单而言,狭义的社会工作项目是围绕着特定的目标,由一系列既定的社会工作专业活动所组成的,为特定对象而开展的一系列项目化服务。本书所谈社会工作服务项目便是狭义范畴的社会工作项目,主要包括政府、企事业单位、公益组织、行业协会等出资开展的具体的社会工作服务项目。

要想对社会工作服务项目的内涵有更深层次的理解,必须要关注社会工作服务项目的几大核心要素。我们常把这些核心要素简要概括为"6W2H1F",其中6W是指When、Where、Why、Who、Whom、What,2H是指How、How much,1F是指If then。

下面将对这些核心要素进行简要阐述:

When是指时间,它包含了整个项目从开始到结束的周期性时间,每步骤需要做什么的阶段性时间,以及项目实施过程中每次专业服务活动的时间安排。

Where是指地点,它包含了项目实施的区域性范围及每次具体服务活动的实际场所。

Why是指为什么,即项目服务的目的和目标分别是什么。

Who是指项目具体实施的团队,即由哪些人来具体对项目进行操作和运行。

Whom是指项目的目标群体,它包含了直接受益人、间接受益人和边际影响人群三大类,对其的具体分析将在后续章节中进行讨论。

What是指项目的内容,即项目具体做哪些服务或活动来实现项目的目标,它也是社会工作服务项目要素中最为核心和关键的要素之一。一般来说,具体的服务内容和活动要兼顾公益性、专业性、创新性、可持续性等评估指标,这些指标将对项目申报、实施效果的成败产生十分重要的影响。

How 是指如何满足服务对象的需求或实现项目的目标。具体体现在项目活动的程序安排上,即每项专业服务活动之间应存在着严密的内部逻辑联系,可以根据服务对象需求的变化做一些细微调整,但不能想当然地安排活动,切忌具体活动的开展与原定项目方案之间存在较大差异。

How much 是指项目成功实施所需要整合和消耗的资源,即整个项目周期内团队、资金、物资、政策等的具体分工和组织安排。

If then 是指项目的风险,即若项目产生一般性或特殊性风险,项目团队该如何应对,充足的应急预案是确保项目顺利有序进行的必备要素,也是考验项目团队综合实力的关键指标。

对于上述社会工作服务项目几大核心要素的理解和掌握,将有助于我们认识社会工作服务项目的特殊性。

二、社会工作服务项目的特征

近些年来,项目化运作已成为社会工作实务领域普遍推行的一种服务模式,众多社会工作服务机构为了实现机构宗旨和专业使命,都积极参与到项目化运作模式中来。按项目的来源划分,社会工作服务项目主要来自两大方面:一是自上而下的推动,即主要是投资方以项目为载体来购买社会组织服务的形式,其信息主要由政府、基金会、行业协会等相关部门通过网站招标公告,或者通过其他途径来获取。二是由下至上的申请,即根据机构服务内容和专长领域,深入一线开展需求和问题调研工作,并据此撰写调研报告和服务方案,最后向相关部门申请项目支持,最大限度地实现社会工作机构的公益职能。这两种方式都为社会工作机构的可持续发展提供了不竭动力,也促进了社会工作项目化运作的规模式发展。

社会工作服务项目因社会工作专业的特殊性,有其自身的显著特征。我们常把社会工作机构归属于非营利性组织,所以社会工作服务项目也可称为非营利性项目。此类项目同其他项目一样(如工程项目),都关注项目目标的实现,追求项目成效,强调项目实施范围、时间安排、资金、资源等,这是社会工作服务项目同其他项目的相同之处。但是,社会工作服务项目在关注目标、成效、质量、范围、时间、资金等要素的同时,更加关注项目实施对象的问题和需求的分析、注重服务对象的项目参与度、体现利益相关者的利益、实现最优的社会效益等。因此,社会工作服务项目既有与其他项目的共同特征,也有其适应社会的特殊性。概括而言,社会工作服务项目的特征包含如下几个方面:

1. 明确的需求

社会工作服务项目的服务对象是有需求的各类社会群体,是一个个活生生的社会人。在每一个项目计划实施之前,社会工作服务项目团队都需要进行充分的需求调研,客观地分析和界定服务对象的真实需求,并围绕其需求设计服务方案,这是做好项目的前提条件。一般我们把服务对象的需求划分为四大类:感觉性需求、表达性需求、规范性需求和比较性需求。

2. 清晰的目标

项目方案中的任何社会工作专业活动都不应该是凭空臆造的,应是紧贴服务对象的需求而精心策划的,也就是说每一项专业服务活动都是为了既定目标而开展的。为了监测项目的实施过程、评估项目的实施效果,社会工作服务项目目标应该是清晰的,即社会工作服务项目目标的设定应遵循"SMART"原则。

 拓展阅读

"SMART"原则

Specific 明确：确切、具体。
Measurable 可测量：不是空泛的，必须是可以通过某种方式衡量的。
Achievable 可实现：不是纸上谈兵，而是通过努力可能实现的。
Relevant 相关性：与总目标直接相关，分目标之间有内部逻辑联系。
Time-bound 时限性：有时间限制，即需要说明在某个时期或时点要实现的状况。

3. 针对性的专业活动

社会工作服务项目是围绕着特定的目标，由一系列既定的社会工作专业活动组成，这些专业活动就是针对服务对象的实际需求而设计的。一般而言，针对性的专业活动有个案工作、小组工作和社区工作三大类，每一种专业工作方法的使用都必须是在满足服务对象客观需求的基础上进行的合理运用，而不能单纯地为了强调专业性而"堆砌"专业活动。

4. 各种资源的动员、联结和整合

一名专业的社会工作者应该具备良好的资源动员、资源联结、资源整合的能力。社会工作服务项目的顺利实施单靠某个人或某个组织的力量是远远不够的，一个优秀的社会工作服务项目往往需要动员、联结和整合各方面的有效资源，形成合力，充分发挥资源的有效作用。如社区治理项目就必须要动员和整合社区领袖、社区志愿者、有才艺的居民、社区公共活动场所等属地的有效资源。

5. 服务对象的广泛参与

社会工作服务项目是直接服务于人的专业活动，旨在改善特定人群的生存现状与质量，满足人们发展过程中的合理性需求。项目从起始阶段的资料收集到结束阶段的项目评估，所有过程都需要服务对象的广泛参与。只有服务对象广泛参与的服务项目，才能最大程度地实现项目的预期目标，才能较好地帮助服务对象实现增能，从而达到助人自助再助人的良好效果。

6. 项目内容的非重复性和系统性

社会工作服务项目内容的非重复性是指项目内容具有独特性或个性化特征，即使是针对同质群体且已获得一致好评的社会工作服务项目，因为服务对象个体特质、实施场域、活动时间等要素的不同，项目内容也应该重新制定，即项目核心要素的改变必然会带来项目内容的重新调整。项目内容的系统性是指项目活动内容的内在逻辑连贯性，即每个活动内容的安排都围绕着项目目标进行，上一个活动的开展为下一个活动的实施奠定基础，从而达到上下贯通，实现活动目标。

7. 项目成效的可持续性

社会工作服务项目结束以后如何继续维持项目实施的效果，是项目团队成员需要认真考虑的重要问题。社会工作服务项目在具体实施过程中围绕着项目目标开展工作，通过服务对象增能等相关技巧，达到一定的项目成效，实现在结项以后项目成效的可持续性发展。

三、社会工作服务项目的类型[①]

根据不同的标准可以把社会工作服务项目分为不同的类型。

1. 按服务对象和服务内容分

从服务对象和服务内容上，可把社会工作服务项目划分为单项项目和综合性项目。

（1）单项项目。单项项目也可以称为专项项目，这种项目有明确的服务对象和服务目标。例如湖北省孝感市孝昌县阳光社会工作服务中心的关爱"三无"老人社会工作服务项目，针对的是"三无"老人。这类项目因服务对象明确具体，所以限定了资源的投入方向和重点，项目服务对象和服务内容相对单一。

此外，基金会、企业的一些委托项目也是专项项目。随着社会的发展，专项项目会越来越多。无论是政府还是非营利组织，在服务过程中发现某个群体的某种需要时，就会着手设计或开发某些专项项目去加以满足。上海的社区公益服务项目和深圳的福彩公益金资助的公益创投项目基本上都是专项项目。

（2）综合性项目。综合性项目相对而言更像是一个平台，可以把各类服务对象放到这个平台上来。它能整合各种各样的资源，并根据服务对象的不同需要提供不同内容的服务。例如，当前中国各大城市推行的社区党群服务中心项目就是一个综合性项目，它作为一个整体将相关服务内容打包并发包给非营利组织，由其组织运营实施。社区党群服务中心建筑面积通常在400平方米左右。服务内容包括：党、团、工会和妇联活动，老人、妇女、青少年、儿童服务，社区日间照料、再就业培训、家庭问题调解、亲子活动、四点半学校、学生午托、家庭生活教育、图书阅览、文化体育、社区教育和康乐活动等。

2. 按服务项目有无固定场所分

从服务项目有无固定场所上，可把社会工作服务项目划分为实体性项目和非实体性项目。

（1）实体性项目。实体性项目通常有进行日常服务的实体或载体，这些实体有服务机构自有的办公和服务场所。例如北京慧灵机构的"三原色工作室"是一个四合院，政府建的社区服务中心、生活服务中心、市民中心以及残联的残疾人社区康复站都是开展项目的重要载体。正是由于机构有自己的或政府提供的服务场地，使得机构不仅能减少租用场地及与有关各方打交道的成本，而且可以开展个案工作和小组工作等专业化的服务工作。

（2）非实体性项目。非实体性项目是没有固定服务场所的服务项目，类似于传统社会工作中的外展工作。可以通过走访，利用社区里面的一些场地来开展服务活动。当前许多机构只拥有一个办公室，几乎没有自己的服务场地，使得项目的后续性服务可能存在一定的问题，难以开展个案工作和小组工作等专业服务活动。此外，很多机构需要跨街道或跨区域提供服务，需要同服务对象所在社区打交道，而让社区接纳项目活动需要一段时间，这对于时间周期为一年甚至更短的项目来说，显然是不利的。

3. 按项目资金来源分

从项目资金来源上，可以分为政府购买的社会工作服务项目、基金会资助的社会工作服务项目、企业资助的社会工作服务项目和行业协会资助的社会工作服务项目。

[①] 陈为雷.社会服务项目制的建构及效应分析[D].天津：南开大学，2013.

（1）政府购买的社会工作服务项目。政府是所有公共服务的承担主体,随着民众需求的增加、社会问题的复杂化及政府社会管理和服务的创新,政府以招标等方式外包社会服务项目成为常态。购买服务成为政府进行社会管理和社会服务的一种重要手段。而项目的承接主体主要是公益性非营利组织,项目资金来源于财政资金。政府购买社会服务项目既有专项项目也有综合性服务项目,既有实体性项目也有非实体性项目。本书阐述的社会工作服务项目主要是政府购买的社会服务项目。

（2）基金会资助的社会工作服务项目。作为以公益服务为目的的基金会,也是社会工作服务项目的重要来源者之一。当前随着基金会的发展转型,资助型基金会越来越多。资助型基金会通过提供项目资金资助公益性非营利组织,开展相应的社会工作服务项目。如南都公益基金会资助中国社工教育协会开展的"天津港'8·12'特别重大火灾爆炸事故后社会工作服务项目",有针对性地在学校社会工作、企业社会工作、社区社会工作、医务社会工作和专业培训等领域开展服务。再如,由上海市慈善基金会等资助,奉贤区思齐社会工作服务中心承接的"牵手同行,特殊人员关怀行动"公益项目,取得了良好的社会效益,成为上海市慈善基金会首届"十佳慈善公益项目"。

（3）企业资助的社会工作服务项目。企业是以盈利为主要目的的组织。当代社会中,企业的影响力越来越大,企业在追求盈利的同时,社会责任意识逐步增强。在这种情况下,赞助社会服务项目成为企业回馈社会的一种有效方法,在这种合作模式中,企业盈利的优势和非营利组织服务的专长有机地结合起来,从而达到一加一大于二的效果。企业资助社会服务项目一般有三种情况:第一种是企业直接出资,委托社会服务机构承担相应的社会服务项目。例如,安徽迎驾集团股份有限公司在2019年出资20万元,委托六安市、安庆市6家社会工作服务机构和志愿服务组织,实施"十百千"工程,支持他们围绕社会救助群体、农村留守人员、贫困人群等重点群体开展社会服务,取得了良好效果。第二种是企业在经营达到一定盈利规模后,转向开办社会工作机构或慈善基金会,并以企业盈利所得资助其所办机构开展社会服务项目。例如,神华集团作为我国最大的煤炭生产企业,发起成立公益基金会并捐资5000万元,携手中国社会工作联合会开展帮助患有白血病、先天性心脏病的贫困儿童完成医疗康复的系列公益项目,是我国目前资助力度最大的儿童救助项目。第三种是一些以公益慈善活动为主体的社会服务机构,逐步转型商业化经营,并以其经营所得资助其原有的社会服务项目。例如香港圣公会是以慈善公益活动为主的机构,后逐渐拓展商业化经营项目,并以此资助社会工作服务项目。

（4）行业协会等社会组织资助的社会工作服务项目。目前,国内行业协会也逐渐注重公益事业的发展。他们在促进行业发展的同时,开始转向公益性服务项目,以承担相应的社会责任。资助公益慈善组织和社会服务机构开展专业化社会服务日益成为一些行业协会的重要工作。例如,中国社会工作教育协会承接的"社会工作教育对口扶贫服务示范项目"涵盖安徽、云南、江西等多个省份,该项目充分发挥中国社会工作教育协会行业协会优势,采用统一打包、逐层分包的模式开展对口扶贫服务工作,突出了专业性,取得了良好的社会效益。

第三节　社会工作服务项目策划与管理

一、社会工作服务项目策划

目前,社会工作机构的服务项目主要来源于政府购买、公益基金资助和社会企业委托项目,这些项目在实施前,需要对项目整体方案进行设计,做好策划,而项目设计的水平往往决定着项目实施效果的质量。

社会工作服务项目在策划阶段应遵循如下步骤:

1. 项目背景分析

在项目设计的最初阶段,需要对项目的背景资料展开全面而细致的分析,包括宏观环境的分析、同业机构的分析和微观环境的分析。

(1) 宏观环境分析是指对国家或项目实施地区所面临的发展问题与该项目是否存在关联,国家或该地区的社会政策的支持度如何,该项目所围绕的主题是何现状等因素的分析,即从外在的宏观环境入手去厘清项目现有的服务背景。常用的宏观环境分析技术是 PEST 分析:P 是政治(politics),E 是经济(economy),S 是社会(society),T 是技术(technology),可运用这四大因素来分析某个项目所面临的现实状况。如以提高流动儿童自我管理能力为目标的社会工作服务项目,其宏观环境的分析可以用图 1-2 来表示。

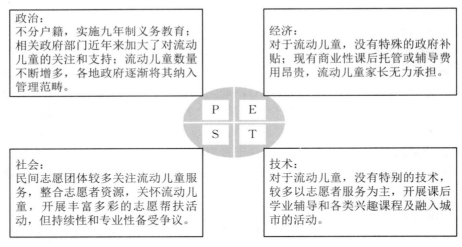

图 1-2　宏观环境分析图示

(2) 同业机构分析是指与社会工作行业内的其他机构所做的相关项目进行比较分析,据此来提高自身项目运作的成功率。一般而言,首先需要寻找同类机构,常以项目主题的相似度和关联度的高低来判断同类机构的可参考性;其次是分析该机构所做项目的成果如何,即有哪些成功的经验和失败的教训;最后是了解当前服务范围内,正在做的和即将做的相关项目有哪些,有效地挖掘出项目实施效果的增长点。

(3) 微观环境分析是指与项目实施紧密相关的个体、群体和环境因素的分析,包括项目实施场地的自然地理环境、社会人文环境的分析,以及目标群体的相关情况的介绍,从而实现对服务对象及其社会环境基本状况的有效掌握。

2. 利益相关者分析

为了保证项目的正常实施,争取尽可能多的利益相关者对项目的理解和支持,是项目实施团队在项目设计中非常重要的一步。利益相关者是指与社会组织有一定利益关系的个人或群体,可能是社会组织内部的(如雇员),也可能是组织外部的(如资助方或压力群体)。就社会工作服务项目本身而言,利益相关者是指会对项目产生影响或项目会影响到的个人、群体或组织。

(1) 明确谁是利益相关者。简单而言,那些与项目有关的个人、群体或组织,就是项目的利益相关者,其大致可以分为两类:

一是主要相关者:是指对项目起主要影响作用的个人、群体或组织,或者项目主要影响到的个人、群体或组织。这里的影响可能是正面、积极的影响,也可能是负面、消极的影响。通常而言,项目主要相关者就是项目的直接服务对象,是我们需要重点关注的群体。

二是次要相关者:是指对项目持有利益、感兴趣的群体,可以是机构高层管理者、出资方,也可以是对项目感兴趣、对项目有影响的组织团体,如居委会、社区志愿组织、相关企业、媒体等。

我们在明确谁是项目利益相关者时,常采用头脑风暴法,围绕谁影响组织的工作、谁对组织的工作会感兴趣、谁受组织工作情况的影响等问题进行热烈讨论。可根据表1-1内容逐一进行"头脑风暴"。

表1-1 利益相关者分析表

利益相关者	利益所在	对项目的影响	与项目的关系	处理次序
主要				
次要				

① 利益相关者:列出项目的主要与次要的利益相关者。
② 利益所在:分析相关者从项目中所获的相关利益或好处。
③ 对项目的影响:判断利益相关者能给项目带来的积极或消极影响。以符号表示:
＋　潜在积极影响;
－　潜在消极影响;
＋/－　有可能产生积极/消极影响;
？　未知的影响。
④ 与项目的关系:分析利益相关者对项目产生积极或消极影响的原因,以及项目可能给利益相关者带来的积极或消极影响的原因,两种影响与项目之间存在的逻辑关系,即积极影响得益于项目中的哪些因素,项目活动会产生哪些相关性的消极影响。
⑤ 处理次序:根据相关方在"对项目的影响"一栏的重要性,确定处理的排序,1为最优先,5为最不优先。

(2) 绘制利益相关者矩阵图。在确立利益相关者基本情况以后,列出组织利益相关者的名单,包括机构和重要人物。通过访谈、会议、研究等方式,了解组织主要利益相关者的相关问题:他们的动机是什么,他们感兴趣的是什么,他们想知道什么,他们将怎样利用信息,他们还对谁有影响力,等等。通过绘制利益相关者矩阵图的方式来进一步分析相关者的重要性和影响力,据此来界定对其的工作策略,如图1-3所示。

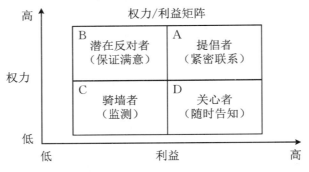

图1-3 利益相关者矩阵图

权力/利益矩阵是根据利益相关者权力与利益的高低或大小而对其进行分类,这个矩阵指明了项目需要建立的与各利益相关者之间关系的种类。

首先关注处于A区的相关者,他们对项目有很高的权力,也很关注项目的结果。项目团队应采取有力行动与A区相关者保持紧密联系,项目的服务对象、媒体、项目资助方和项目主要负责人,是常处于该区域的人群。

尽管D区相关者权力低,但他们关注项目的结果,因此项目团队要"随时告知"项目状况,以维持D区相关者的满意程度。如果低估了D区相关者的利益,易产生危险后果,可能会引起D区相关者的反对。大多数情况下,要全面考虑到D区相关者对项目可能的、长期的以及特定事件的反应,服务对象的家庭成员及其社区常处于该区域。

矩阵B区的利益相关者具有"权力大、对项目结果关注度低"的特点,因此争取B区相关者的支持,对项目的成功至关重要,项目团队对B区相关者的管理策略应该是"保证满意",服务对象所在的组织或单位常处于该区域。

最后,还需要正确对待C区中的相关者的需求,C区相关者的特点是"权力低、对项目结果的关注度低",其观点和立场常常不明确,因此项目团队主要通过"花最少的精力来监测他们"即可。但有些C区的相关者可以影响更有权力的相关者,他们对项目发挥着间接作用,因此对他们的态度也应该"要好一些",以争取他们的支持、降低他们的敌意。

(3) 利益相关者管理。我们掌握了利益相关者的态度以后,更为重要的工作就是对相关者进行管理,以争取他们对项目的支持。在管理的过程中我们需明白几个问题:一是相关者的态度不是一成不变的,项目服务人员需要拥护和维持相关者对项目发展有利的态度,协助和转变相关者对项目发展不利的态度,密切关注相关者态度的变化,及时更新分析表的相关信息;二是明确想要从每个相关者那里获得什么,依此来构建行动方案和沟通计划。

3. 问题/需求分析

解决与项目有关的问题,满足服务对象的需求,是社会工作服务项目的基本目标。在对服务对象的问题和需求进行分析时,首先需要做的就是资料的收集,我们常通过问卷调查、个案访谈、小组访谈、社区访谈、档案资料分析等方法收集服务对象的相关信息。在收集信息的过程中务必要做到深入社区、深入居民,切实掌握第一手资料;其次,我们常用"问题树"(如图1-4所示)的方法来界定服务对象的问题和需求所在,分析服务对象问题产生的原因是什么,以及相关问题所带来的消极后果是什么,对于问题的描述常用负向的词汇进行表述。在使用"问题树"分析方法时,需要明白如下几点:

(1) 树干可以用来表述服务对象的主要问题;树枝可以用来表示问题所产生的消极后果;树根用来分析问题产生的原因。

(2) 对问题产生原因的分析可以从不同角度、借助相关理论知识进行多方面讨论。

(3) 对问题所产生的消极后果有些是服务对象此时此刻所表现出来的,而有些消极影响是潜在的,还未凸显出来,更应予以关注。

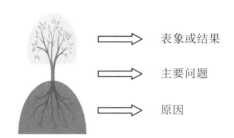

图 1-4　问题树

最后,将所列出的问题进行因果分析,找出问题之间存在的因果联系,按照某个线索将问题进行排序,明确事情解决的先后顺序,从而制定行动策略,明确希望达到的目标。

在问题/需求分析环节,我们除了"问题树"分析工具之外,还有一些有益的尝试。例如,绘制社区地图:让居民参与到社区地图的绘制中来,在合作的过程中发现居民对于社区问题的认识及其需求;要素分析:如对社区场域中的教育、医疗、交通、娱乐、设施等因素的状况进行分析;资源分析:是指对一定区域内资源的详细状况进行分析,如人力资源、物力资源、财政资源、专业资源、行政资源、宣传资源等。

4. 目标分析

一个好的目标设定,能够勾画出项目的全貌,能够为项目提供一个清晰的行动架构,为接下来的内容设计、项目监测与评估等工作,提供依据和标准。我们平时接触到的与"目标"相关的说法众多,如目的、目标、长远目标、中期目标、短期目标、过程目标、任务目标等。而我们对目标的分析主要集中于三个层次:目的、目标以及为达成目标而开展的活动。

(1) 目的(goals),是指希望通过项目而达到的长远成果,无须在项目结束之时就达到,其陈述一般具有笼统性和概括性。包含项目的服务对象、服务对象的改变范围、项目最终希望达到的理想状态等因素,语言须言简意赅、凝炼有力。

(2) 目标(objectives),是指为实现上述目的而制定的更为具体的项目效果,其制定遵循前述的"SMART"原则。美国学者罗斯曼将社会工作的项目目标划分为任务目标和过程目标两大类。

① 任务目标:是指为解决一些特定的社会问题,包括完成一项具体的工作,满足服务对象的需要,达到一定的社会福利目标等,其关注的是项目的实施结果如何,强调给服务对象所带来的改善是具体而实在的。

② 过程目标:是指促进服务对象能力的提升,增强解决问题的能力、信心和技巧,从而实现自助甚至是助人的目标,其关注的是项目活动的介入过程,强调给服务对象所带来的改善是持久的。

(3) 活动(activities),是指为了实现项目目标而专门设定的各种专业活动安排。

我们在实践中常用"目标树"（如图 1-5 所示）的方法来对项目的目标进行分析,并与"问题树"综合起来考虑,找出项目的目标策略,也就是把"问题树"的负向表述转化为正向表述,这些正向表述就成为项目可能的目标策略,同时也是项目的初步目标。在目标界定的过程中,我们可以从个人、家庭、社区等不同层面予以考虑。

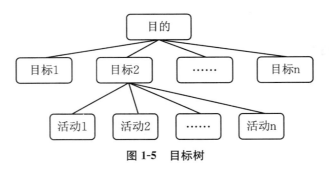

图 1-5　目标树

5. 策略分析

项目目的与目标的实现更多依赖于项目活动的组织与执行,项目的策略分析实质就是对项目的活动内容进行效益分析。依据项目目标而设定的项目活动,首先需要对其成本投入进行分析,即每项活动需要投入的人力、物力、财力等成本是多少;其次需要测算该活动在成本要求的限制条件下产出是多少,即项目活动的效果和影响会有多大。正如前文所述,非营利性项目同其他项目一样,也注重项目投入的成效,力求实现"专业人士做专业事、花一样的钱办更多的事"的效果。

6. 假设与风险分析

风险是指项目可能会出现的问题,这种问题会带来积极或消极的后果。风险分析是指对于风险出现的可能性及所带来的影响力,进行假设性或预测性分析。我们常遇到的风险包括两大类:一类是项目内容未能按照预定计划执行;另一类是项目目标未能有效实现。此时,我们都需要分析发生此类风险的具体原因是什么,原因的归纳往往就是潜在风险的具体内容,如社区户外活动未能按照预定计划执行,原因可能会是场地不足、极端天气、设备损坏、资金不到位、与社区临时性活动冲突、人手不够等,这些原因都会是项目的潜在风险。对风险产生的原因进行分析后,我们需要制定应对措施来减少甚至规避风险的发生。

7. 合理性测试

社会工作服务项目方案的设计是在一定的逻辑层次内进行的,我们常将其划分为四大部分:一是项目的背景依据,包括项目的背景资料与理论依据;二是项目目标,包括服务目标与项目成效指标;三是执行方案,包括服务内容、服务方式和参与因素;四是总结检讨,包括项目成效测评和项目整体资料的分析。为了更好地分析项目运作逻辑,展示项目实施依据,监测项目的合理性,我们可以通过绘制逻辑框架矩阵表(见表 1-2)的方法来揭示项目活动的相关内容。

通过逻辑框架矩阵表,我们期望解决如下问题:

① 为什么要执行该项目(干预逻辑,目标)。

② 项目要实现什么(产出,指标)。

③ 如何达到这些目标(活动,方法)。

④ 哪些外部因素对项目成败最关键(假设)。

⑤ 在哪里得到评价项目成败所需要的数据（指标验证方法）。
⑥ 项目将花费多少（花费预算）。
⑦ 项目启动前应该满足并完成的先决条件。

表 1-2　逻辑框架矩阵表

项目描述	指标	检验方法	假设与风险
总目标			
具体目标 1. 2.			
产出 1.1 1.2			
活动 1.1.1 1.1.2			

8. 制订工作计划

社会工作服务项目前期的分析工作是为了项目能够有效实施和运转。在上述七大工作任务完成后，我们就可以根据实际分析的结果来制订工作计划了，此环节的工作计划包括实施计划、资源计划、监测与评估计划三大类。

（1）制订实施计划。实施计划是项目在操作层面的详细计划，主要为以项目内容、项目进度、操作团队及任务分工为计划的主要内容。通常我们以制作甘特图的方式来展示项目的进度与内容，见表1-3。

表 1-3　进度/内容推进表

项目活动	2017								2018							
	5	6	7	8	9	10	11	12	1	2	3	4	5	6	7	8	9
活动1																
活动2																
活动3 活动3.1 活动3.2																
活动4																
活动5																
……																
项目监测																
项目评估																

（2）制订资源计划。项目资源计划（project resource plan）是指通过分析和识别项目的资源需求，确定项目需要投入的资源种类（包括人力、设备、材料、资金等）、项目资源投入的

数量和项目资源投入的时间,从而制订出项目资源供应计划的项目成本管理活动。一般而言,首先需要做资源描述工作,确定完成项目任务所需要的主要资源,即资源库。资源库中的资源分为两类:① 硬件上包括项目中完成任务的人员、设备、物资;② 软件上包括项目所需的各种技术、信息。其次对项目所需的资源数量进行表格化分析,即资源计划矩阵,详见表1-4。

表1-4 资源计划矩阵表

项目活动	资源需求量					备注
	资源1	资源2	资源3	……	资源n	
活动1						
活动2						
……						
活动n						

(3)制订监测与评估计划。项目监测是指定期跟踪、审查和调整项目的实施情况,确保项目依照既定的方向和策略开展活动,发现项目的优势和不足,确保活动和目标实现的"质量"和"成效"。总之,项目监测是一个系统性、持续性记录管理的过程。项目评估是指在某个时间点对项目进行深入且系统的回顾和分析,检查项目的实施效益、效果、品质,分析已完成的各项活动是否达到既定的项目目标。项目评估对于增强社会服务的活力和效益,促进社会服务发展具有重要作用。对于项目监测与评估相关内容的更多了解,可以通过对表1-5内容的阅读来进一步思考。

表1-5 项目监测与评估比照表

	监测	评估
何时	持续	一个固定时间点
收集什么	直接可获得的信息	更详细的信息
目的	检查活动执行情况和是否需要做相关调整	了解项目目标的进展情况和成效
谁执行	项目工作人员	内部或外部团队,或两者共同组成(专家主持,项目成员协助)
结果如何使用	用来改善执行的质量和对计划做适当调整,为评估提供信息依据	衡量项目对目标对象的影响,为未来计划制订和目标调整提供依据

二、社会工作服务项目管理

随着社会的多元快速发展,社会的有形与无形竞争愈加激烈,人们越来越重视管理效率。因此,应用于企业领域的项目管理概念也逐渐超越了企业范畴,开始在公共部门和社会组织领域中合理化运用。项目管理具有科学性,可以减少不确定性因素,使工作具有较高的效率和确定性。

社会工作服务项目管理的核心和实质就是对前文所述的项目要素"6W2H1F"进行有效管理。它是在一定社会条件下计划、组织、协调和控制项目要素,以实现项目目标的工作和过程。社会工作服务项目管理是贯穿项目始终的一种过程性管理。美国项目管理协会将项目管理划分为五大阶段：起始阶段、计划阶段、执行阶段、控制阶段和结束阶段。这五大阶段共同构成了项目整体，且各阶段需要在内部逻辑次序上有效配合，不能省略和跨越其中任何一个阶段。只有这样环环相扣和协调运作，才能较大程度地完成项目任务，实现项目目标。具体到社会工作服务项目的管理，从流程上看主要涵盖准备阶段的管理、执行阶段的管理和总结阶段的管理三个方面。

1. 准备阶段的管理

准备阶段的管理是指在项目启动之初做准备工作过程中的管理。主要工作涵盖评估服务需求、确立项目初步目标、资金预算、计划方案、进度安排、人员招募与培训等，形成一个可操作的项目实施方案。

这一阶段一般包括三个方面的工作：

（1）确定项目基本信息：针对前期所收集的相关资料信息，分析和拟定项目的服务背景、服务范围、服务需求、服务目标、理论基础以及项目实施方的相关服务经验等。

（2）设计项目服务内容：根据服务需求、服务目标、服务资源等相关条件的限制，从社会工作专业服务角度出发设计服务活动内容、规划服务进度、组建服务团队、安排活动任务等。

（3）完成项目服务方案：完成人力资源、预算、监测与评估、风险管理、项目特色等工作事项，最终形成一个切实可行的社会工作服务项目实施方案。

2. 执行阶段的管理

执行阶段的管理主要是通过组织、协调各种人力、物力、财力等资源，运用直接或间接的社会工作服务方法，以完成预定的各项工作，达成项目的目标。在实施过程中，社会工作服务项目执行者的主要管理工作有：

（1）组织协调项目组工作人员及各部门的工作任务，激励团队完成既定的工作计划，必要时根据服务需求的变化做一定程度的微调整，以便更有效地实现项目效益。

（2）与项目利益相关者建立相互信任合作的专业关系，实施过程中保持良好沟通，实现项目信息友好交流。

（3）做好项目活动的宣传、推广、倡导等公共关系活动，进一步提升项目的影响力和知名度。

（4）做好项目控制，通过定期工作检查，发现实施当中的问题，克服障碍，纠正偏差。控制工作的开展一般由管理层和评估方定期或不定期进行，主要控制的内容包括项目资金使用的合理性、服务内容与项目目标之间的关联性、项目活动的专业性、创新性与可持续性等。主要控制的方法有内部督导检查、专项检查、例会汇报、阶段性项目评估等。

3. 总结阶段的管理

总结阶段意味着已完成项目的既定计划，已达成项目的设定目标，是对项目出资方交付项目成果并接受评估的过程。交付项目成果的方式一般采用终期评估与结项汇报相结合的形式展开，其评估和汇报的依据源自项目计划过程所设定的项目服务方案，包括方案中所设定的可衡量项目目标、实际活动内容、项目效果、评估指标与方法等。此阶段需要完成的工作包括：书写项目总结，制作资金使用明细表，通知相关方项目结束时间，组织项目团队从项目服务中学习与反思，完成项目资料整理、归档、成果展示等工作，制作结项汇报 PPT 等。

 **思考题**

1. 什么是项目管理？其与行政管理、企业管理有何异同？
2. 如何开展社会工作服务项目的设计？
3. 社会工作服务项目有哪些特征？

第二章 社会工作服务项目分析与设计

社会工作服务项目的政策环境分析;社会工作服务对象的基本构成,问题分析的方法及其需求的评估;社会工作服务项目方案的基本设计要素,设计的原则、方法和一般步骤。

培养学生对服务对象内外部环境及需求分析的能力,提高学生对社会工作服务项目方案设计的能力以及逻辑思维和创新能力。

第一节 社会工作服务项目的政策环境分析

一、社会工作服务项目的政策依据

作为我国六大人才之一的社会工作者广泛活跃于社会的方方面面,以各种专业化方式协助解决个人、家庭、群体或社区等服务对象存在的问题。所谓"以各种专业化方式",不仅指社会工作者遵循专业的伦理价值,运用专业的理论知识、服务方法和技巧,还应包括其服务领域中各种相关的服务标准和政策法规。其中,社会政策是社会工作机构或社会工作者开展"项目化运作"的重要政策依据,它为社会工作服务项目的策划与设计、执行与管理等工作程序提供了根本的服务方向和制度保障。

社会政策是公共政策体系的一个重要方面,是政府为了有效解决各类社会问题、切实满足居民民生需求、极力维护社会公平正义而通过规范化的方式和手段去调动各类公共资源、促进各项社会事业发展、为人民群众提供各类福利性社会服务的政策体系。社会政策是一个庞大的行动体系,其中包括多个领域和众多项目。在我国现阶段,社会政策的主要领域包括社会救助、社会保险、社会福利和社会优抚在内的社会保障政策,针对老年人、儿童、妇女、残疾人、流动人口等专门对象的合法权益维护和社会服务政策,以及促进公益慈善事业发展、激发社会组织活力的相关政策。因此,了解这些与社会工作专业服务相关的社会政策,有利于促进社会工作服务项目的策划与设计、执行与管理等工作的有序进行。

社会工作服务国家层面的相关政策

中共中央、国务院《关于加强和完善城乡社区治理的意见》(中发〔2017〕13号)

国务院《关于加快发展养老服务业的若干意见》(国发〔2013〕35号)

国务院《关于加强困境儿童保障工作的意见》(国发〔2016〕36号)

中共中央办公厅、国务院办公厅《关于深入推进农村社区建设试点工作的指导意见》(中办发〔2015〕30号)

中共中央办公厅《关于加强和改进城市基层党的建设工作的意见》(中办发〔2019〕30号)

国务院办公厅《关于政府向社会力量购买服务的指导意见》(国办发〔2013〕96号)

民政部、财政部《关于政府购买社会工作服务的指导意见》(民发〔2012〕196号)

民政部、财政部《关于加快推进社区社会工作服务的意见》(民发〔2013〕178号)

民政部《关于加快推进灾害社会工作服务的指导意见》(民发〔2013〕214号)

民政部、财政部《关于加快推进社会救助领域社会工作发展的意见》(民发〔2015〕88号)

民政部《关于支持引导社会力量参与救灾工作的指导意见》(民发〔2015〕188号)

民政部、财政部、国务院扶贫办《关于支持社会工作专业力量参与脱贫攻坚的指导意见》(民发〔2017〕119号)

民政部、教育部、财政部、共青团中央、全国妇联《关于在农村留守儿童关爱保护中发挥社会工作专业人才作用的指导意见》(民发〔2017〕126号)

民政部、财政部《关于中央财政支持开展居家和社区养老服务改革试点工作的通知》(民函〔2016〕200号)

司法部、中央综治办、教育部、民政部、财政部、人力资源社会保障部《关于组织社会力量参与社区矫正工作的意见》(司发〔2014〕14号)

共青团中央、民政部、财政部《关于做好政府购买青少年社会工作服务的意见》(中青联发〔2017〕16号)

国家卫生计生委、中宣部、中央综治办、民政部等22个部门《关于加强心理健康服务的指导意见》(国卫疾控发〔2016〕77号)

社会工作服务国家层面的相关标准

《社会工作方法 个案工作》(MZ/T 094—2017)

《社会工作方法 小组工作》(MZ/T 095—2017)

《社区社会工作服务指南》(MZ/T 071—2016)

《儿童社会工作服务指南》(MZ/T 058—2014)

《青少年社会工作服务指南》(GB/T 36967—2018)

《老年社会工作服务指南》(MZ/T 064—2016)

《社会工作服务项目绩效评估指南》(MZ/T 059—2014)

小讨论:能够指导社会工作服务项目策划与执行的相关地方政策与服务标准有哪些?

二、宏观政策环境分析

宏观政策环境分析主要是指对社会工作服务项目策划、实施和执行的外在环境进行系统分析,包括对政治环境、经济环境、社会环境、技术环境、自然环境等不同类别环境的综合分析。对社会工作服务项目的外在环境进行系统的综合分析,是社会工作服务项目特殊性的内在要求。实施宏观政策环境分析,能有效抓住社会工作服务项目发展的时代需求,从政策制度的背景、内容等多角度抓住社会工作服务项目所需回应的时代问题。为了能更好地发挥宏观政策环境分析所带来的显著影响,积极有效应对宏观政策环境给社会工作机构的项目发展所带来的机遇与挑战,在对宏观政策环境进行分析的过程中应注意以下几点原则:

(一)抓住政策热点

社会工作服务项目对政府政策的依赖性强,其原因在于多数社会工作服务项目源于政府购买。作为专业的社会工作者,无论是一线的项目执行者还是项目管理者,尤其是机构管理者,都应该及时了解有关社会工作服务项目发展的相关政策,如按照服务地点所对应的城乡社区、家庭、医院、学校、军队、企业等,按照服务群体所对应的儿童、青少年、妇女、老人、残疾人等,按照服务领域所对应的禁毒、矫治、灾害、贫困、党建等。及时了解有关社会工作服务项目发展的相关政策,从政策中探寻社会工作服务项目开发与创新的关键点,将政策所反映的社会热点有效转换成社会工作服务项目。

(二)透析服务需求

社会政策的出台常常是为了解决一定的社会问题,是社会转型发展所必然经历的过程。作为专业的社会工作者,需要学会从宏观政策环境的分析过程中,运用问题视角洞察该政策所揭示的社会问题和现实需求是什么,并学会用"项目制"的方式回应政策发布的需求。如民政部、教育部、财政部、共青团中央、全国妇联联合发布的《关于在农村留守儿童关爱保护中发挥社会工作专业人才作用的指导意见》(民发〔2017〕126号),明确社会工作专业人才在农村留守儿童关爱保护中的主要任务是协助做好救助保护工作、配合开展家庭教育指导和积极开展社会关爱服务。对这些任务进行细致分析和深入调研会发现,农村留守儿童存在着生活、教育、监护、心理、安全、交往等多方面的服务需求。

拓展阅读

《关于在农村留守儿童关爱保护中发挥社会工作专业人才作用的指导意见》明确社会工作专业人才在农村留守儿童关爱保护中的主要任务:

1. 协助做好救助保护工作。协助开展农村留守儿童家庭随访,对农村留守儿童的家庭组成、监护照料、入学就学、身心健康等情况进行调查评估,对重点对象进行核查,确保农村留守儿童得到妥善照料。及时发现报告遭受或者疑似遭受家庭暴力或其他受虐行为,协助做好应急处置工作。协助做好对无人监护或遭受监护侵害的农村留守儿童的心理疏导、精神关爱和临时监护照料工作。帮助农村留守儿童及其家庭链接社会救助、社会福利和公益慈善资源,引导公益慈善力量、相关社会组织和志愿者等社会力量为农村留守儿童及其家庭提供物质帮助和关爱服务。

2. 配合开展家庭教育指导。协助开展农村留守儿童监护法制宣传和家庭暴力预防教育,对农村留守儿童父母、受委托监护人开展家庭教育指导,引导其正确履行抚养义务和监护职责。配合调解农村留守儿童家庭矛盾,促进建立和谐家庭关系,为隔代照顾家庭提供代际沟通、关系调适和能力建设服务。引导外出务工家长关心留守儿童,增进家庭亲情关爱,帮助农村留守儿童通过电话、视频等方式加强与父母的情感联系和亲情交流。

3. 积极开展社会关爱服务。协助中小学校和农村社区做好安全教育,帮助农村留守儿童增强防范不法侵害的意识、掌握预防意外伤害的安全常识。协助做好农村留守儿童心理健康教育,及早发现并纠正心理问题,提供心理援助、成长陪伴和危机干预服务,疏导心理压力和负面情绪,促进农村留守儿童心理、人格健康发展。提供社会融入服务,增强农村留守儿童社会交往和社会适应能力。协助做好农村留守儿童不良行为临界预防,对有不良行为的留守儿童实施早期介入和行为干预,帮助其纠正偏差行为。

(三) 内部资源应对

对于宏观政策和服务需求的了解,能够让社会工作机构产生一系列项目设计的专业想法。社会工作机构应以整合视角来有效应对项目设计、申报和执行所需的相关资源要求,如项目申报所需要的机构资质与过往服务经验、服务人员的数量与资质等,项目执行所需的专业技能储备、服务场地的设施设备等。所以,只有当社会工作机构的内部资源能够满足设计某类社会工作服务项目的需求时,才能够为社会工作服务项目的设计、申报和执行提供资源条件支持。简言之,社会工作机构应有效整合内部资源以应对项目设计、申报和执行的现实条件需求。

(四) 持续发展改进

社会工作机构的发展在当代社会中面临着诸多挑战,如项目资源的有限性、专业人员的短缺性、行业竞争的激烈性等,社会工作机构在发展历程中应保持持续改进的态势,以发展的眼光应对外界环境所带来的挑战。当社会工作机构在对内部资源进行整合分析之后,发现该机构所拥有的各类资源仍不足以支撑某类社会工作服务项目的有效执行时,社会工作机构的管理者应立足于宏观政策和服务标准的要求,对本机构所缺乏的各类资源进行内部挖掘和外部引入,做好社会工作机构专业性、持续性发展的资源储备,弥补各类资源性短缺问题。

第二节　社会工作服务项目的服务对象需求分析

一、服务对象的构成

个人、家庭、小组、团体、组织机构和社区等是社会工作中主要的几种服务对象。随着社会工作专业的不断发展,社会工作的服务领域正在不断扩展,社会工作服务对象的概念也在不断扩大。由于西方社会工作专业是从个案工作发展起来的,因此在早期的社会工作文献和实践中,服务对象是指个人和家庭。随着社会工作专业的发展、新的社会工作方法的出现、社会工作领域的扩大,小组和社区被包括在服务对象的概念中。到 20 世纪 70 年代,随着综合社会工作(generalist social work)的兴起,宏观的社会系统也成为了社会工作的对象①。服务对象是社会工作服务项目最直接的利益相关者,是进行项目策划与设计的重要参与主体。社会工作服务项目常常以某类特定群体作为直接的服务对象,而与该类群体相关的组织或个人也可从项目服务过程中间接受益。因此,正如第一章对社会工作服务项目的核心要素的讨论,社会工作服务项目的服务对象主要由直接受益者、间接受益者和边际影响者三大群体构成(如图2-1所示),三者的状况、特征、态度、价值观等多元因素共同影响着社会工作服务项目的策划与设计。

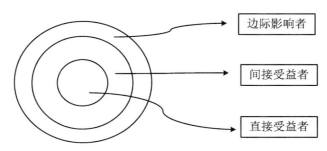

图2-1　社会工作服务项目之服务对象构成图

(一) 直接受益者

直接受益者是指社会工作服务项目所直接针对的个体或群体,是在社会工作服务项目策划与执行以及评估环节中最具影响力的一方,即是传统意义上的社会工作服务对象。如2016年安庆市众禾社工服务中心所策划的"关爱农村留守儿童服务项目"中,直接受益者就是服务项目中所明确的、符合项目执行要求的农村留守儿童及其家庭。

(二) 间接受益者

间接受益者是指由于某类社会工作服务项目的实施而导致直接受益者的正向变化,部分个人或组织从直接受益者的正向变化中获益的对象。同样在安庆市众禾社会工作服务中心所策划的"关爱农村留守儿童服务项目"中,该农村留守儿童所在的社区、学校和相关的部门(教育局、妇联、共青团等)是最主要的间接受益者,他们可以从留守儿童问题的解决过程中,充分履行工作职责,切实提高工作成效。

(三) 边际影响者

边际影响者是指社会工作服务项目所能产生影响的目标群体中最外缘的服务对象。同样在安庆市众禾社会工作服务中心所策划的"关爱农村留守儿童服务项目"中,留守儿童的同辈群体和亲属关系群体是典型的边际影响者,他们可能不会参与到整个项目的活动执行过程中,但也总能从留守儿童自身及其家庭的正向变化中获得一定的隐形福利。

二、服务对象的问题分析

(一) 问题的内涵

问题是社会工作者规划和设计专业服务活动时需要关注的一个焦点,无论规划和设计的内容怎样,社会工作者都希望能够有效地帮助服务对象解决困扰。② 无论是个人、群体还

---

① 王思斌.社会工作导论[M].2版.北京:高等教育出版社,2013:171.
② 童敏.社会工作专业服务的规划与设计[M].北京:社会科学文献出版社,2011:6.

是某个组织单位都或多或少存在着一些问题，这些问题不是与生俱来的，它们往往是服务对象在面对生存和发展的挑战时无法有效应对，从而产生服务对象无法逾越的障碍，使得现实状况与应有的要求标准之间产生差异。

N村是一个偏远山村，交通不便，人均耕地面积较少，"三留守"现象较为严重。在精准扶贫实施过程中，王某被确认为贫困户。王某年轻时在外地务工，妻子在家照顾一儿一女。可是天有不测风云，2015年王某被查出患有多种慢性病，且不能从事体力劳动，家里瞬间失去了经济来源。而妻子在王某外出务工的多年间养成了嗜酒、赌博等不良习惯，两个孩子也因为学习成绩不好在初中毕业后就外出打工，且经济收入只能勉强维持自己生活。家中还因为前些年为儿子张罗婚事而欠下数万元外债。现在夫妻两人常因生活中的琐碎事而争吵，亲戚朋友也渐渐地疏远他们。即便这样，王某一家也不得不承担乡村社会中高昂的红白喜事"份子钱"。

小讨论：请根据上述案例情况，尝试理解该家庭中成员个人和家庭所面临的问题有哪些？

（二）问题分析的视角

社会工作专业秉持"助人自助"的服务宗旨，意在通过对服务对象自身所固有的优势资源的分析，进一步发掘和厘清服务对象的优势是什么，从而帮助服务对象获得自助的能力和更好的发展。对于服务对象问题的分析，并不是让社会工作者片面关注服务对象的问题，而是通过对服务对象的复杂问题进行专业而深入的分析，找清楚问题产生的原因。一般而言，分析服务对象的问题主要有透视性视角、整体性视角、群体性视角以及客观性视角。①

1. 透视性视角

所谓透视性视角，是指社会工作者在研究服务对象的问题时，要透过表面的、虚假的、复杂的现象，掌握服务对象问题深层次的、真实的、纯粹的本质，即要求社会工作者要"透过现象看本质""揭穿真相"，最终获得对服务对象问题萌芽、形成、发展、消亡的规律性认识。美国社会学家默顿曾提出"显功能"和"潜功能"，显功能意指被参与者所预期和认识到的后果；潜功能也称"隐功能"，意指未被参与者预期和认识到的后果。在实际的社会工作服务过程中，服务对象问题的产生总有其深层次根源，问题的隐功能、负功能并非是社会工作者一开始就能意识到的，这就需要社会工作者认识到隐功能给服务对象问题所带来的影响，并深入去研究那些不易被觉察的原因与影响。同样，加拿大社会学家戈夫曼所提出的戏剧透视法的符号互动论表明：人们在前台与后台所扮演的角色是有差异的。戈夫曼把针对陌生人或偶然结识的朋友的行为叫作"前台"行为，而前台表现的往往是"戴着假面具的人"，只有在后台社会工作者才能看到服务对象问题的真面目，只有关系更为密切的人才被允许看到"后台"正在发生的一切。因此，社会工作者需要深入到服务对象的真实生活情境中去，与服务对象建立专业关系，收集第一手资料，了解事物的真实面貌，把握事物的本质。如对贫困户致贫原因的了解，就需要有透视性视角，这样才能制订精准的帮扶方案。

---

① 向德平.社会问题[M].2版.北京：中国人民大学出版社，2015：111-116.

2. 整体性视角

所谓整体性视角，是指社会工作者在研究服务对象的问题时，用整体和系统的观点来进行考察和分析，把服务对象个体的问题放到家庭、群体、社区和组织机构等社会整体中去看，明白服务对象的问题不是孤立存在的，将影响服务对象问题的各种因素联系起来进行综合分析。从孔德的社会静力学、社会动力学到斯宾塞的社会有机体论，从帕森斯的社会结构功能理论到科塞的社会冲突理论，均强调社会是一个整体。社会整体是由各个部分、各种成分有机联系在一起的结构状态，而不是各类要素机械地拼凑。社会工作者只有把服务对象作为一个有机的整体来看待，才能全面、科学地认识到服务对象的各种生存要素和各种复杂问题之间的关系。服务对象的问题不是由单一的某个部分因素决定的，而是与服务对象其他相关因素紧密相连。社会工作者在分析服务对象问题之时，需要将服务对象问题放在社会整体中进行全视角的考察，认识到服务对象问题是一个自然的历史过程，运用系统论观点（整体功能大于部分功能之和）分析服务对象问题，不能只看到服务对象问题的某些方面而遗漏了另外一些方面。如在失独老人关爱服务项目的策划过程中，就需要运用整体性视角，将失独群体放置于整个社会发展变迁的过程中进行分析，明确其所存在的现实问题，这样才能制订一套完整而全面的服务方案。

3. 群体性视角

所谓群体性视角，是指社会工作者在研究服务对象问题时，不是把它简单看作个人的问题，而是看作群体的问题。在观察和分析服务对象问题时要超越个人，要研究群体的结构和属性对个体的影响和制约。社会工作服务项目不同于社会工作个案服务计划，社会工作服务项目通常服务于某类特殊群体和组织机构，而个案服务针对的是某个特殊个体成员或家庭，它是整个社会工作服务项目的一小部分，但就这一小部分来说，同样需要用群体性视角来分析服务对象的问题。社会工作者坚持用"人在环境中"的视角去看待服务对象，个体都生活在一定的社会环境之中，个体的思想、情感及行为是由影响其生存的社会环境决定的。研究服务对象的问题时要有穿透力，穿透个人所在的群体，穿透群体所在的社会环境。因此，当社会工作者对某个或某类服务对象进行研究时，既要研究其所在的群体以及该群体所具有的群体亚文化，也要研究该群体所在的社会环境。如在制定服务城市社区流动人口的社会工作服务项目时，社会工作者不能单纯依靠对某个个案的研究来制定社会工作服务项目，需要综合考虑城市社区流动人口的群体性特征及所在的社区或组织机构文化，以中观和宏观视角来分析服务对象的问题，从而制定内容更为详实、活动更为丰富的社会工作服务项目。

4. 客观性视角

所谓客观性视角，是指社会工作者在研究服务对象问题时应采取客观的态度和立场。客观性视角要求社会工作者不能从狭隘的个人经验出发，对熟悉的社会现象熟视无睹，带着自己的价值倾向研究问题，而是应该站在超越个人经验的立场上，实事求是地研究服务对象的问题，客观地表达自己的各种观点。德国著名社会学家马克斯·韦伯认为，价值因素不可避免地要影响研究者选择什么样的课题，但在科学研究中则是可以做到避免价值影响的。作为一名专业的社会工作者，要在伦理上做到价值中立，避免"反移情"心理动力的影响，要将价值和事实进行区分（应然和实然的区分）。因此，社会工作者在对服务对象的问题进行研究分析时，要避免个人价值观对事实判断结果的影响，要确保问题界定的客观真实性。如在设计反家庭暴力社会工作服务项目时，应避免个人对家庭暴力的经验理解，从客观性视角出发,真实了解每一个遭遇家庭暴力成员的客观事实。

(三) 问题分析的案例展示

正确分析和界定服务对象的问题是规划和设计社会工作服务项目的重要基础和前提条件。在对服务对象进行问题界定的过程中,通常遵循"表面问题有哪些——核心问题是什么——造成这些问题的主要原因是什么"的逻辑思路,从而为社会工作服务项目的策划与设计奠定基础。为了使读者更好地理解如何对服务对象的问题进行分析,下面结合一个具体案例来展示分析服务对象问题的具体思路和方法。

某城市社区作为回迁小区,居民结构复杂,平时就存在较多问题。随着春节临近,该社区的治安状况非常糟糕:一是短短十天内,就发生了三起盗窃案,居民缺乏安全感,对社区治安状况不满意;二是闲下来的居民增多,他们大多聚在一起赌博,造成社区风气较差,其他居民也很有意见;三是随着流动人口退房回家过年,社区内的出租房屋变多,而社区对此情况掌握得却较少。

从上述案例中,我们可以知道该社区为回迁小区,平时可能就存在与其他回迁小区同样的社区治理与服务问题,因此我们可以基于回迁小区这样一个大的社会背景去思考该社区所存在的问题及其原因。案例中呈现给读者的表面问题十分清晰,主要有社区治安问题(盗窃案增多,居民不安)、社区风气和管理问题(聚众赌博现象多,居民不满)、社区信息沟通问题(出租房屋信息掌握不充分)。而这些问题归于一点,即是回迁社区存在着治理不到位、服务有缺位的问题。再究其原因可能与社区居民、社区工作人员以及基层政府等多元化利益相关者有密切关系,如该社区居民安全意识与法律意识差、社区管理不到位、社区活动不丰富、社区与居民互动不充分、基层政府服务职能履行不全面等。因此,要想解决该社区所存在的问题,社会工作者必须以强化社区治理与服务功能、提升社区治理与服务水平为目的,设计专业性服务方案来实现该社区可持续发展。

三、服务对象的需求评估

(一) 相关概念与研究

为个体、群体、组织或社区等不同对象提供专业化服务的社会工作开始于对"需求"的把握,需求(needs)区别于"欲求(wants)"和"喜好(preference)",需求对于我们来说是必需的、基本的。[1] 每一个人都希望生活在一个安全、舒适、平和的环境里。需求是人脑对于生理和社会需要的反映,是个体对于内部环境和外部生活条件的稳定要求。[2] 对于社会工作服务项目的服务对象需求的把握,可以从布拉德肖(Bradshaw)的四分法和马斯洛的需求层次论中去理解。

英国学者布拉德肖把个体或群体的需求分为四种类型,包括感觉性需求、表达性需求、规范性需求和比较性需求。具体而言,感觉性需求,是指人们感觉到某些需要和期望不能得

---

[1] "大爱之行"全国项目办公室. 社会工作项目管理手册[M]. 北京:中国社会出版社,2016:24.
[2] 赵海林. 社会服务项目运作实务[M]. 北京:中国人民大学出版社,2018:22.

到满足并且把它说出来的需要,一个重要的判断指标是通过口头来表达自身的需求是什么。如服务对象告知社会工作者近期总是感觉身体乏力、头晕眼花等,这可能意味着服务对象存在着医疗健康的需求。表达性需求,是指人们为改变自身生产生活状况而通过具体行动来表现的需要,一个重要的判断指标是通过实际的个体或集体行为来表现自身的需要是什么。如社区居民递交一份联名信给社区工作人员,要求治理社区随意倾倒垃圾的行为,这可能意味着社区居民的需求是希望拥有一个整洁的社区环境。规范性需求(又称标准性需求),是指人们实际生活的状况低于社会已经建立的规范标准而产生的需求,一个重要的判断指标是行业内专家所确认的应达到的生活标准和质量。如某个家庭的年人均收入为2600元,按照现行的最低生活标准意味着该家庭存在着基本的物质生活保障需求。比较性需求,是指人们在享受某项福利服务的同时,与之相类似的个体却没有此项服务,则后者容易因比较而产生对此项服务的需求,一种重要的判断指标是通过横向比较产生的需求。如服务对象告知社会工作者其他社区及其周边都有菜市场,而服务对象所在社区及其周边均没有,买菜极其不方便,这意味着该社区居民存在着便利生活服务的需求。通过下述案例,可进一步加深对感觉性需求、表达性需求、规范性需求和比较性需求的理解。

案 例

某贫困村被政府纳入异地搬迁扶贫规划,村民们被安置到县城的A社区。A社区有多家社区社会组织和多支志愿者队伍,社区党员也比较活跃。然而,搬迁一年后,仍然有些村民不适应新的社区生活。一些老年村民表示,原来的老邻居被拆散了,感觉身边没有人可以交流。部分年轻村民表示,到企业上班后,孩子放学回家无人照顾,家长们向社区多次反映,希望解决这个问题。而且与其他安置社区相比,A社区缺少专门为安置村民组织的社区文化活动。某社会工作服务机构在评估服务需求时,也发现这些村民缺乏城市生活适应能力。

(案例来源:2017年中级社会工作师《社会工作实务》真题。)

小讨论:上述案例中,搬迁村民的感觉性需求、表达性需求、标准性需求和比较性需求分别是什么?

马斯洛的需求层次论认为,人的基本需求表现为生理需求、安全需求、归属与爱的需求、尊重需求和自我实现的需求五类,依次由较低层次到较高层次排列,当低层次需求满足后,高层次需求才会出现并得到满足。五种需求可以分为两级,其中生理、安全和感情上的需求都属于低一级的需求,这些需求通过外部条件就可以满足;而尊重和自我实现的需求是高级需求,它们是通过内部因素才能满足的,而且一个人对尊重和自我实现的需求是无止境的。同一时期,一个人可能有几种需求,但每一时期总有一种需求占支配地位,对行为起决定作用。任何一种需求都不会因为更高层次需求的发展而消失,各层次的需求相互依赖和重叠,高层次的需求得到发展后,低层次的需求仍然存在,只是对行为影响的程度大大减小。需求层次论对社会工作理论发展和实务操作影响巨大,较低层次需求的满足是社会工作的主要任务,而高层次需求的满足更是社会工作专业服务所追求的服务目标。学者费德力可认为,人际差异表现在生物、生理、社会和文化等方面,其中,性别、年龄、宗教、种族、身心能力、性倾向、社会经济地位等是最重要的人际差异指标[①]。注重个体的差异性和独特性,为满足服务对象的个性化需求提供社会工作专业服务,是进行需求评估的重要依据,更是开展需求评估的必要性体现。

我们知道,有时为了能够给服务对象提供满足其个性化需求的专业服务,确保专业服务的质量和效益,我们不仅需要评估服务对象的需求是什么,还要清晰地了解社会(行业)的需求、投资方的需求、服务提供主体的需求,做好相关调查和评估工作(如图2-2所示)。

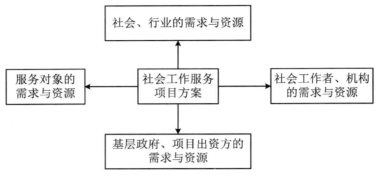

图2-2 需求评估的框架体系

综上所述,我们可以将社会工作服务项目中需求评估的概念界定为:对社会工作服务项目中的服务对象情况进行事先详细了解,依据相关理论确定其需求满足情况及其成因,形成一个暂时性评估结论的过程。社会工作服务项目中的需求评估是一种特定的社会工作实务工具,它主要是运用科学的需求评估方法,获取服务对象的基本资料、分析其需要获得帮助的主要问题、服务对象身上的现有资源与发展动力,以及对其及周边的生态网络系统需求进行评估等。社会工作服务项目中需求评估的基本任务就是了解并分析服务对象,发掘其身上的问题与资源,从而为提出解决方案作准备的一个过程。

(二)需求评估的目的

从具体运作过程来说,社会工作服务项目中对服务对象的需求评估,是运用定性和定量的研究方法对服务对象的基本情况进行全面了解,包含其个体层面、家庭层面、社会层面等不同系统的基本状况,对所收集的基本资料进行相关的因果分析,从而梳理服务对象的问题,确定服务对象的需求以及可利用的内外部资源,为制定服务目标、设计服务方案、执行服务方案、检验服务成效奠定基础。

社会工作服务项目中对服务对象进行需求评估的根本目的是要掌握服务对象的基本情况,为后续工作提供参考和预估。因此,在服务对象需求评估过程中,它至少涉及需求主体、界定主体、需求内容、需求不足或问题的状况和服务原因、服务思路等方面的工作。这些共同构成了需求评估的要素架构,也建立了开展需求评估工作的原则性内容。

从社会工作服务项目的助人属性来说,需求评估的目的在于发现需求主体的需求不足,需求不足可以表现为特殊需求的不足和社会需求的不足。所谓特殊需求不足,是一种个体诉求。社会需求不足,则包含了社会各个资源的缺乏。总体而言,社会工作服务项目中需求评估的目的就是从宏观上把握服务对象的基本状况,根据所掌握的基本资料来发现其所存

[①] 李颖.系统理论视角下的社区需求评估研究:以广东X社区服务中心为例[D].吉安:井冈山大学,2016.

在的问题，界定其需求的主体和内容，找到需求不足的原因等，从而设计出符合客体需求的社会工作服务方案，为社会工作服务项目的实际运行奠定初步基础。

（三）需求评估的分析视角[①]

社会工作以社会人即社会中的人为首要关注对象。对于如何剖析社会人所面临问题的原因，社会达尔文主义、社会结构论、"人在环境中"和生态视角的解读方法各有所不同。社会达尔文主义注重从个人视角说明需求不足或贫困问题，强调贫穷与需求不足源于个人而非社会结构或制度，且多源于个体的懒惰。社会结构论认为，由于社会的短缺和困难而出现的需求可称为社会引发的需求，这种需求有时可视为一种剥夺，并在物质资源、精神或情感、认知、人际、机会、人权、生理等方面得以体现。根据"人在环境中"的内涵，每个个体是生活在不同环境之中的，环境对个体的影响远大于个体对环境的影响，人类追求人与环境的适应以满足需求、权利、欲望和目标，只有在人与环境关系中理解这两个因素，才是合理的。生态视角则描述历史、政治、经济、物理和社会环境的本质，以及这些因素如何在不同文化脉络中影响人类的发展和行为。由此可见，社会达尔文主义理论注重微观需求的分析，社会结构论理论注重对宏观需求的分析，而"人在环境中"和生态视角似乎取上述两者之长，认为是个人原因或环境原因或两者互动不当，导致了需求不足或贫困。这些需求评估分析视角对于理解需求内容、需求不足等需求评估要素具有一定的理论指导意义，为社会工作者的实务工作提供了一定的介入点。

（四）需求评估的资料来源

需求评估是为了掌握服务对象的基本状况，多方面了解服务对象所面临的问题及其形成的原因。然而，对于这些事实的了解，需要利用与服务对象有关的各种资料。一般而言，对服务对象开展需求评估工作，其资料来源主要有两种途径：一是与服务对象以及周围环境进行直接接触，二是分析现存的文献资料。

与服务对象以及周围环境进行直接接触主要是指通过面对面的方式，对服务对象个人或团体、周围环境中的个人或团体进行有效的观察与访谈。这种直接式的接触能够让社会工作者收集到有关服务对象基本状况的第一手资料，能够从不同的评估对象那里获取有关直接服务对象的详细资料。通过面对面接触的方式来获取需求评估的资料，是社会工作者需要具备的实务能力之一，也为后续服务执行过程中建立专业关系奠定良好基础。

分析现存的文献资料主要是指通过对与服务对象相关的文献资料的分析，来认识和梳理服务对象的现实状况，从而分析和判断服务对象的问题与需求。与服务对象相关的文献资料主要有三大类：一是与服务对象所处地域、群体、阶级等相关的人口普查数据、统计年鉴、政府报告、地方志、学术成果、媒体报道或评论、社区资料等，这主要是从宏观与中观的角度来认识和了解服务对象的基本状况；二是社会工作机构既往的服务记录，这些服务记录包括服务对象个人档案资料、原始问卷、访谈记录、调研报告、家访电访资料、个案、小组及社区服务记录等；三是系统整理服务文书，总结过往服务经验，在服务中发现相关服务对象的需求，加强专业性反思，可以使需求评估事半功倍，这主要是从微观角度来认识和了解服务对象的基本状况。

（五）需求评估的方法

需求评估通常采用定量研究与定性研究相结合的方法，进行探索性和描述性调查研究。

[①] 顾东辉.社会工作评估[M].北京:高等教育出版社,2009:177-179.

需求评估在某种程度上类似资料收集,通过收集服务对象的详细资料来发现其不足的需求,并分析原因。因此,在社会工作服务项目中进行需求评估时,可以通过文献分析法、观察法、访谈法、问卷调查法、量表法和实验法等较为传统和常见的方法收集所需资料,同时也可以借鉴焦点小组、知情者调查、社区会议等方法。

焦点小组是群众基础较好的驻点社工经常使用的一种需求评估方法,主要用于对某一服务对象或社会问题的了解深度不够之时。一般来说,焦点小组是由一名经过训练的主持人组织,有少量事先选定好的参与者(6~12人)参加的一种讨论方式,讨论的往往是某个特定的服务对象或问题,通过自由讨论来加深对其的认识。在焦点小组的实施过程中,主持人(社会工作者)常常可以从自由进行的小组讨论中得到一些意想不到的发现。

知情者调查是社会工作者对某个服务对象问题与需求的严重性和紧迫性进行评估的重要方法。该方法使用的首要关键是识别主要知情者,通过滚雪球抽样的方式来寻找到对服务对象或社会问题熟悉的知情者,以此可建立一个服务对象圈,该圈包含现有的服务对象和新项目的潜在服务对象,他们对问题的特点和需求有着更为深入的认识。精准识别和定位知情者,能够提升需求评估的效度和信度。

社区会议通常是以公开会议的方式进行,是体现社区民主决策、提倡居民社区参与、尊重居民社区权益的重要体现。社区会议的召开能够集中收集不同社区居民对某个特定问题的认识和看法,但往往也会出现很多意外情况,甚至是出现争执、吵闹等极具偏见性和情绪化的行为后果。因此,召集者需要事先做好较为充足的准备工作,尤其是参会人员的选定、讨论议题与程序等的确定,以确保社区会议的成功召开。

需求评估的方法有很多,社会工作机构或社会工作者在决定采取何种方法来评估服务对象的需求并收集相关资料时,应综合比较每种方法的独特性与不足,有针对性地灵活运用,以更准确地了解和评估服务对象的需求。

(六) 需求评估的过程

在进行社会工作服务项目中的需求评估时,首先要发现服务对象有何需求不足,然后要把握其原因机制,最后要发现各个原因的可变性及可控性,从而为社会工作计划的形成提供基础。[1] 社会工作服务项目中需求评估的基本任务就是了解服务对象、分析服务对象、发现服务对象的问题,从而为提出解决方案作充足准备的一个过程。

需求评估的一般步骤[2]:

(1) 清楚地理解需求评估的目的,项目的预算,可以利用的资源,分配给项目的时间,等等。

(2) 需要获取的特定信息。

(3) 判断信息是否已经存在或者可以从现有的资源中获得。

(4) 设计方法和使用相关辅助设备。

(5) 收集和分析数据。

(6) 准备报告。

在进行服务对象需求评估时,社会工作者首先要考虑服务对象有哪些问题,对于其问题的表述往往是负向的语言;分析服务对象问题所需资料的来源有哪些,我们应该如何对所收

---

[1] 顾东辉. 社会工作实务中的需求评估[J]. 中国社会导刊,2008(12).
[2] 戴维·罗伊斯. 公共项目评估导论[M]. 王军霞,涂晓芳,译. 北京:中国人民大学出版社,2007:51.

集的资料进行分析整合。这是社会工作者在需求评估操作过程中所必须面对的问题。如针对社区的需求评估,在宏观上要分析社区的人力、物力、财力等资源,在微观上要分析社区的共同性、群体性等问题,并找出原因,这样才能设计出适合的服务方案。那么社区需求评估可以概括为收集社区资料、社区分析、问题界定与干预三个步骤。具体步骤如下:

(1) 收集社区相关资料,包括对社区不同主体的访谈和观察结果。

(2) 社区分析,即对通过定性研究和定量研究所收集的社区资料进行专业分析,发现社区所存在的问题类型和具体表现,从而找到社区需求主体,分析需求不足的可能原因等。

(3) 社区问题界定和提出干预方案,界定社区需求主体,把握社区需求不足的关键原因和可控原因,在社会工作机构的服务范围以及社会工作者服务能力的共同约束下,最后找出社区需求不足的解决方案。

(七) 影响需求评估的重要因素

需求评估是开展社会工作和社会福利服务的首要任务。评估的主体、价值观、评估对象、评估方法、评估目标、评估资源等评估场景的要素特性会对需求评估产生一定影响。[①] 同样,在社会工作服务项目中的需求评估的不同因素,对评估的内容和结果也会有不同影响。

社会工作是一个将所学的知识、技巧、价值观三者综合运用于实践的过程,社会工作服务项目中的需求评估同样需要专业知识、技巧和价值观的支持。同时,社会工作者自身的专业能力也关系到需求评估过程与结论的有效性,全方面提升社会工作者对需求评估专业理论知识、技巧和价值观的掌握,是社会工作服务项目中需求评估顺利进行的基本保障。

社会工作机构在运营方面,对项目中的需求评估在机构层面要有统一的专业要求和指标。目前国内的社会工作机构人员普遍存在从事社会工作专业服务年限短、一线服务经验不足等现实问题。这时,一方面需要社会工作行业或机构本身自主制定服务项目需求评估的统一标准,保证需求评估的有效性;另一方面也需要让从事社会工作服务的同仁们,充分认识到需求评估对项目服务开展的重要性和关键性,从而引起对需求评估的重视。当然,有效的需求评估还必须同有效的服务监测、服务总结及服务评估结合起来,共同推进项目运行的社会效益和服务成效。

此外,要做好社会工作服务项目的需求评估,需要加强对本土化社会工作理论和文化的研究,需要不断探索需求评估的专业模式和丰富需求评估的实务理论,加大力度培养具备专业知识、技巧、价值观的需求评估主体——社会工作者,共同为社会工作服务项目的开展奠定良好的人力和智力基础。

第三节 社会工作服务项目的方案设计

一、方案设计的基本内涵

方案一般是指社会服务组织运用资源来实现组织目标的基础,而方案设计就是在前期问题分析、需求评估等活动的基础上,有针对性地运用专业理论知识去设计服务活动。方案设计最主要的目的在于解决服务对象问题、满足服务对象需求,从而展示社会工作专业力量

---

① 顾东辉.社会工作评估[M].北京:高等教育出版社,2009:181.

在服务对象和社会等不同层面的功能。一般来说,社会工作服务方案设计由设计理念、设计框架、设计过程等各类影响因素所决定。①

从方案设计理念来看,社会工作服务方案设计可分为理性决策模式、渐进理论模式、混合扫描模式和交流计划模式四种。前三种模式的社会工作服务方案是由专家界定问题,注重社会问题取向,通过问题分析—诊断—方案设计的过程决定服务方案。第四种模式则从服务对象个人的需要出发,强调个人需求取向,注重服务对象的参与,工作者主要是通过服务对象的参与,激发他们反观自己的需要,从而自行界定问题和自行策划程序。设计者对方案设计的认知和理念不同,其方案设计的过程及结果就会呈现出不同特点。

从方案设计框架来看,程序逻辑模式因其提供了"协助活动推行者以逻辑分析其活动资源投放及成效要求是否平衡"的简单概念而广受社会服务界的认同和接受。该模式倡导服务活动与其服务成效的逻辑关系,提出从资源投放、活动服务、服务成效、处境分析、假设/理论基础、外在环境、逻辑联系等方面来考虑社会服务方案设计的各个环节之间的逻辑关系,"资源用得其所,成效达之有理"是社会服务方案设计理应追求的目标。该模式给方案设计过程提供了理论与实务整合、需求与资源整合、服务对象与社会环境整合、服务活动与服务成效整合的完整逻辑框架。

设计过程通常包括发现问题、成立项目工作组、评估需求、确定目标、制定方案等基本步骤。当服务对象或者某一社区社会问题凸显时,方案工作组的成立就非常重要,它可以承担策划、协调和推行的功能。评估需求是方案设计的重要环节。首先,工作组必须确定目标对象,了解目标对象的特性和问题,经过资料收集、分析和需求评估,完成方案目标制订。之后,工作组即进入制订方案阶段。

二、方案设计的基本原则

社会工作服务项目是具有时代性、服务性、专业性的综合实践类指导方案,服务方案的设计充分展现着社会工作机构和社会工作者的专业意识和能力。在设计社会工作服务项目的方案时要遵循一定的原则,这些原则主要包括:社会性原则、可行性原则、经济性原则、灵活性原则、信息性原则②、匹配性原则和层次性原则。

(一)社会性原则

社会工作机构所提供的服务必须是社会性的,因为其资金来源于政府、基金会和企业,属于社会资金,应该接受社会的监督。社会工作服务项目必须是社会公益性的,为社会中的困难群体,如长期无家可归者、精神病患者、独居的老年人、残疾人以及贫困家庭等提供公共服务。社会工作服务为困难群体提供无偿或低偿的专业性服务,改善其生存状况,帮助其提高抵御社会风险的能力。社会工作服务不是追求经济效益的,而是把社会效益放在首位。

(二)可行性原则

可行性可以分为主观的可行性和客观的可行性。主观的可行性是指社会工作机构具有实施该项目的知识储备,即以现有的人力的知识结构等能够完成该项目,社会工作机构在该服务项目领域比较擅长,组织机构的员工比较认同该项目所秉持的理念,项目符合组织机构的发展定位。客观的可行性是指项目的策划必须是本机构的人力、物力资源等所能实施的,

---

① 费梅苹.灾后社会重建中社会工作服务的方案设计[J].西北师大学报(社会科学版),2009(3).
② 赵海林.社会服务项目运作实务[M].北京:中国人民大学出版社,2018:18-19.

即在组织机构的能力范围之内,组织机构能达到该项目的目标。因此,可行性原则要求方案设计的结果要确保有能力做、可以做且可评估,这样的服务方案才是可行的。

(三) 经济性原则

社会服务项目的策划必须符合经济性原则,即项目的实施必须用较少的投入获得较多的社会效益。政府购买社会组织的服务,将公共服务的任务交给社会组织来提供,社会组织必须满足政府以较少的投入吸引更多的社会资源加入的要求,达到比政府自身直接提供服务更好的服务效果。

(四) 灵活性原则

灵活性也可以说是变通性。社会服务项目策划只是一个构想、一个计划,项目的策划还要具有灵活性。在项目的具体实施中,我们有时会发现项目并没有像我们预计的那样发展,有可能达到新的目标,因此策划不是一成不变的教条。比如资金预算没必要细化到每次活动的每个环节,因为我们在进行活动时,有可能根据所在的地点,或者活动的类型,或者其他现场条件的影响,而进行适当的调整,因此,在策划时必须留有空间。社会服务项目在具体的执行过程中会发生一些微调整。因此,社会服务项目策划必须体现灵活性原则。

(五) 信息性原则

在进行项目策划时必须考虑国家的政策信息、社会热点信息、具体实施地点的自然地理位置信息以及社会文化信息,这样才能根据实际情况对项目进行合理策划。如对项目涉及的国家政策要比较清楚,对实施的自然环境状况如小区的位置、布局,社区居委会的位置,多少栋楼等要有大致的了解;同时,对该小区的融合度怎么样,该小区中居民与居委会的关系怎么样,特别是在该小区里有没有我们的服务对象,以及服务对象的数量、分布等都要有具体的了解。

(六) 匹配性原则

社会工作机构在项目开始前所进行的需求评估是谁做的,项目的服务方案由谁来做,这两个问题是社会工作机构的管理者和一线社会工作者必须要弄清楚的,问题答案的不一致性常常会导致服务方案与需求评估结果之间产生错位。需求评估是基础,服务方案是框架,服务方案的目标必须符合需求评估结论的实际情况。因此,匹配性即是指服务方案的设计要与需求评估的结果相匹配,要避免方案设计的"闭门造车"现象。

(七) 层次性原则

社会工作服务项目的方案思路必须是完整有层次的,当面对不同的服务对象、不同的社区问题、不同的服务需求时,首先要给服务分类,服务对象是哪方面的需求就提供哪方面的服务,不要为了服务而服务;其次,服务方案一定要从整体上考虑分层、分类,要有宏观、中观、微观的不同介入内容和策略;最后,服务方案要体现资源的整合、梳理分类和对接。只有这样,整个服务方案的设计才是清晰的,才是体现对问题分析和需求评估的暂时性结论的专业运用。

三、方案设计的基本要素

(一) 项目名称

项目名称是社会工作机构对外宣传的名片,一个好的项目名称能够吸引相关者的阅读兴趣、激发相关者的好奇心。通常而言,社会工作服务项目的名称宜采取"服务品牌+项目内容"的格式。服务品牌是对项目内容的提炼,文字简洁,有内涵,便于记忆;项目内容主要反映项目的服务对象和服务内容。使用这种项目名称格式,有助于建立社会工作机构的服务品牌。

项目名称示例:
怡养家园——失独老人关爱服务项目
壮志少年——婴幼儿亲子教育项目
爱满新航——未成年人关爱行动项目
涅槃重生——同伴教育辅导服务项目
星火行动——社区党建与社区建设双赢共建项目
与爱同行——孤残儿童成长计划
医路同行——困难患者社工援助计划

(二)项目基本信息

(1)与项目内容相关的基本信息。主要包括项目名称、项目周期、项目实施地点、受益对象及数量、项目总预算、项目领域、项目类型等。

(2)申报单位的基本信息。主要包括申报单位名称、登记日期、社会组织等级、获得等级日期、户名、开户行、开户账号、通信地址、项目负责人及其联系方式等。

(3)项目概述。主要对项目背景、服务对象问题以及计划通过何种方式达到什么目标等诸多事宜进行简单交代,要求语言精炼,一般都有字数要求。

(三)申报单位详细情况

主要是对本单位项目开展资质方面的陈述,如机构外在支持力量、中心硬件、工作团队、服务宗旨、业务范围、机构特色、所获荣誉以及中心工作经验等。本单位在社会服务方面发挥的作用和已有的经历经验是有效证明本单位开展该项目的资质说明,应当引起足够的重视,并应有持续改进的发展意识。

(四)项目详细信息

(1)需求分析。需求分析主要说明该项目所针对的服务对象问题是什么,分析其问题产生的背景和原因,以及问题存在的广泛性和需求的迫切性,将问题的负向表述转换成正向表述。并在此基础上,介绍现行政策对此的努力与进展、社会工作机构可以介入的途径或方式等。

(2)项目目标。主要包含目的(总目标)和目标(具体目标)两个部分。目的和目标之间应具有逻辑支撑关系,并与服务对象的问题和需求紧密关联。

(3)服务对象描述。服务对象描述要清晰界定本项目所涉及的服务人群,并提供其数量、基本特征、具体需求或问题状况等信息。

(4)项目实施计划。主要包括计划开展的主题活动、时间、地点、所需资源和受益对象等,有时也会具体到每一个主题活动设计的理念和评估标准。整体实施计划的设计应考虑到项目周期、资源等限制,每次活动的设计应具有内在的逻辑连贯性,活动内容要有层次性。

(5)项目进度安排。项目进度安排即是时间与活动的规划,在项目周期内,某项特定服务活动所在的时间周期,一般可遵照"筹备阶段—运作阶段—中期评估阶段—再运作阶段—

结项评估阶段"的流程,安排每个时间阶段内项目活动的具体时间,可采用甘特图方式来进行项目的时间进度安排。

（6）风险预计与防控措施。依据安全性、参与性、计划性等项目执行的原则预计项目可能存在的风险,并依据此风险提出相应的对策建议,确保本项目的顺利实施。

（五）项目团队介绍

项目团队成员的组建应根据项目策划与执行所需的服务人员条件来定,包含项目团队成员的性别、学历及专业、相关职业资格、在项目中的角色分工、联系方式等信息。项目团队成员的资质和经验是检验能否有效执行该项目的重要保证,项目设计者应充分整合机构内外部资源,组建项目团队,满足项目申请和执行的基本要求。

（六）资金预算

资金预算一般包含资金来源（申报资金、自有资金、社会募集资金等）和支出明细（宣传费用、活动费用、人员工资、督导费用等）两个部分,支出明细应具体细化到每项支出的单价是多少,数量是多少,且每项支出占项目总预算的比例也是有明确要求的。如厦门市民政局印发的《厦门市政府购买社会工作服务操作规程》中明确指出,项目经费预算主要包括人员薪酬和福利经费、专业督导及人员培训经费、服务活动经费、项目管理经费、项目评估经费等。具体为：

（1）人员薪酬和福利经费。用于支付项目所需工作人员的薪酬和福利,包括工作人员的工资、奖金、津贴、补贴、社会保险、住房公积金等,约占项目经费的55%～65%。

（2）专业督导及人员培训经费。用于聘请具有社会工作专业督导能力的人员对项目的规范实施开展专业督导,支付项目工作人员参加各类培训所需费用,以及志愿者招募、管理和培训费用等,提升项目工作人员的专业水平以及项目志愿者的服务能力,约占项目经费的8%～10%。

（3）服务活动经费。在项目服务中开展个案工作、小组工作、社区工作等活动所产生的费用,一般包括场租费、交通费、网络费、活动材料费等,约占项目经费的15%～20%。

（4）项目管理经费。包括项目税费、行政、财务、合理经费结余等费用,纳入机构统一管理使用,约占项目经费的10%～15%。

（5）项目评估经费。用于支付对项目实施情况开展中期评估、期末评估、期末财务审计所需费用,约占项目经费的3%～5%。具体根据评估办法的相关规定编列。

以上经费组成的具体比例,由购买主体与承接主体双方共同协商达成一致意见。另外,项目涉及的固定资产及其维护经费另行计算,但双方应明确固定资产归属及管理权责。

拓展阅读

项目预算编制说明

1. 人员劳务费是指为了开展项目活动聘请的全职工作人员费用（含工资、过节费等人员福利支出、手机通信费、个人车辆加油费、加班费各项补贴等）、兼职工作人员费用、聘请专家咨询费及培训老师讲课费等。其中,手机通信费、个人车辆加油费为进行项目活动时所产生的通信、私车公用等相关费用。

（1）列支专职人员费用的，须附上正规的劳动合同，包括专职人员的薪酬、保险及其他福利，其费用标准不得低于最低工资标准，一般可参照市物价局、市人力资源局规定的标准或者行业工资标准编报；没有现行标准的，可参照略高于上一年度市统计局颁布的相关行业在岗员工的平均工资编报。

（2）列支兼职工作人员费用的，须附上正规的劳动合同，标准参考市场劳动力价格或按不高于专职人员月收入的50%或与机构协商确定。

（3）专家培训费、老师讲课费的开支，按课时及单位课时标准结算，项目承担单位应制定单位课时标准。一般参照高级专业技术职称人员500元/人天、其他专业技术一般人员300元/人天的标准执行。超过两天的，第三天及以后的费用标准按200元/人天执行。培训专家、讲课老师讲课资料包括其备课所产生的费用另行计算发放。

（4）项目执行单位应保留领款人签字的费用支出表，包括姓名、性别、身份证号码、单位名称、职务职称、联系电话等。专家咨询费按不超过800元/次结算；专职和领取固定报酬的兼职人员一般不发放专家咨询费，讲课费等由所在机构视情况处理。

2. 志愿者及社工等补贴指为了开展项目活动聘请志愿者、社工及发放的各项补贴，包括外勤补贴、交通补贴、误餐补贴等，各项补贴一般按照市区30元/天、郊区50元/天的标准发放。

3. 项目活动招待费指在开展项目过程中，产生的工作人员及志愿者午餐费等，如会议用餐等必须严格按照规定详细写明用餐事由、用餐人数及标准，并后附会议记录、会议通知、活动安排、接待通知等。

4. 业务活动设备费指为了开展项目活动发生的购置设备支出。此项支出应控制在总项目资金的20%以内。设备费支出形成固定资产的应通过"固定资产"科目核算。项目期内，计提当期折旧，冲减当期项目费用。

5. 业务活动材料费指为了开展项目活动发生的各项材料费支出，如：宣传制作材料费、培训材料费、购置物品赠送受访者支出等。

6. 差旅费指为了开展项目活动发生在外省市的交通费用、住宿费、出差补贴等费用支出。交通费指为了开展项目活动发生在本市的交通费用。

7. 会议费指为了开展项目活动组织召开的会议发生的费用支出，发生会议费支出时应提供正式票据、会议通知、参会人员签到记录等资料。

8. 租赁费指为了开展项目活动租赁场地发生的场地租赁费、水电费、物业管理费等费用支出，需提供租赁合同。

9. 其他费用指在开展项目活动时发生的、无法归属到上述业务活动成本中的其他费用。其他费用应不超过项目资金总额的10%。（资料来源：2016年度浦口区公益创投项目）

四、方案设计的主要方法

（一）以需求为导向的社会工作服务项目的方案设计[①]

根据服务对象的具体需求来设计社会工作服务项目，已经成为实务界工作者习惯运用的方案设计方法。以需求为导向的社会工作服务项目的方案设计一般包括以下几个方面：

---

① 冯一帆. 以流动儿童需求为导向的社会工作服务设计探析[D]. 乌鲁木齐：新疆大学，2017.

（1）在调查问题时，通过评估等管理工具来提升社会工作服务方案设计的准确性。首先要评估服务对象的需求，对服务对象当前的情况和存在的问题要了如指掌，要明确当前的服务方案是否能够满足服务对象的需求，主要是为了避免重复和浪费资源的服务。实务工作者可以利用资源点存、调查访问法、使用分析法与重要任务访谈等专业需求评估方法，来准确把握服务对象的真实需求是什么。

（2）确定目标时，社会工作服务方案设计的目标一定是与服务对象的真实需求息息相关的。根据需求满足的难易程度，将目标分为总目标、具体目标，使之具有层次性。其中总目标代表了社会工作机构和实务工作者对后续服务工作总体上的一个想法和要求，具体目标则是将总目标进行细化分类，使其具体化、明确化且能有效达成和评估测量，具体可参考前文中关于目的和目标的相关表述。

（3）设计方案时，实务工作者可以运用以下几种专业技巧：

一是专家决策法，也叫德尔菲法，其强调参与方案设计的成员互不见面，而是通过精心设计的调查问卷方式，将许多专家的意见集中起来形成一种方案设计的过程。

二是头脑风暴法，其通过会议的形式，鼓励参与者（通常为5～10人）继续生产或改进事情解决的想法，从而找到能够创造性解决问题的方案。

三是可行性分析法，社会工作者在设计社会工作服务方案时，需要在众多不仅能够满足服务对象需求还能解决社会问题的方案中选出最有效可行的，在方案设计中还要考虑目标、方案的综合效益、风险和其他因素，使潜在的问题和不利因素被充分评估出来，通过分析、比较，选择最佳的解决方案。

四是参与式决策，在参与式决策中不仅吸收社会工作专业人员参与决策，而且最大可能激发和吸收实际服务的服务对象参加设计。由于服务对象更了解具体情况及其自身的需要，所以参与式决策可能更符合实际，也充分体现知情同意和案主自决的专业价值要求。

（4）方案选择时，社会工作者可选用"可行性方案模型"对方案进行筛选，遵守效率、效果、可行性、公平性、重要性以及方案可能会出现的附加效果六条筛选标准，只有这样才能筛选出理想方案。从一般意义上来说，社会工作服务方案其实是一个选择和决策的过程，即选择所要实施的社会服务方式和途径。传统的决策理论推崇理性决策模式，即认为决策就是要寻求最佳决策，要以最小的投入获得最大的收益，注重成本-效益之间的关系。但是以需求为导向的社会工作服务项目的方案设计需要结合实际情况界定工作任务，从而形成工作方案，然后执行方案并及时将方案的完成情况进行评估和反馈。结合实际情况主要就是结合资源、利益群体、社会价值以及行政体系等实际因素，这些因素对于确定工作方案来说至关重要。因此在社会服务方案的设计过程中必须考虑到与方案相关的种种因素，并将它们的现状、方案执行过程中可能出现的变化，以及这些变化可能对行动造成的影响进行合理评估。此外，不仅相关的外部因素需要评估，社会服务方案的实施能力也需要提前做好评估。在这种理论模式下，渐进决策和有限理性选择是适宜的。

（5）在评估时，方案策划者在执行服务方案的同时也应该评估设计方法的有效性，并在项目所规定的日期内结束，更重要的是看确定的方案活动是否能实现所设定的目标以及目标实现的程度如何。一般采用过程评估和效果评估两种评估方法。其中过程评估就是评估方案在实施过程中所发生的变化、预定目标的完成情况以及相对应的资源使用情况与既定方案是否吻合，若存在偏差，可适当调整，一般根据现实状况允许服务方案有一定弹性；而效果评估其实就是评估方案实施完成后所达到的实质效果如何，尤其是服务对象的需求满足状况如何。

(二)项目发展的逻辑模式[①]

项目发展的逻辑模式(Program Development Logic Models,PDLM)贯穿社会工作服务项目设计、实施和评估的各个过程,并强调项目的资源投放与成效间逻辑关系的项目管理模式。它不仅为项目管理者在项目管理中提供了一个可视化的图像和清晰的逻辑框架,同时亦为项目工作人员、资助方和利益相关者提供了一个沟通的桥梁。

在项目发展的逻辑模式框架(PDLM)中主要包括处境分析(situational analysis)、确定优先处理的问题(priority setting)、假设/理论基础(assumptions)、外在环境因素(external factors)、资源投入(inputs)、产出(outputs)、成效(outcomes-impact)和评估(evaluation)八个部分。

处境分析是指活动和服务推行时的状况和背景因素,即社会工作介入时对服务对象问题的理解和需要的分析,这些理解和分析是项目方案设计的依据和基础。由于政府和社会工作者的资源和时间均较为有限,所以在面对众多的社区问题和需求时,我们必须对问题进行罗列,可将问题的"重要性"和成功解决问题的"可能性"两个方面作为标准来确定处理问题的优先顺序。资源投入主要是指包括服务对象、工作人员、各种物质材料、设施和器材设备等资源的投入,"投入"并不是简单地列出项目所需的资源,而是需要以成效为导向来思考,即要想达成某种项目效果,需要做何种投入。在资源投入的过程中,社会工作者是基于一定的假设和理论基础的,这种假设和理论基础会促使社会工作者实施各类活动,这个"活动"是完成项目所需的所有工作事项及专业服务,并非我们惯用的"社区活动"或"讲座活动"的意思。产出是指活动的直接产物,目的是确认服务对象实际接受的服务量,是由活动和参与共同构成的。成效是指在项目结束之时,项目为服务对象所带来的益处和正向改变,这些益处和正向改变包括技巧、行为、知识、态度、能力等,可分为短期成效、中期成效和长期成效,成效的发挥与外在环境因素也存在着紧密联系。评估是贯穿于整个项目设计始终的,在每一个步骤过程中,都需要通过资料的收集、分析,并形成具体报告的方式来评估项目发展的逻辑(如图 2-3 所示)。

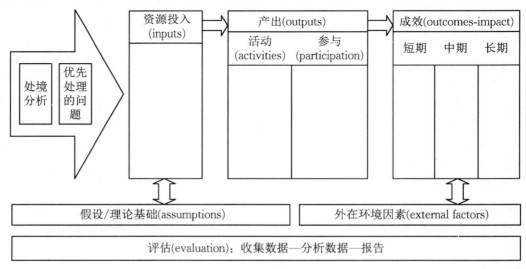

图 2-3 项目发展的逻辑模式

[①] "大爱之行"全国项目办公室.社会工作项目管理手册[M].北京:中国社会出版社,2016:33-43.

五、方案设计的具体过程

社会工作服务项目的方案设计是一个社会服务机构如何达到目标逻辑的过程。伴随着信息化的快速发展,事物发展的不确定性和风险性愈发强烈,任何组织或单位在确立一个工作目标和实施一项行动之前都需要进行合理的、周密的规划,目的是保证工作任务的顺利完成。一般而言,社会工作服务项目的方案设计过程遵循如下设计程序:

(1) 发现服务对象的问题。社会工作服务项目的方案设计是为了解决服务对象问题而进行的,弄清楚服务对象的问题有哪些、问题之间的联系如何等是十分必要的。然而,对于方案执行者来说,需要界定的问题往往远不止服务对象身上的问题,还包含了在解决服务对象问题过程中,社会工作机构在人力、物力、财力等资源方面所存在的实际困难,以及具体负责方案执行工作人员在服务时间、能力、价值等方面所存在的问题。在综合考虑上述因素后,才可以确定要解决的实际问题是哪些。

(2) 制订服务初步计划。在对问题理解和界定的基础上,社会工作服务机构和实务工作者需要对将来开展的服务项目进行深度思考,思考的内容即是服务的初步计划,包括行动的主题、设计的目标、实现目标的途径、所需资源、职责分工、财务预算以及其他需要注意的特殊事项等。计划的周密程度与后期项目的执行有着直接的因果联系。

(3) 有效组织资源。社会工作服务项目方案的设计必须依靠一定的专业力量,社会工作服务机构和行业内的志愿者、实务工作者、专家学者等都是方案设计过程中需要协调和组织的资源,需对各类人力资源进行有效分工且强化各类资源之间的合作,从而最大程度地发挥专业人员的工作能力。因此,对方案设计所涉及的资源进行有效组织和系统调配,事关服务方案、计划能否顺利实施,目标能否实现。

(4) 确定服务目标。明确方案设计所牵涉的问题后,就需要确定服务的目标。关于社会工作服务项目的目的与目标在前文已经有所介绍,此处主要说明服务目标确定时需要注意的几点内容:方案目标必须考虑需求与可能之间的平衡;方案目标的表达应当准确;方案目标的层次与层面明确;目标的有效性;按照重要性排列目标的先后次序。

(5) 拟定服务方案。在服务目标明确的基础上,设计具体的专业服务活动来确保服务目标的实现,服务方案应由前面所述的基本要素来构成。

(6) 比较、分析服务方案。社会工作者需要在已经形成的服务方案中进行综合比较分析,确保优中选优,按照可行性分析的基本要素对各种服务方案进行筛选。

(7) 选择最终服务方案。在对每个服务方案进行利弊权衡的基础上,选择能满足服务对象个性化需求的服务方案来具体实施。

美国学者 Rapp 与 Poertner 在设计模式中,强调了服务对象中心成果,认为服务对象中心成果应由案主成果(client outcomes)、生产力(productivity)、资源获取(resource acquisition)、效率性(efficiency)及工作满意度(job satisfaction)五个领域的重要指标决定。所以,此模式非常重视人事、资源、信息的管理等项目策划及执行过程中的基础性要素。同时,这一模式以设计阶段为中心,将其细分为八个阶段,加强了设计阶段的可操作性。这八个阶段的主要任务分别为:

第一阶段:社会问题的分析,这为制定目标提供了基础性信息。

第二阶段:确定直接服务对象,需要辨别出因社会问题的存在而饱受煎熬的群体,及因问题解决而受益的群体。

第三阶段:选择社会工作介入理论,这时需要考虑服务对象的期待与需要、项目成效目标、社会工作者的期待等方面的内容。

第四阶段:服务流程的具体化,这一阶段需要社会工作者与服务对象共同进行(预)评估、制订介入计划、签订介入协定、实施、评估等过程。

第五阶段:确定提供服务的人员,即要确定为服务对象提供帮助的主要负责人员(如管理人员、志愿者、行政人员、其他机构工作者等),还要做好这些人员的分工。

第六阶段:援助环境的具体化,此时要考虑多方面的环境要素。

第七阶段:实际援助的技巧,活动开展时,社会工作者对待不同服务对象的介入方式应遵循个别化的原则。

第八阶段:情绪性反应的确定,工作者在提供活动服务之前,要预想到服务对象可能出现的情绪表达并提前寻求督导的帮助,还要制定恰当的对策等。①

思考题

1. 宏观政策环境的分析对于社会工作服务项目的设计有什么作用?
2. 如何理解服务对象问题分析与需求评估之间的关系?
3. 社会工作服务项目在方案设计时应遵循哪些原则?
4. 社会工作服务项目的方案设计基本步骤是什么?

---

① 岳影.社会工作项目策划模式的对比分析[J].科技经济导刊,2017(25).

第三章 社会工作服务项目的申报与立项

社会工作服务项目申报的途径与一般流程；政府购买社会工作服务的内涵、领域、原则、流程以及意义；政府购买社会工作服务项目的招投标形式，招投标书的案例展示。

培养学生对社会工作服务项目申报的分析能力，对社会工作服务项目申报书的撰写能力以及对政府购买社会工作服务的流程管理能力。

第一节 社会工作服务项目申报概述

一、项目申报的途径

社会工作机构在我国发展的历史较短，机构的规模和资金受到各种条件限制，往往需要向政府机关、基金会或企事业单位等进行筹资，这种筹资经常以社会工作服务项目的申报来实现。社会工作服务项目的申报是指社会工作服务机构根据自身发展和项目出资方的需求，确定目标人群，设计符合三方需求的社会工作服务项目，并向出资方申报，从而获得社会工作服务项目实施的资源条件支持。目前，社会工作服务项目申报的途径主要有以下几种：

（一）公益创投

公益创投（venture philanthropy），就是把经济生活中的"风险投资"或"创业投资"的理念延伸到公益社会组织的培育发展中。公益创投起源于欧美，与业界经常提及的"风险公益"相同。公益创投为初创和中小型的公益组织提供包括综合性能力建设在内的创业及发展资助，最终目的是培育发展具有创新理念的优秀公益服务组织，有效满足和解决社会公共服务需求问题。公益创投不以赚钱为目的，是一种新型公益资本投入方式，其投入对象一般为初创期的中小型公益组织，通过与被资助者建立长期合作伙伴关系，达到促进能力建设和公益模式创新的目的。① 公益创投的流程主要有项目资助方发布公益创投信息，社会组织根据公益创投公告，撰写项目申报书并提交给资助方，由资助方组织专家进行评审，评审

---

① 岳金柱."公益创投"社会组织培育发展的创新模式[J].社团管理研究,2010(4):12.

结果向社会公示。根据评审结果,资助方向社会组织提供相应资金,社会组织根据项目申报规定的任务开展相应服务。资助方在项目周期结束后,委托相应部门或第三方组织进行评估。

在公益创投项目中,资助方一般要求社会组织必须把资助方的资金全部用于针对服务对象的服务,并且不得收取管理费用。例如,资助方资助10万元,社会组织必须把10万元全部用于服务对象的服务支出。公益创投项目往往是一次性的,因此,公益创投虽对于社会组织提升服务能力、增加服务经验具有一定意义,但难以支持社会组织持续发展。①

(二) 政府购买服务

国务院办公厅《关于政府向社会力量购买服务的指导意见》(国办发〔2013〕96号)明确指出:"政府向社会力量购买服务,就是通过发挥市场机制作用,把政府直接向社会公众提供的一部分公共服务事项,按照一定的方式和程序,交由具备条件的社会力量承担,并由政府根据服务数量和质量向其支付费用。"各级行政机关是政府购买服务的主体,依法在民政部门登记成立的社会团体、基金会、社会服务机构等社会组织是政府购买服务重要的承接主体,购买主体和承接主体通过项目的方式联结在一起,并形成分工负责、合作治理的新格局。购买主体按照《中华人民共和国政府采购法》及其实施条例等有关规定,通常采用公开招标、邀请招标、竞争性谈判、竞争性磋商、单一来源采购等方式确定承接主体,对于这些购买方式将在后续章节中做深入讨论,此处不再赘述。

(三) 慈善组织资助

《中华人民共和国慈善法》第六十一条规定:"慈善组织开展慈善服务,可以自己提供或者招募志愿者提供,也可以委托有服务专长的其他组织提供。"慈善组织委托其他组织开展服务,可以通过公开竞争或者直接委托等方式进行。社会组织也可以为自己策划的项目向慈善组织申请资助。②

(四) 企业资助

企业社会责任(corporate social responsibility,简称CSR)是指企业在创造利润、对股东承担法律责任的同时,还要承担对员工、消费者、社区和环境的责任。企业的社会责任要求企业必须超越把利润作为唯一目标的传统理念,强调要在生产过程中对人的价值进行关注,强调对消费者、环境、社会的贡献。③ 企业通过资助社会组织开展社会服务项目是企业履行社会责任的重要方式。目前,企业资助主要是通过购买社会工作服务项目为本企业员工及企业所在社区两大主体服务,如推行企业社会工作服务、为社区的公益事业提供慈善捐助等。

二、社会组织的资质性要求④

无论是哪一种形式的项目申报,购买主体都会对承接主体(社会组织)进行资质性审查,资质性审查的目的在于确认社会组织能否承接社会服务项目,确认社会组织申报社会服务项目的准入条件是否达标。因此,资质性审查无论对于购买主体还是承接主体来说,都是一

---

① 赵海林.社会服务项目运作实务[M].北京:中国人民大学出版社,2018:32.
② 赵海林.社会服务项目运作实务[M].北京:中国人民大学出版社,2018:33.
③ 雷翠玲.切实加强企业全面社会责任管理[J].企业导报,2010(12).
④ 赵海林.社会服务项目运作实务[M].北京:中国人民大学出版社,2018:34.

项十分重要的工作。购买主体通过资质性审查能够遴选更为优质的社会组织进入到投标竞标环节,承接主体通过资质性审查能够进一步规范和促进本机构的发展。一般情况下,承接主体的资质性要求依据购买主体工作要求的不同而略有差异,但《中华人民共和国政府采购法》第二十二条规定的条件是资质性审查的基本依据。在社会工作服务项目的申报过程中,资质性要求主要包含以下两个方面:

(一) 实质性证明文件(必须具备)

(1) 在各级民政部门注册登记且前两年年度年检合格(提供能够反映年检信息的登记证书副本复印件,原件备查)。

(2) 有相应的配套经费来源(提供配套资金承诺书)。

(3) 有独立的银行账户(提供银行开户许可证复印件)。

(4) 有专业社工参与项目执行(提供专业社工的中华人民共和国社会工作者职业水平证书复印件,原件备查)。

(5) 针对专业社会工作服务项目投标,机构专职工作人员中应有1/3以上取得社会工作者职业水平证书或社会工作专业本科及以上学历(提供投标机构专职工作人员花名册、为专职工作人员缴纳社保的记录证明及专业社工职业水平证书复印件或学历证明)。

(6) 有开展社会公益服务项目的经历,且反响良好(提供民政部门出具的证明材料,证明材料要反映已核实过的项目名称和实施时间,或者提供优秀服务案例或项目证明等)。

(7) 有专职财务人员(能提供会计从业人员资格证书和社会保险的记录证明)。

(二) 非实质性资格证明材料(可以具备)

(1) 社会组织评估等级证明、荣誉证书等相关材料复印件。

(2) 配套资金证明文件复印件。

(3) 新闻媒体对社会组织或本项目的宣传报道资料。

社会服务项目申报对社会组织的资质要求越来越高,体现在从对申报书的重视转向对资质的强调。在项目申请中,有些地区在资质方面采用加分制。例如,社会组织等级5A加3分,4A加2分;再如,有5个专职社工加3分,有3个以上加2分等;对承接项目经历也有加分的规定。招投标要求社会组织提供社保记录证明,直接把大量没有缴纳社会保险的社会组织排除在外。因此,从长远来看,社会组织不仅要做好服务,更要提升自身的资质。

拓展阅读

《中华人民共和国政府采购法》第二十二条规定,供应商参加政府采购活动应当具备下列条件:

(一) 具有独立承担民事责任的能力;

(二) 具有良好的商业信誉和健全的财务会计制度;

(三) 具有履行合同所必需的设备和专业技术能力;

(四) 有依法缴纳税收和社会保障资金的良好记录;

(五) 参加政府采购活动前三年内,在经营活动中没有重大违法记录;

(六) 法律、行政法规规定的其他条件。

《北京市承接政府购买服务社会组织资质管理办法(试行)》作为《北京市人民政府办公厅关于政府向社会力量购买服务的实施意见》(京政办发〔2014〕34号)的配套文件,其中第五条、第六条、第七条分别对社会组织承接购买服务的相关资质作了明确规定。

第五条　社会组织承接政府购买服务应当具备以下基本条件:
(一)具有开展工作所必需的条件,有固定的办公场所和合法稳定的收入来源,有必要的专职工作人员;
(二)具有健全的法人治理结构,完善的内部管理、信息公开和民主监督制度;
(三)有完善的财务核算和资产管理制度,有独立的银行账号,有依法缴纳税收、社会保险金的良好记录;
(四)上年度年检合格;
(五)近两年无重大违法违规行为,在政府购买服务中无违反合同行为,未受到登记管理机关或者其他政府部门行政处罚;
(六)符合购买主体、行业管理部门和财政部门提出的具体专业资质要求。

第六条　在公平竞争、同等条件下,购买主体可优先选择具备以下条件的社会组织:
(一)具有捐赠税前扣除资格或非营利组织免税资格;
(二)在国际国内或市内具有较大影响力,在行业内具有较高声誉,曾获得政府和有关组织荣誉;
(三)曾经承接政府购买服务并获良好评价;
(四)与行政机关脱钩,没有现职国家工作人员兼任负责人职务;
(五)近5年内参加社会组织社会评估并获得3A以上评估等级;
(六)具备购买主体、行业管理部门和财政部门提出的其他优先条件。

第七条　社会组织承接政府购买服务,应提供以下资料供购买主体审查:
(一)提供登记证书、年检结论、年度报告、评估等级证书、财务审计报告、依法缴纳税收和社会保险金等相关证明材料;
(二)提供无重大违法记录的声明。

小讨论:如何提升社会组织的资质?

三、项目申报的一般流程

在前期各种分析和规划的基础上,确立社会工作服务项目的主体内容,紧接着就是根据服务项目购买方的需要进行项目申报工作。社会工作服务项目的申报以购买方为主导,由第三方机构承接并组织相关的招投标工作,社会工作服务机构需要做的工作是让自己的项目设计与购买方的需求相适应,从而获得项目资金的支持。

社会工作服务项目申报按照购买服务的流程,一般可分为以下几个步骤:
(1)购买方编审购买计划、确定购买方式,并依法委托政府集中采购,机构或社会代理机构在委托的范围内开展社会工作服务项目的招投标工作。
(2)第三方单位在指定媒体和网站上,向社会发布包括服务项目的预算金额、主要内容、承接标准和目标要求等内容的招标公告。
(3)社会工作机构根据招标公告的具体要求,撰写项目申请书,整理相关资质证明材料,按要求编制好投标文件,并在规定时间内将投标的所有文件材料递交至指定地点。

（4）按照时间规划，第三方单位依法组建评标委员会（谈判小组、询价小组）开展对服务项目的评审工作，依法开展开标活动。

（5）评审工作结束后，购买主体按照评标委员会评审结果，依法确定或者授权评审委员会直接确定承接主体，第三方单位根据购买主体依法确定的结果，在指定媒体和网站上发布中标或成交公告，并向承接主体发送中标或成交通知书。

（6）中标、成交通知书发出后，购买主体应当依法与中标、成交的承接主体签订购买合同，正式确立项目立项。

社会工作服务项目的申报是一个繁琐但意义重大的工作，作为一名专业的社会工作者不仅需要掌握基本的一线服务技能，更需要熟悉社会工作服务项目申报的流程，从多方面提升自己项目申报的能力，不断壮大社会工作服务机构的实力。只有这样，才能有效发挥社会工作机构在承接政府购买服务方面的作用，充分体现社会工作参与社会创新治理的专业价值。

四、专家评审

社会组织按照要求准备投标文件，装订好投标文件后，需要将投标文件按照规定的要求进行封装，并根据第三方的要求参与投标文件的递交和响应。第三方会按照买方的要求和项目需要组建专家评分组，对所有符合要求的社会组织递交的投标文件进行评选。

项目评选一般有两种方式：一是资质前审，即在评选过程中，先对社会组织的硬性资质如开户许可、法人证明、社保、会计等进行审查，不满足购买方要求的社会组织，其投标文件将被直接退回，符合要求的社会组织进入项目评选环节；二是资质后审，其流程与资质前审相反，先对项目进行评选，而后查看通过评选环节的社会组织的资质情况。

在项目评选阶段，专家评选标准一般包含以下几方面：

（1）项目所涉及的社会需求具有广泛性。有一定比例的人群遇到相同的社会问题。

（2）项目所解决的社会问题具有明显的迫切性。服务对象自身难以解决，又无力从市场购买服务，需要公益服务的介入。

（3）项目要针对明确的受益群体。服务的对象是明确的，解决的问题是具体的。

（4）项目具有创新性。一是理念的创新性，比如强调助人自助，或者推动社区资本的建立；二是视角的创新性，即对项目服务对象及其问题以全新视角进行深入描述和分析；三是实施方式的创新性，即以新的方式解决社会问题；四是模式的创新性，如采取"社工＋社会组织＋社区"的联动模式等。

（5）项目具有可操作性。项目实施具有现实性，具备良好的社区基础和群众基础，符合政府相关政策导向；项目预算合理，有准确的资金预算支持项目的运作（已经有企业提出冠名捐赠的，同等条件下优先入围）。

（6）项目具有可持续性。具有清晰的发展模式或获得潜在的资金支持。

（7）项目具有可复制性。其运作模式可形成标准化模式，可以在条件类似的区域进行复制推广。

（8）项目具有强大的执行团队。执行团体具有较好的职业性、专业性水准；具有项目实施的相关经验；人员配置及分工具有合理性；有对风险的预测和解决问题的能力；有较强的资源整合能力。

正如本书第一章第二节对社会工作服务项目特征的表述，专家对项目评审的标准，实质上是对于优秀社会工作服务项目的要求。因此,社会工作服务机构在策划社会工作服务项目时,应着重围绕上述标准设计社会工作服务项目内容,将创新性、专业性、可行性、可持续性等设计要求有效融合进服务项目的具体内容之中。

拓展阅读

2018年苏州市公布新一轮市级社区服务社会化试点项目建议服务清单,包含基础类、调研类、增能类和治理类共20项社区服务项目,可供符合资质要求的社会工作机构积极申报,具体服务清单见表3-1。

表3-1 服务清单

服务类别	服务项目	总体要求
基础类	困境老年人服务	为社区生活贫困、独居、空巢等老年人提供入户探访、心理援助、关怀照顾等专业社工服务
	困境未成年人服务	开展社区困境未成年人筛查评估,并向社区居(村)委会及有关部门反映,为困境未成年人及其家庭提供入户探访、心理援助、关爱帮扶服务
	低保特困人群服务	对低保特困人群提供资源链接、心理辅导、邻里关爱等服务
	优抚对象服务	为退役人员提供生活适应辅导,为有需要的优抚对象提供关爱、支持等服务
	重点信访人群服务	为重点信访人员提供政策咨询、心理援助、沟通技巧及生活适应等辅导
	残障人士服务	为残障人士提供救助、康复等服务,提升残疾人群体的生活质量
	精障患者服务	为在社区进行康复治疗的精神障碍患者及其家庭提供心理援助、行为治疗、医疗信息咨询等服务
	失独家庭服务	根据社区内失独家庭需要,开展专业服务,使他们更好地融入社会,适应社会生活
	婚姻家庭服务	运用个案、小组等方法为社区内有需要家庭提供婚姻指导服务
	"新苏州人"服务	根据社区"新苏州人"面临的困难和需求,提供环境适应、社区融入、融合,子女关爱,老人帮扶等服务
调研类	社区需求调查	以家庭为单位建立居民需求档案
	社区资源调查	调查盘点社区资源,现有社区资源整合、拓展等,提高资源使用效率
	社区社会工作研究	以试点社区(村)为研究对象,开展实证研究,为社区发展提供参考和依据

续表

服务类别	服务项目	总体要求
增能类	社区志愿者队伍培育	建立、培育和发展社区志愿者队伍，引领和推动社区志愿者参与社区事务
	社区社会组织培育基地托管运营及组织培育	为街道（镇）、社区（村）发展社会组织、建设培育基地提供专业支持、基础管理、自治能力培育等
	社区工作者增能培训	为社区工作者提供所需培训，增强社区服务能力，带领社区工作者一起开展实务工作，增强实操能力
治理类	社区环境治理	针对社区突出问题，为街道（镇）、社区（村）解决治理难题提供方案、建议，并在方案实施中积极发挥社会倡导、协助组织、资源链接等作用
	社区公益平台搭建	运用"三社联动"理念，整合社区资源，搭建各类公益实体平台，调动居民参与社区事务积极性，提升社区自治能力
	社区关系网络建设	通过各类服务、活动，增进社区居民互动，提高社区治理的居民参与度
	其他特色服务	根据街道（镇）、社区（村）需要，结合机构自身能力开展社区特色服务，解决社区问题

与此同时，在服务清单中还进一步说明了服务细项及服务机构职责，街道（镇）、社区居（村）委会职责，这为社会工作服务项目的申报提供了重要的内容参考。

资料来源：苏州市人民政府办公室文件，苏府办〔2018〕138号。

第二节　政府购买社会工作服务的招投标与立项

一、政府购买社会工作服务的内涵与外延

政府向有关社会组织购买服务作为政府创新社会治理方式、提供公共服务的一种新理念、新机制和新方法，近年来被众多国家与政府部门广泛运用于社会服务实践活动中，成为政府改革服务供给方式、提高公共服务水平的重要途径。政府购买公共服务是政府部门为履行其社会职责，通过社会契约等方式，利用政府财政向各领域社会组织购买用于提高社会福利的策略选择，其具体服务所涵盖的种类和能够达到的服务水平由政府职能部门确定，是一种"政府出资、定向购买、契约管理、评估兑现"的公共服务供给方式。政府向社会组织购买服务源于西方发达国家的社会福利制度改革，是基于新公共管理和服务型政府理念之下的政府公共服务职能转变的现实性需求。这一转变要求政府将竞争引入公共服务领域，在公共服务供给机制上引入市场机制和合作机制，以提升公共服务供给效率和服务质量。同时，政府向社会组织购买公共服务作为一种全新的公共服务供给模式，能够向我们展示出其成本最优化和服务质量最优化的优势。目前政府向社会组织购买公共服务在中国呈现出一种蓬勃发展的趋势，尤其在养老服务、妇女儿童服务、残疾人服务及其他各类专业服务领域均得到了广泛运用。

(一)政府购买社会工作服务的背景

政府向社会组织购买服务源于20世纪西方发达国家的社会福利制度改革,是基于新公共管理和服务型政府理念主导下,政府公共服务职能转变的现实性需求,这一转变要求政府将竞争引入公共服务领域,在公共服务供给机制上引入市场机制和合作机制,以提升公共服务供给效率和服务质量。在我国,自党的十八大以来,经济和社会等领域的改革与发展成效明显,打造服务型政府、满足人民群众对美好生活向往的呼声日益高涨,社会民众尤其是弱势困难群体迫切需要专业化的公共服务来满足日益增长的多元化需求。同时,在社会转型发展的过程中,也出现了一系列新的社会问题或原有社会问题又出现了新的特征,如贫困问题、青少年越轨问题、老年人口问题等。这种时代发展的新需求、新表现,既不能单纯依靠政府解决,也不能单纯依靠市场或社会组织提供服务,需要突破非此即彼的思维模式,转而思索合作供给之道,构建多元供给模式,即政府将公共服务的供给权限与责任适度地移交给市场与社会组织,构建竞争与合作机制,并通过评估督查的方式予以把关,形成由政府、市场、社会组织多元主体共同提供公共产品的局面,从而达到有效提升公共产品供给质量与效率的目的。图3-1揭示了三种模式之间的演化路径。

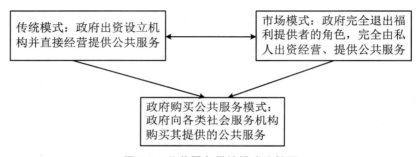

图3-1 公共服务供给模式比较图

我国社会工作服务经过近十余年的快速发展,已在弱势群体帮扶、服务对象增能、社区治理创新、社会和谐稳定等多方面发挥了显著作用。社会工作本土化的实践亦表明,我国社会工作的发展以政府的政策制度、财政资金、业务活动等支持为主,多数社会工作服务以政府购买的形式开展。政府购买社会工作服务,是基于政府、市场、社会组织在单一服务供给过程中的诸多不足,而做出的一种理性合作策略选择。同时,政府购买社会工作服务作为一种全新的公共服务供给模式,能够向我们展示出其成本最优化和服务质量最优化的优势。近些年来,政府购买社会工作服务在我国也呈现出一种蓬勃发展的趋势,尤其是基层城乡社区服务社会化的发展日益普及,社会工作专业服务在老年人、妇女、青少年、儿童、残疾人、贫困人口等各类群体中均得到了广泛运用。

(二)政府购买社会工作服务

1. 政府购买公共服务的内涵

顾平安把政府购买公共服务称为"政府公共服务合同制管理",指的是"政府将原来由直接举办的、为社会发展和人民日常生活提供服务的事项交给有资质的社会组织来完成,并根据社会组织提供服务的数量和质量,按照一定标准进行评估后支付服务费用"。[①]

---

① 顾平安.推进政府公共服务的合同制管理[J].理论研究,2008(18).

楚辞则认为"对于政府采购公共服务的定义,《中华人民共和国政府采购法》中采取的排除方式比较科学和具有现实操作性,即'服务是指除货物和工程以外的其他政府采购对象'。"①

吴红萱提出政府购买公共服务是一种"政府承担、组织承接运营、合同管理、评估考评与构建"的新型政府提供公共服务方式。②

上海市出台的《政府购买禁毒、社区矫正、社区青少年社团服务考核评估办法》中对政府购买公共服务的定义是,"实现社会公共事务健康发展的公共财政手段,各级政府针对可以满足社会发展需要的公共事务,为社团提供一定的资金和资源,由其提供相应的专业性服务。"

综上所述,"政府购买公共服务"定义主要有以下三种:一是政府部门为了履行公共服务职能,通过政府财政向各类社会服务机构购买服务,以实现公共财政最优的行为。政府向社会组织购买公共服务,是政府将公共服务市场化,从而达到公共服务供给最优化的重要途径。③ 二是政府通过与各类社会组织签订合同,由政府确定公共服务种类和供给水平,向服务供应商支付费用购买部分或者全部的公共服务。④ 三是政府部门将原来由政府直接举办的、影响社会发展和人民生活水平的事项交给符合公共服务资质的社会组织来完成,并按照一定考核标准对公共服务质量和数量进行评估后支付费用,是一种"政府承担、定向委托、合同管理、评估兑现"的新型公共服务供给方式。⑤

通过上述几种界定,我们可以发现在"政府购买公共服务"的含义中均对购买主体、受托者、表现形式等做了具体界定。其中购买主体是政府,受托者包括各类社会组织,表现形式为政府通过公共财政支付全部或部分费用的契约式购买行为。因此,关于政府购买公共服务的内涵,本书认为是一种政府财政资金的转移支付方式,即政府的公共服务职能,不是通过财政资金直接参与服务的生产过程实现,而是通过与社会组织建立多种合作模式签订契约的方式来履行。公共服务领域的开放,能大大减轻政府履行公共服务职能的负担,政府只需要支付相应资金就能获得确定数量和质量的公共服务,从而进一步盘活社会资源,充分发挥社会组织在公共服务层面的专业影响力。政府购买公共服务,简言之,就是政府支付费用、社会组织承担服务供给,通过合同管理等方式实现政府与社会组织合作的机制。

2. 政府购买社会工作服务的目的

政府购买社会工作服务是指政府为了更有效地满足社会公共服务需求,以建立契约关系的方式,利用财政资金向社会力量(社会工作专门机构、非营利组织)购买,由承购方具体运作从而向公民提供专业社会工作服务的一系列活动。政府购买社会工作服务是政府为了履行社会公共服务的职能,通过财政性资金的转移支付方式,把原来由政府直接提供的公共服务和产品,通过立项招标,签订购买合同的形式,把部分公共服务委托给社会上有资质的社会力量来提供,政府根据社会力量提供公共服务的质量和数量来支付一定费用。近些年来,全国各级地方政府均在政府购买社会工作服务的政策制度、运行机制、合作方式等方面进行了有益的实践和探索,并在切实解决人民生活问题、促进社会稳定和谐发展、创新服务方式和内容等方面取得了重要的实践成果,尤其是在服务国家发展战略、满足人民对美好生活向往等方面显示了社会工作的专业效益。但从地区发展规模和制度运行规范等方面来

---

① 楚辞. 我国政府采购公共服务浅析[J]. 经济视角, 2007(12).
② 吴红萱, 江大纬. 无锡11项公共事业实行"政府购买服务"[N]. 中国社会报, 2006-06-19.
③ 李慷. 关于上海市探索政府购买服务的调查与思考[J]. 中国民政, 2001(6).
④ 万军. 大力推进政府购买公共服务:公共治理变革之道[J]. 新视野, 2009(6).
⑤ 吴红萱, 江大纬. 无锡11项公共事业实行"政府购买服务"[N]. 中国社会报, 2006-06-19.

看,还存在着地区发展不平衡、专业人才队伍不充足、社会认知不科学、制度运行不规范等问题,与增强民生福祉的保障能力、促进国家治理体系和治理能力现代化的目标之间还存在不小的差距,理应加强对于政府购买社会工作服务的认识和学习,从人力、财力、物力等多方面加强资源投入,加大本土化发展研究,更快更好地促进政府购买社会工作服务的本土化发展。

3. 政府购买社会工作服务的生成逻辑

政府购买社会工作专业服务的生成逻辑大致包括以下几个环节:

(1) 社会问题的出现。它不仅是一种客观存在,而且是一种主观认定,是可以被人感知和察觉到的状况,是社会实际状态与社会期望之间的差距。

(2) 问题确认。是指发现问题的内涵和界限、确定问题的特征和性质、把握问题的深度和广度、分析问题的严重性和关联性,寻找进入政府政策议程的途径,寻求问题解决方法的过程。

(3) 议程建立。社会问题只有在进入政策视野和政府议程的情况下,才会转化成为政策问题。

(4) 政策规划。是指策划、设计、评估和选择政策方案的过程。其主要类型有单一和多元两种形式,前者主要指体制内运作,后者主要指体制外运作,以发挥学术界、社会组织、社会团体等主体的智慧。一旦确定了解决政策问题所要达到的目标,接着要做的一项重要工作就是考虑实现政策目标的方案。

(5) 政策采纳。是指在政策制定系统中,决策者根据一定标准、方法、程序和规则决定采取何种政策方案的抉择行动。

(6) 项目招标。是一项针对性很强,有计划有准备的重要活动,普遍运用的、有组织的市场交易行为,是一种工程、货物、服务的买卖方式,相对于投标,称之为招标。招标是指招标人发出招标公告或投标邀请书,说明招标的工程、货物、服务的范围、标段(标包)划分、数量、投标人的资格要求等,邀请特定或不特定的投标人在规定的时间、地点按照一定的程序进行投标的行为。

(7) 项目立项。项目经过项目实施组织决策者和政府有关部门的批准,并列入项目实施组织或者政府计划的过程叫作项目立项。立项分类:鼓励类、许可类、限制类,分别对应的报批程序为备案制、核准制、审批制。申请项目立项时,应将立项文件递交给项目的有关审批部门。立项报告包括项目实施前所涉及的各种由文字、图纸、图片、表格、电子数据组成的材料。不同项目、不同审批部门、不同审批程序所要求的立项文件是各有不同的。

(8) 项目执行。是指为实现项目目标而充分发挥专业知识、技巧、价值等要素去开展各类活动的工作过程。由于项目产品(最终可交付成果)是在这个过程中产生的,所以该过程是项目管理应用领域中最为重要的环节。在这个过程中,项目负责人要协调和管理项目中存在的各种技术、资源和组织等方面的问题。

基于政府购买社会工作服务生成逻辑的程序性、层次性,作为一名专业的社会工作者,不仅需要具备项目申报和执行的能力,还需要充分发挥政策影响者或倡导者的专业角色,用实际行动来协助政府有关部门对相关社会问题形成政策规划或方案。

4. 政府购买社会工作服务的领域

随着政府购买公共服务和社会工作专业的同向发展,结合各地区的社会工作服务项目实践,可以发现目前我国政府购买社会工作专业服务项目主要集中在以下几方面:

(1) 行业性管理服务。向行业协会(商会)或有关学术类、专业类、鉴证评估类的社会组织购买行规行约规范;制定行业内企业资质认定及等级评定、专业技术职称及执业资格评定标准认证规范；行业调查、统计、规划、培训、考核业务活动，以及行业内重大投资、改造、开发项目的可行性前期论证和对项目的责任监督等服务。如某省民政厅委托地方高校社会工作专业教师和地方社会工作服务机构，专门针对失独老人、农村留守儿童、社会工作督导等领域制定社会工作服务标准，该做法即属于行业性管理服务。

（2）社会保障类服务。包括公共卫生医疗、社会就业服务、养老服务、残疾人康复、困境儿童帮扶等。某市政府及各职能部门通过政府购买服务的方式将留守儿童关爱保护、高龄老人保护等民生问题外包给相关社会组织，由其具体负责日常的家访、关爱工作即属于此类服务。

（3）公共文化服务。推进文化馆、图书馆、公园等文化设施免费或优惠向群众开放，开展为城乡居民送文艺演出、送电影等活动，为广大群众提供多方面、多层次、多样化的文化服务。如某市政府和民政部门购买社会工作专业服务，旨在做好乡村振兴中的文化振兴工作，通过社区教育宣传、送文化上门、精神文化活动展演等多种方式来促进农民群众的文化自觉。

（4）社会事务管理与服务。向社会组织购买法律服务、人民调解、宣传培训、社区事务、公益服务、社区矫正和安置帮教等服务。如某市司法机关向社会组织购买社区矫正和禁毒社会工作服务，做好特殊社会群体的社会融入和适应工作。

通常政府向社会组织购买的公共服务主要是社区服务、面向特殊群体的服务以及管理类的服务。政府向社会组织购买的公共服务涉及公共卫生、城市管理、居家养老、残障服务、教育文化、就业服务和解决其他社会问题等多方面内容，范围非常广泛，包含政府管理和公民生活的方方面面。随着社会的发展，政府会不断拓展购买的范围，如当前就有很多社会组织承担着基层社区相关的党建服务工作，这是社会工作不断适应新时代发展的主动选择。

拓展阅读

民政部、财政部出台的《关于政府购买社会工作服务的指导意见》（民发〔2012〕196号）明确政府购买社会工作服务的范围是：

按照"受益广泛、群众急需、服务专业"原则，重点围绕城市流动人口、农村留守人员、困难群体、特殊人群和受灾群众的个性化、多样化社会服务需求，组织开展政府购买社会工作服务。实施城市流动人口社会融入计划，为流动人口提供生活扶助、就业援助、生计发展、权益维护等服务，帮助其尽快融入城市生活，实现城市户籍居民与外来经商务工人员的和谐共处。实施农村留守人员社会保护计划，帮助农村留守儿童、妇女和老人缓解生活困难，构建完善的社会保护与支持网络。实施老年人、残疾人社会照顾计划，为老年人和残疾人提供生活照料、精神慰藉、社会参与、代际沟通等服务，构建系统化、人性化、专业化的养老助残服务机制。实施特殊群体社会关爱计划，帮助药物滥用人员、有不良行为青少年、艾滋病患者、精神病患者、流浪乞讨人员、社区矫正人员、服刑人员、刑释解教人员等特殊人群纠正行为偏差、缓解生活困难、疏导心理情绪、改善家庭和社区关系、恢复和发展社会功能。实施受灾群众生活重建计划，围绕各类受灾群众的经济、社会、心理需要，开展生活救助、心理疏导、社区重建、资源链接、生计项目开发等社会工作专业服务，帮助受灾群众重树生活信心、修复社会关系、恢复生产生活。

5. 政府购买社会工作服务的方式

为进一步规范政府购买服务的行为，强化质量监管和目标达成，规范行为参与者的行为,塑造良好的政府购买社会服务环境,各国政府相继出台了一系列指导性文件和整合性法规。我国政府同样采取这一路径对政府购买社会服务进行政策规制和行为引导,出台了《中华人民共和国招标投标法》等系列文件,对购买范围、流程、监督考核进行了详细规定。从各地政府购买公共服务的实践活动来看,公共服务购买方式主要包括:国有企业私有化、合同外包、特许经营、使用者付费、补贴制度等形式。就社会工作领域而言,在我国普遍采用的政府购买社会工作服务形式主要包括两种,即社工岗位购买和社工项目购买[①]。

(1) 社工岗位购买。社工岗位购买是由体制外的民办社工机构在公开招投标中标后,派遣专业社工人员到体制内相关部门及其所属单位工作,运用其专业知识,给岗位所属部门的工作带来一些新的思路、视角和方法。以深圳为例,该市先后制定了《政府采购社工服务合同》《社工机构行为规范指引》《政府购买社工岗位需求规定》,明确了购买社工岗位的具体操作措施。截至2015年年底,共开发1500多个社工服务岗位,遍布该市的各区、街道和各社工专业领域,包括民政、教育、司法、残障人士就业、青少年心理健康、医务和禁毒等。

(2) 社工项目购买。社工项目购买包括两类,一类是单个社工服务项目,政府鼓励民办社工机构设计并申报社工服务项目,为特殊人群或者区域人群提供专业服务;另一类是综合服务项目,目前主要是社区服务中心综合服务项目。在深圳的实践中,社工项目购买包括了单个项目购买和综合项目购买两种。在已有的购买单个项目的基础上,深圳市进一步将政府购买服务和社区治理、社区服务结合起来,推出了政府购买社区服务中心或家庭综合服务中心项目的做法,这是对传统社区服务体制的一种创新。在项目购买实践过程中,形成了合同制、直接资助制和项目申请制三种社会工作服务实践模式。[②]

小讨论:社工岗位购买和项目购买的优劣势分别是什么?如何针对其优劣势开展两者的并行活动?

(三) 政府购买社会工作服务的意义

"政府购买社会工作服务模式是指政府将社会工作服务项目委托给有资质的民办社会工作机构去实施,并为此而支付费用的一种特殊的制度体系。在购买过程中,政府是资金支付者,有资质的民办社会工作组织是承办者。"[③] 2012年民政部和财政部发布的《关于政府购买社会工作服务的指导意见》中明确提到,"政府购买社会工作服务,是政府利用财政资金,采取市场化、契约化方式,面向具有专业资质的社会组织和企事业单位购买社会工作服务的一项重要制度安排"。通过政府购买社会工作专业服务项目的实施,能够有效提升社会治理的科学化水平,推动社会多元主体协商民主的不断进步。

1. 促进社会福利制度发展

传统的社会体制让政府背上了沉重的包袱而举步维艰,而我国实施政府购买服务则打破了传统体制下政府统揽而低效的局面,是一种制度的创新,意在通过政府购买服务的新方式来创造更大的社会效益,而社会工作专业服务又是社会福利的有效递送方式,专业化发展是社会福利的必然趋势。因此,发展和创新政府购买社会工作服务,有利于促进社会福利制度发展。

2. 推动政府职能转移

社会工作作为连接政府与公民的重要媒介,在承担社会服务、提高服务水平方面发挥着

---

① 卢磊,何辉.政府购买社工服务的方式:岗位购买与项目购买[N].公益时报,2018-08-21.
② 欧莉萍.地方政府购买公共服务研究[D].长沙:湖南大学,2012.
③ 赵一红.政府购买社会工作服务模式分析[J].社会工作,2012(4):44-48.

积极作用,成为政府转变职能、创新服务的有效途径。从社会治理的角度出发,政府购买社工服务是政社合作共治的重要表现。政府通过各种购买形式,由社工机构运用专业的知识、方法和技能为大众提供困难救助、行为矫正、矛盾调解、关系调适等服务,将原本由自己承担的这部分公共服务职能转交给社会组织,这也是政府职能转型升级的要求。

3. 推动社会工作的本土化发展

我国现阶段政府购买社会工作服务实践,除了促进社会福利的发展和推进政府职能转变以外,还有一项重大意义就是推动社会工作的本土化发展。在我国,社会工作尚处于起步阶段,在借鉴海外经验的基础上,如何让社会工作在本土落地生根始终是一个重要的课题。目前上海、北京、深圳、广州等城市的政府购买社会工作服务工作走在全国的前列,因此有许多研究者把目光集中于这些城市,通过对这些城市的政府购买社工服务模式进行研究,总结出较为实用的措施和理念,为社会工作的本土化发展提供宝贵经验。

(四)政府购买社会工作服务的流程[①]

1. 项目的生成

在政府购买社会工作专业服务中,从产生环节看,实际蕴含着两条不同的途径:一种是由政府主动发包而成,另一种是通过社会组织向上倒逼而形成项目。

(1)政府自上而下主动发包。政府通过主动调研来了解人民群众的需求,并以此制订每年的购买计划,然后再向社会组织发布购买通知,由社会组织进行承接。在政府购买社会工作服务项目确定以前,政府相关部门需要根据本地经济社会发展水平和财力状况,协调有关部门和群团组织切实做好人民群众尤其是困难群体、特殊人群社会服务需求的摸底调查与分析评估。

(2)社会组织自下而上进行"项目倒逼"。比起由政府依靠行政力量推行的项目,社会组织向上进行"项目倒逼"的情况其实比较少见。社会组织作为民间机构,由体制外的"社会人"组成,从产生开始就已扎根于社会,与政府相比固然会更"接地气",更加了解大众的实际情况,懂得他们需要什么,知道该从哪方面入手来提供服务。

2. 政府项目发布与社会组织申请

在预算得到审批后,政府会出台相关文件,对本年度部门需要购买的项目进行项目申报说明,为社会组织申请项目提供相关信息。在这里,政府发布项目的形式主要有三种:项目申报、项目竞标和项目委托,而这其中又以项目申报和项目竞标为最常用的方式。根据不同的发布形式,社会组织的申请形式也有所不同。

(1)项目申报。项目申报类的项目来源通常比较稳定、持续。项目发布的相关部门基本每年会定期对社会组织的服务进行购买,且资金总量和购买规模较大。在项目申报方式中,社会组织需要首先关注政府的项目发布通知,政府相关部门每年都会根据事先的调研来确定购买方向。实务工作者可关注中央财政支持社会组织项目、民政部门项目、政府部门的专项社会建设项目等。

(2)项目竞标。在项目竞标方式中,社会组织需要通过招投标程序来获得项目资金支持。一般情况下,以竞标方式发包时,政府通常会通过招投标公司或政府采购网的标讯公告来发布招标公告,招标公告中包括项目的名称、内容、投标人合格条件与资格要求、标书、开标时间地点等内容,社会组织需按规定进行投标。

---

① 陈紫葳. 项目制视角下政府购买社会工作服务研究[D]. 北京:中国青年政治学院,2016.

(3)项目委托。项目委托是程序较简单的一种发布形式,也是比较特殊的一种。在项目委托的形式中,政府把需要购买的服务直接面向指定的一个或几个社会组织发包,而不用再接受其他社会组织的申请。

3. 审批与签订协议

在社会组织投递申请材料后,政府会进行项目评审环节。专家会从入围项目的内容和资金额度方面提出建议并确定承接者,最终由政府批准立项,并与社会组织签订协议,明确服务的时间、范围、资金、要求、权利义务和违约责任等。

4. 项目监管

社会组织根据协议内容开展服务,在服务实施过程中,购买方要定期组织对项目进展情况进行检查督促,社会组织需要接受来自政府或第三方机构的监督管理,按时完成服务项目任务,保证服务的数量、质量和效果。

(五)政府购买社会工作专业服务的原则

根据《国务院办公厅关于政府向社会力量购买服务的指导意见》(国办发〔2013〕96号)和财政部、民政部、国家工商总局印发的《政府购买服务管理办法(暂行)》(财综〔2014〕96号)等有关要求和规定,政府购买社会工作专业服务应坚持客观、科学、公平、创新的原则,确保发挥政社合作的最大效益。

(1)积极稳妥,有序实施。从实际出发,准确把握社会公共服务需求,充分发挥政府主导作用,探索多种有效方式,加大社会组织承接政府购买服务支持力度,增强社会组织平等参与承接政府购买公共服务的能力,有序引导社会力量参与服务供给,形成改善公共服务的合力。

(2)科学安排,注重实效。突出公共性和公益性,重点考虑、优先安排与改善民生密切相关、有利于转变政府职能的领域和项目,明确权利义务,切实提高财政资金使用效率。

(3)公开择优,以事定费。按照公开、公平、公正原则,坚持费随事转,通过公平竞争择优选择方式确定政府购买服务的承接主体,建立优胜劣汰的动态调整机制。

(4)改革创新,完善机制。坚持与事业单位改革、社会组织改革相衔接,推进政事分开、政社分开,放宽市场准入,凡是社会能办好的,都尽量交给社会力量承担,不断完善体制机制。

拓展阅读

厦门市政府购买社会工作服务项目操作规程

为进一步健全政府购买社会工作服务机制,规范政府购买社会工作服务行为,根据民政部、财政部《关于政府购买社会工作服务的指导意见》(民发〔2012〕196号)、《民政部、财政部、人力资源和社会保障部等12部委《关于加强社会工作专业岗位开发与人才激励保障的意见》(民发〔2016〕186号)、市政府办公厅转发市财政局《关于推进政府购买服务工作实施意见的通知》(厦府办〔2014〕67号)、市民政局、市财政局《关于政府购买社会工作服务的实施意见》(厦民〔2017〕25号)和市民政局、市财政局《关于印发厦门市政府购买社会工作服务评估实施办法的通知》(厦民〔2017〕26号,以下简称《评估办法》)精神,并征询相关部门意见,结合厦门实际,制定本操作规程,供各单位开展政府购买社会工作服务参考。

一、项目立项

（一）编制项目经费预算

对服务区域人群需求调查和分析评估确定服务项目后，购买主体应依据项目的服务区域、服务人群和服务对象数量，合理预估项目所需经费规模。购买主体可聘请厦门市社会工作专家库和资深社会工作实务人才库成员对项目的服务内容和经费规模开展立项评审，提出意见、建议供财政部门参考。

项目经费预算主要包括人员薪酬和福利经费、专业督导及人员培训经费、服务活动经费、项目管理经费、项目评估经费等内容，具体为：

1. 人员薪酬和福利经费。用于支付项目所需工作人员的薪酬和福利，包括工作人员的工资、奖金、津贴、补贴、社会保险、住房公积金等，约占项目经费的55%～65%。

2. 专业督导及人员培训经费。用于聘请具有社会工作专业督导能力的人员对项目的规范实施开展专业督导，支付项目工作人员参加各类培训所需费用，以及志愿者招募、管理和培训费用等，提升项目工作人员的专业水平以及项目志愿者的服务能力，约占项目经费的8%～10%。

3. 服务活动经费。在项目服务中开展个案工作、小组工作、社区工作等活动所发生的费用，一般包括场租费、交通费、网络费、活动材料费等，约占项目经费的15%～20%。

4. 项目管理经费。包括项目税费、行政、财务、合理经费结余等费用，纳入机构统一管理使用，约占项目经费的10%～15%。

5. 项目评估经费。用于支付对项目实施情况开展中期评估、期末评估、期末财务审计所需费用，约占项目经费的3%～5%。具体根据《评估办法》的相关规定编列。

以上经费组成的具体比例，由购买主体与承接主体双方共同协商达成一致意见。另外，项目涉及的固定资产及其维护经费另行计算，但双方应明确固定资产归属及管理权责。

（二）确定项目服务量

项目服务量一般包括服务对象探访人次、建档人数、个案工作人数、小组工作次数、社区工作次数和其他服务量。一般应按照项目所配社会工作者或项目所需其他专业人员人数来确定项目服务量。项目配备社会工作者或其他专业人员人数原则上以12万元项目资金配备1人为标准。

1. 1名社工的年均工作时数＝（365天－年休假－国家法定节假日）×8小时/天＝1960小时。

2. 项目所配社工年总工作时数＝项目工作总时数。

3. 项目工作总时数为项目服务总时数及培训、督导、其他行政工作所需时数。项目服务总时数为每项服务时数合计，占项目工作总时数的75%。以下为每项服务时数参考标准（以下时数包含策划、组织人员、活动安排、交通时间以及相关文档处理等时间）：

（1）探访：平均4小时/次。探访是指社会工作者进入家庭、社区、学校和工作单位，主动接触服务对象的活动。

（2）建档：平均6小时/人。建档是指收集服务对象个人资料并形成档案的过程。个人资料包括服务对象基本情况、生理、心理和社会方面的情况以及服务需求等。

(3) 个案工作：个案工作分为咨询性个案和辅导性个案。每个咨询性个案平均跟进3次，平均5小时/次，1个咨询性个案平均所需时间为15小时；辅导性个案平均跟进8次，平均8小时/次，1个完整个案平均所需时间为64小时。个案工作是指社会工作者运用专业的知识、方法和技巧，通过一系列的专业工作，帮助遭遇困难的个人或家庭发掘和运用自身及其周围的资源，改善个人与社会环境之间的适应状况，促进其正常生活的过程。完整的辅导性个案工作应包括接案、收集资料、制订计划、签订协议、开展服务、结案、评估、追踪等环节，要有需求评估报告、服务计划书、会谈记录、结案评估报告等资料。

(4) 小组工作：每个小组平均开展6节，平均20小时/节，1个完整小组平均所需时间为120小时。单个小组的参加人数应在3人以上，每节小组活动的组员出勤率不低于60%。小组工作是指经由社会工作者策划与指导，通过小组活动及组员之间的互动和经验分享，帮助小组组员改善其社会功能，促进其转变和成长，以达到预防和解决有关社会问题的目标。小组工作的类型一般包括教育小组、成长小组、支持小组、治疗小组等。小组工作要有完整的小组计划书、小组过程记录和小组总结报告等资料。

(5) 社区工作：1次大型活动平均所需时间为60小时，1次中小型活动平均所需时间为40小时，1次讲座/培训平均所需时间为20小时。社区工作是指社会工作者运用专业方法解决社区问题、促进社区发展的方法和活动。社会工作者通过组织社区居民参与集体行动，界定社区需要，合力解决社区问题，改善生活环境及生活质量，并在参与的过程中，让社区居民建立对社区的归属感，培养其自助、互助与自决的精神，提高社区居民参与社区治理的能力和意识。社区工作以活动为载体，分为大型社区活动（服务人数不少于100人）、中小型社区活动（服务人数一般不少于30人）、讲座/培训（围绕某一主题开展的教育性、预防性、发展性讲座或培训，服务人数在15人以上，时间不少于40分钟）等。完整的社区活动应包括需求调查、项目设计、活动开展、活动记录、效果评估等程序，应有需求调查报告、活动计划（方案）、服务活动记录、服务效果评估报告等资料。

(6) 其他服务：开展其他服务活动所需时间视实际情况由购买主体和承接主体共同商定。其他服务是指除以上服务之外所提供的服务，包括志愿者培育、社会组织孵化、资源链接、参访接待、场地管理等。

（三）组织购买

购买主体确定购买后，应主动向社会公开所购买服务项目的服务标准、经费预算、评价方法和服务要求等内容，按照政府采购相关法律法规和规章政策要求，向符合条件的社会组织或具备相应能力和条件的企事业单位购买服务。

购买采购限额标准以上的社会工作服务，应按照规定实施政府采购，采用公开招标、邀请招标、竞争性谈判、竞争性磋商、单一来源采购、询价等方式确定承接主体；购买采购限额标准以下的社会工作服务，购买主体可选择合适的购买方式，但应符合《行政事业单位内部控制规范（试行）》（财会〔2012〕21号）等相关法律法规的规定。采购限额标准详见市财政局每年印发的厦门市政府采购目录及限额标准相关通知。

（四）签订合同

项目合同应包括以下主要内容：服务期限、服务内容、配备人员要求、质量标准、项目进程、项目金额及拨款方式、双方权利义务及其他。同时，原则上应包含以下内容作为附件：项目需求评估报告和项目服务方案。其中，项目服务方案包括项目目标、服务量化与非量化指标、项目评估机制及标准、项目经费预算等。

购买主体与承接主体应遵守相关法律法规、政策制度签订合同；经双方协商同意，可会同项目其他相关方签署多方合同。合同签订后，确有需要调整的，经双方协商，可签订补充协议。

（五）资金拨付

购买主体应根据合同约定的经费拨付时间及方式，及时拨付经费，确保项目顺利运作。

项目经费结合项目评估分3次拨付。原则上，项目合同生效之日起的10个工作日内拨付项目总经费的60%～70%，中期评估合格后的10个工作日内拨付20%，末期评估合格后的10个工作日内拨付剩余经费。

二、项目实施

（一）配备专业社会工作者

项目应配备专业社会工作者。社会工作者是指取得全国社会工作者职业水平证书或具有社会工作专业大专及以上学历的人员。原则上，每个项目配备的社会工作者应占项目服务人员的80%以上。特殊情况下，根据项目需要，可对专业人员的配备比例做适当调整，形成以社会工作者为主体的跨专业服务团体。

（二）确定督导人员

政府购买社会工作服务项目必须指定专门的专业督导人员对项目人员进行督导。社会工作督导是指由资深社会工作者对新加入的工作人员、一线初级工作人员等，通过定期和持续的监督、指导，传授专业服务的知识和技术，以增进其专业技巧，进而促进他们成长并确保服务质量的活动。鼓励聘请具有丰富社会工作实务经验的高校教师及经省、市民政部门培养的社会工作专业督导人员从事督导。原则上每周开展1次督导，可根据项目实际情况和经费安排做出调整，但不得少于每月2次。

（三）落实目标任务

项目承接主体应制定相应的项目管理制度，包括项目目标管理、实施管理、资料管理、人员管理、财务管理等，以保障项目顺利实施。

三、监管与评估

（一）监管

购买主体应指定专门联络人负责与项目承接方的沟通与协调，并对项目的进展情况进行指导和监督。经双方协商，项目承接主体可以口头或书面形式向购买主体定期汇报项目进展情况。

（二）评估

一般情况下，项目合同履约时间为一年。根据《评估办法》要求，在项目中期和末期各开展1次评估。评估结果分优秀、良好、中等、合格、不合格五个等级。期末评估结果为优秀和良好的，购买主体在选择政府购买服务承接主体时，可在同等条件下给予其优先资格；评估为合格的，责令其限期提出整改方案并进行整改；评估为不合格的，应视情况扣减经费；由于任务未完成导致不合格的，项目承接主体要继续提供服务直至完成政府购买服务合同所约定任务。

四、延续与结项

(一)项目延续

服务购买一般以3年为一个周期,合同可一年一签,以保证服务的延续性和成效。购买主体应于合同期满前至少1个月确定下一期的购买社会工作服务方案,并与承接主体沟通协调,启动服务购买程序,实现新旧合同的无缝衔接,确保社会工作服务的延续性。

(二)项目结项

项目实施3年期满后,购买主体应组织人员对其进行结项验收,并与项目承接主体进行服务场地、服务资料等的交接工作。如需继续购买,应重新按照流程组织购买工作;对不再继续购买的项目,购买主体应在项目结束前至少2个月通知承接主体,便于后者做好项目结项工作。

本操作规程自印发之日起施行。《厦门市政府购买社会工作服务指南》(厦民〔2015〕12号)同时废止。

(资料来源:厦门市社会工作协会官网,www.xmshgz.com/content.asp?newid=1zz.)

二、政府购买社会工作服务项目的招投标

自20世纪80年代以来,西方发达国家先后掀起了政府改革浪潮,在这场改革中,以公共服务购买取代传统的公共服务垄断供给成为各国的普遍选择。[①] 近年来,我国很多地区都在政府购买社会工作服务方面做出了一些探索,且政府购买社会工作专业服务在全国各地均被不同程度地加以采用,并成为我国各级政府提供社会服务公共产品的常用模式。

(一)招投标的内涵

招投标是指业主根据需要采购的产品或服务提出具体的采购要求和条件限制,并公开发布采购信息,邀请具体物品或者服务提供者前来竞标,按照公平、公正的原则,在一定的竞标程序下,优中选优,确定最终的中标者的过程。所以招投标也是一种市场交易方式,这种交易方式,是在一定的规范程序下,通过市场公平竞争,最终确定资源的配置方向。对于民政项目来说,招投标机制的引入,是确保社会组织或企业之间能够实现公平竞争的重要举措,对推动市场有序及规范化运作极为有利。

(二)招投标的特点[②]

1. 公开性

政府购买社会工作服务项目的招投标活动的整个过程均在公开透明的情况下进行,包括招标公开发布、招投标程序、评标过程、中标结果等均要公开透明,投标者的资质认定、竞标条件和投标报价、履约要求等都必须公开发布,并接受相关部门和社会的广泛监督。

2. 公平性

政府购买社会工作服务项目的投标资格审查、竞标、开标、定标过程均是在公平公正的条件下进行。根据公开发布的竞标条件,无论什么单位、个人只要符合竞标条件均可参与公

---

① 唐海歌. 政府购买公共服务风险及其防范[J]. 合作经济与科技,2013(22):98-100.
② 官勇. 民政项目招投标管理中的问题与对策研究:以海口市民政项目招标管理为例[D]. 天津:天津大学,2014:7-8.

平竞争,不排斥任何潜在竞标者。评标过程完全根据公开透明的程序和评标办法进行,根据各竞标主体的公开报价进行优中择优。整个招投标过程均是在公开透明的情况下进行,并接受相关监管机构的监督,从而保证条件优秀的竞标者脱颖而出。

3. 竞争性

政府购买社会工作服务项目的招投标是在一套完善的竞标程序和严格监管措施下,通过公开竞争实现择优遴选的交易方式。为了确保实现招标者的最大效益,整个招标过程相关的竞标程序、法规制度配给,均是为了保证公平竞争的有效发挥,尽可能让有质量、有效率的竞标者脱颖而出,实现招标业主的优中择优的目的。

(三) 招投标的主要形式

目前,社会工作服务项目的招投标一般采用以下几种方式进行:

1. 公开招标

公开招标是指通过报刊、网络等媒体,广泛向社会公开发布招标公告,明确招标的资质要求和条件限制,符合要求的竞标者均可参与招标。在竞标过程中,一般以书面投标书的方式参与,竞争性较大,因此又被称为无限竞争性招标,并且参与竞标的单位一般不应低于3家,否则招标行为将终止进行,这也是为了确保招投标工作的充分竞争性。

2. 邀请招标

邀请招标是指招标者根据一定的需求和目的,制作好招标文件,对行业内某些符合特定条件的竞标者发出投标邀请,投标邀请一般不低于3家,招标人有义务对邀请者信息进行保密。竞标邀请由于限制了一定的范围,使竞标者数目大大降低,因此称为有限竞争性招标。投标人确认参与投标之后,即按照招标人的要求领取招标文件,缴纳投标保证金,并按照招标文件要求提交相应的投标材料。

3. 谈判竞标

谈判竞标是指在符合竞标条件的机构较少的情况下,为了保证招投标的有效性,根据相关邀请,在几家竞标机构中,直接选取两家实力、信誉均较好的机构作为承包人,通过公开谈判确定中标价格和项目要求的过程,其中价格以及专业化服务是比较关键的要素。

4. 磋商竞标

磋商竞标是指招标单位、政府招标代理机构通过组建竞争性磋商小组与符合条件的承接单位就购买内容事宜进行磋商,承接单位按照磋商文件的要求提交响应文件和报价,招标单位从磋商小组评审后提出的候选承接单位名单中确定成交承接单位的采购方式,是一种综合评定的方式。

5. 单一来源采购

单一来源采购是指对某一特定商品进行采购,通常只有一个选定的供应商符合条件,因此也被称为直接采购,或者定向采购,通常仅限定于对货物和服务的政府采购。相对于公开招标和邀请招标,单一来源采购几乎没有竞争可言,容易滋生各种问题,因此2014年修订的《中华人民共和国政府采购法》第三章第三十一条,对单一来源采购做了严格的限定。

(四) 招投标的流程

我国《招标法》对招投标的过程进行了相应的法治规定,一般来说包括招标、投标、开标、评标、中标以及争议处理等环节,细化后的流程如图3-3所示。

政府购买社会工作服务项目的招投标是一个复杂而又清晰化的过程,承接方能否顺利中标受多重因素影响,如单位资质、业内影响力、投标书内容的专业性、资金预算的安排等。因此,社会工作机构作为政府购买社会工作服务的承接方,若项目中标成功,应当按照投标书和招标单位的要求,做好满足服务对象需求的专业化服务工作,确保服务方案的弹性需求;倘若项目中标失败,应当具体了解失败的原因在哪里,中标单位成功的重要因素是什么,为今后在投标工作中积累一定的经验,不断提升本单位的综合实力。

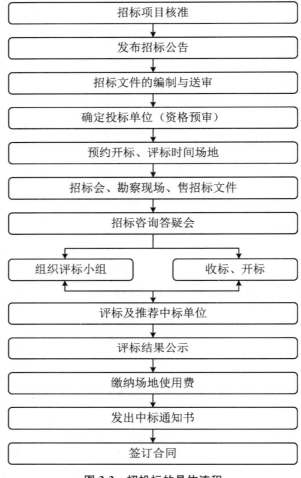

图3-3　招投标的具体流程

第三节　招投标文件解读与实训

一、招标文件[①]

(一)招标文件的构成

(1)招标文件由下列文件以及在招标过程中发出的修正和补充文件组成:① 投标邀请

---

① 广东省清远市清城区洲心街道启明、洲心社会综合服务中心社会工作采购项目公开招标文件。

书；② 采购项目内容；③ 投标人须知；④ 合同书格式；⑤ 投标文件格式；⑥ 在招标过程中由招标采购单位发出的修正和补充文件等。

（2）投标人应认真阅读并充分理解招标文件的全部内容（包括所有的补充、修改内容、重要事项、格式、条款和技术规范、参数及要求等）。投标人没有按照招标文件要求提交全部资料，或者投标没有对招标文件在各方面做出实质性响应的，其投标文件将被评定为无效投标文件。

（二）招标文件的澄清

（1）投标人认为政府采购文件的内容损害其权益的，可以在公示期间或者自期满之日起7个工作日内向采购人或政府采购代理机构提出质疑。

（2）任何要求对招标文件进行澄清的投标人，均应以书面形式在规定的时间内通知采购人或政府采购代理机构。采购人或政府采购代理机构对投标人所要求澄清的内容均以书面形式予以答复。必要时，采购人或政府采购代理机构将组织相关专家进行论证，并将论证结果以书面的形式发给每个购买招标文件的潜在投标人（答复中不包括问题的来源）。采购人或委托的政府采购代理机构认为质疑理由成立的，应当修改招标文件或重新组织采购活动。

（3）投标人在规定的时间内未对招标文件澄清或提出疑问的，采购人或政府采购代理机构将视其为无异议。对招标文件中描述有歧义或前后不一致的地方，评标委员会有权进行评判，但对同一条款的评判应适用于每个投标人。

（三）招标文件的修改

（1）在投标截止时间3个工作日前，无论出于何种原因，采购人可主动或在解答投标人提出的疑问时对招标文件进行修改。

（2）修改后的内容是招标文件的组成部分，政府采购代理机构将以书面形式通知所有购买招标文件的潜在投标人，并对潜在投标人具有约束力。潜在投标人在收到上述通知后，应立即以书面形式向政府采购代理机构确认。

（3）为使投标人在准备投标时有充足时间对招标文件的修改部分进行研究，政府采购代理机构可适当推迟投标截止日期，但应发布公告并书面通知所有购买招标文件的潜在投标人。采购人或政府采购代理机构自发出修改招标文件之日起至投标截止时间不得少于15个日历日，在征得各投标人同意的情况下，可适当缩短投标准备时间。

二、投标文件的编制与数量[①]

（一）投标文件的编制

（1）投标人若对招标文件中多个包进行投标的，其投标文件的编制应按每个包的要求分别装订和封装。对未经装订的投标文件可能发生的文件散落或缺损，由此产生的后果由投标人承担。

（2）投标人应完整、真实、准确地填写招标文件中规定的所有内容。

（3）投标人必须对投标文件所提供的全部资料的真实性承担法律责任，并无条件接受采购人或政府采购代理机构及监管机关等对其中任何资料进行核实的要求。

---

① 广东省清远市清城区洲心街道启明、洲心社会综合服务中心社会工作采购项目公开招标文件。

(4) 如果因为投标人投标文件填报的内容不详,或没有提供招标文件中所要求的全部资料及数据,由此造成的后果,其责任由投标人承担。

(二) 投标文件的数量和签署

(1) 投标人应编制投标文件一式六份(正本一份和副本五份、投标文件电子版U盘一份)、开标函一份(开标函包括《开标一览表》《法定代表人(负责人)资格证明书》《法定代表人(负责人)授权委托书》《退还投标保证金声明函》和投标保证金交纳凭证五份文件)。

(2) 投标文件的每一页都应由投标人代表用姓或姓的首字母亲笔签字或加盖骑缝投标人公章。投标文件的副本可采用正本的复印件。每套投标文件须清楚地标明"正本""副本"。若副本与正本不符,以正本为准。

(3) 投标文件的正本需打印或用不褪色墨水书写,并由法定代表人(负责人)或经其正式授权的代表签字。授权代表须出具书面授权证明,其《法定代表人(负责人)授权书》应附在投标文件中。

(4) 投标文件中的任何重要的插字、涂改和增删,必须由法定代表人(负责人)或经其正式授权的代表在旁边盖章或签字才有效。

(5) 投标文件格式内注明要求签字或签署的位置必须为亲笔签字。否则,作无效投标处理。

(6) 投标文件格式内注明要求加盖公章的位置必须加盖公章(不得使用合同专用章、财务专用章、公司部门章或分支机构章、授权(投标)专用章等代替公章)。否则,其投标文件将被评定为无效投标文件。

三、投标文件的递交[①]

(一) 投标文件的密封和标记

(1) 投标人应将投标文件正本、副本和开标函分别单独密封包装,并在外包装上清晰标明"正本""副本""开标函"字样。

(2) 信封或外包装上应当注明采购项目名称、采购项目编号和"在(招标文件中规定的开标日期和时点)之前不得启封"的字样,封口处应加盖投标人印章。

(3) 如果未按要求密封和标记,采购人或政府采购代理机构对误投或提前启封的行为概不负责。

(二) 投标文件的修改和撤回

(1) 投标人在投标截止时间前,可以对所递交的投标文件进行补充、修改或者撤回,并书面通知招标采购单位。补充、修改的内容应当按招标文件要求签署、盖章,并作为投标文件的组成部分。在投标截止时点之后,投标人不得对其投标文件做任何修改和补充。

(2) 投标人在递交投标文件后,可以撤回其投标,但投标人必须在规定的投标截止时点前以书面形式告知采购人或政府采购代理机构。

(3) 投标人所提交的投标文件在评标结束后,无论中标与否都不退还。

---

① 广东省清远市清城区洲心街道启明、洲心社会综合服务中心社会工作采购项目公开招标文件。

四、政府购买社区服务标书评分细则表(表 3-3)[①]

表 3-3 政府购买社区服务标书评分细则表

评比因素	分值	最高分值	评分细则
投标价格	10 分	10 分	投标报价得分＝(评标基准价÷评标价格)×价格分值 注:(1)"评标基准价"是指有效评标价格当中的最低价格。 (2)若投标人为小型或微型企业,且所投产品的制造商为小型或微型企业的,评审时,对小型和微型企业产品的价格给予 6%的扣除,用扣除后的价格参与评审。 (3)报价低于预算金额 80%的需提供成本分析报告,且经评标委员会审定不低于成本价
服务部分 42 分	资源整合能力	6 分	根据投标人资源整合能力(项目策划能力,具备项目所在辖区整合资源能力)进行评分: 优:6 分; 良:4～6 分; 一般:0～4 分; 差:0 分。 【提供有策划的项目争取到社会资金支持,或项目合同、资助证明文件复印件加盖公章作为评审依据】
	对当地服务对象的熟悉	12 分	对投标机构对当地服务的熟悉情况以及投标机构为了中标后开展项目而进行的需求调研情况(提供调研报告及相关证明资料),综合评价 综合评价为优:10～12 分;综合评价为一般:6～9 分;综合评价为差:0～5 分
	项目服务方案	12 分	对投标机构所提交的项目服务计划或方案在回应满足用户需求,并有针对性地设置可行的服务目标等方面(含各项服务开展计划等)是否全面、专业、具体,综合评价 综合评价为优:10～12 分;综合评价为良:7～10 分;综合评价为差:0～6 分
	计划实施的制度保障要求	6 分	有针对项目计划实施制定合理、可行的工作制度,包括员工管理、服务质量管理监测、绩效考核、应急及安全保障制度,保障服务计划有效实施。综合评价 综合评价为优:6 分;综合评价为良:3～5 分;综合评价为差:0～2 分
	项目团队培训计划	6 分	对投标机构根据项目服务团队的培训、提升计划是否全面、具体、满足项目发展需求,综合评价 综合评价为优:5～6 分;综合评价为良:3～4 分;综合评价为差:0～2 分

---

① 广东省清远市清城区洲心街道启明、洲心社会综合服务中心社会工作采购项目公开招标文件。

续表

评比因素	分值	最高分值	评分细则
商务部分 48分	投标人的社会组织评级	5分	(1) 获得5A等级:5分; (2) 获得4A等级:4分; (3) 获得3A等级:3分; (4) 获得2A等级:2分; (5) 其他,不得分。 【须提供相关评估证明文件复印件加盖投标人公章作为评审依据,未能提供不得分】
	业绩	8分	根据投标人自2014年1月1日至投标截止时间为止承接过政府同类型项目情况进行评分: 每个项目承接合同(合同期限为1年或以上)得1分,不满一年的不得分,本项最高8分。 【须附上合同关键页(包括采购内容、金额、签约日期、双方盖章)作为评审依据,未能提供上述证明文件的,该项不得分,以合同签订日期为准】
	投标人或机构举办者在社会服务领域的影响力和美誉度	5分	根据投标人2014年1月1日至投标截止时间获得的荣誉或相关媒体报道进行评分: 根据投标人提供的荣誉情况进行横向对比,综合评价为优:5分;综合评价为良:3~4分;综合评价为差:0~2分。 【提供相关荣誉证书或其他证明文件复印件加盖投标人公章】
	服务评价	5分	根据投标人自2014年1月1日至投标截止时间为止所承接的政府购买专项服务项目的评价情况进行评分: 优秀等级或评分在85分或以上的,每次得1分; 良好等级或评分在70分或以上的,每次得0.5分; 其他,不得分。 本项最高5分。 【须提供相关评估证明文件复印件加盖投标人公章作为评审依据,未能提供不得分】
	投标人政治思想建设状况	3分	投标人有建立党支部的得3分。 【须提供相关证明文件复印件加盖投标人公章作为评审依据】
	投标人的本土服务经验	9分	根据过往服务(服务需持续1年及以上)情况进行评分: 在项目辖区开展过公益性服务的,开展一年得3分,最高9分。 【提供在该辖区提供服务的合同及照片证明作为评审依据】

续表

评比因素	分值	最高分值	评分细则
商务部分 48分	人员情况	9分	根据投标人人员情况进行评分： （1）投标人计划为本项目配备的社会工作专业人员符合资质和专业能力的社工师（含助理社工师），每名得2分，本项最高6分； （2）持证或社工专业毕业人员为本地户籍的每个得1分，本项最高3分。 【须提供人员的用工合同及购买社保或缴纳个人所得税的证明文件复印件（社保或缴纳个人所得税的证明文件所属期必须是在2017年5月或之后任意一个月）。同时必须在投标文件中附从业人员任职资格证书或技术工人等级证书、身份证的复印件（加盖公章）】
	机构财务状况	4分	具有健全的财务管理、会计核算和资产管理制度和机制（出具财务人员职业资格证、劳动合同、身份证复印件、2016年度审计报告）： 有持财会职业资格证的专职会计和出纳人员，得2分（会计和出纳同为一人兼任的或财会人员无资格证的得0分）。 有健全的财务管理工作制度，得1分（无财务管理制度得0分）。 有财务报告或审计报告，得1分（提交2016年度财务审计报告，缺少财务审计报告的得0分）

五、公益创投项目申报书（表3-4）

表3-4　公益创投项目申报书

项目名称			项目周期	
项目实施地点				
项目受益人数			项目总预算（人民币：万元）	
项目领域	☐为老服务　☐未成年人服务　☐为残服务　☐妇女服务　☐社区治理服务 ☐其他			
项目类型	☐重点创新项目　☐街道社区综合服务中心项目　☐基本创投项目　☐部门联动项目			
申报单位名称			登记日期	
户　　名				
开户账号				
开 户 行				
社会组织等级	☐1A　☐2A　☐3A　☐4A　☐5A		获得等级日期	

项目概述(概述项目针对的问题,以及计划通过何种方式达到什么目标。300字以内)

项目联系人信息			
姓名及职务		电子邮件	
办公电话		手　　机	
通信地址			

(一) 项目基本信息(略)

(二) 申报单位详细信息

填写说明:300字以内。① 成立时间、地点、业务范围、主要资金来源、机构愿景与使命等;② 执行过的同类项目、机构荣誉声誉等;③ 合作机构信息。

(三) 项目详细信息

1. 需求分析

填写说明:400字以内。① 说明项目针对的问题,分析其产生的背景和原因,以及问题存在的广泛性和需求的迫切性;② 要求清晰界定本项目可以服务到的人群,并提供其数量、基本特征、具体需求或问题状况等信息;③ 项目可获得的社会支持、团队活动能力、项目实施地所在社区、项目将要服务的人群对项目的接纳或认可程度。

2. 项目目标

填写说明:200字以内。预计通过项目实施可达到的具体成效,要求清晰、明确、可实现。

3. 项目实施计划

填写说明:600字以内。计划开展的活动、时间、地点、受益对象情况等。

4. 风险分析及应对预案

填写说明:200字以内。分析项目执行中可能遇到的风险及如何应对。

(四) 项目团队介绍(表3-5)

表3-5　项目团队介绍

序号	姓名	性别	年龄	学历及专业	项目分工	联系电话
1						
2						
3						
4						
5						
……						

（五）资金预算（表3-6）

表3-6　资金预算表

资金来源	资金种类	金额（万元）
	申报区公益创投资金	
	自筹资金	
	相关配套资金	
	合计	
支出明细（仅列支申报区公益创投项目资金）	预算（根据项目开展需要及备注要求进行编制）	
	细目	金额（万元）
	(1)	
	(2)	
	(3)	
	(4)	
	(5)	
	(6)	
	(7)	
	(8)	
	(9)	
	……	
	合计	

（六）项目审批意见（表3-7）

表3-7　项目审批意见表

申报单位	我单位保证项目申报材料真实、合法、有效，已制定项目实施计划、方案，确保项目如期完成。将按法律、法规有关规定，接受项目监管、审计和评估，并承担相应责任。（所有项目均须填写） 法定代表人签字：　　　　　　　　　　　　　　　（单位盖章） 　　　　　　　　　　　　　　　　　　　　　　　年　月　日

审批意见	项目实施所在街道或社区意见(所有项目均须填写)： □同意推荐 □不予推荐 （盖章） 年　月　日
	部门意见(仅部门联动类项目需要填写)： □同意推荐 □不予推荐 （盖章） 年　月　日
	经评审委员会评审决定(由承办方填写)： □现予以批准，给予该社会组织2016年度区公益创投项目资金　万元。 □不予批准。 （盖章） 年　月　日

六、政府购买社会工作服务项目投标书

（一）项目基本信息（表3-8）

表3-8　项目基本信息表

项目名称			
项目负责人	姓名	专业资质	联系电话
项目团队成员	姓名	性别	学历及专业	主要承担的工作
项目实施地点	
服务对象/服务领域	
合作机构/组织/社区	
项目起止时间	
项目总价	元（大写） 元（小写）

（二）项目策划方案（表3-9）

表 3-9　项目策划方案提纲

（一）项目背景及服务理念
（二）总目标
（三）项目具体实施步骤

分目标	活动名称	活动具体内容及进程

（四）服务对象招募与筛选方式
（五）评估方式
（六）预期风险与解决办法

（三）项目进度表（表3-10）

表 3-10　项目进度表

时间	主要开展的工作	阶段性工作完成情况评估指标	负责人员

(四)项目经费预算(表3-11)

表3-11 项目经费预算表

	子项目名称	细目	单价(元)	数量(次)	报价(元)
服务/活动经费	服务/活动一				
	服务/活动二				
	服务/活动三				
	服务/活动四				
	服务/活动五				
项目管理经费	行政办公经费				
	项目管理人员补贴				
其他费用	税费				
	不可预支费用				
项目总价(小写)					
项目总价(大写)					

项目评审委员会意见：

年　月　日

项目购买方意见：

年　月　日

说明：所有价格均用人民币表示，单位为元，精确到个位数。

七、政府购买社会工作服务项目承接申请书(表 3-12)

表 3-12 政府购买社会工作服务项目承接申请书

(一)申报单位情况

单位名称		单位性质	
法定代表人		联系电话	
经营服务范围			
业务主管单位		登记/备案证号	
发证机关		工作人员数	
申报单位基本情况概述(不少于300字)			

	项目名称	起止时间	资助方	资助总额(元)	备注
执行过的同类项目					

单位负责人(法人)信息

姓名及职务		联系电话	
电子邮箱			

(二) 拟开展服务项目情况

1. 项目基本信息

项目名称		项目周期	
项目实施地点			
项目受益人数		项目总预算（人民币:万元）	

2. 项目背景

需求分析（不少于 500 字）	
受益群体描述（不少于 400 字）	
社区接纳支持程度（不少于 200 字）	

3. 项目方案

项目目标（不少于 100 字）	
项目进度安排（不少于 800 字）	
风险分析及应对策略（不少于 500 字）	
项目可持续性（不少于 500 字）	

（三）项目团队情况

项目负责人信息

姓名		性别		年龄	
职务		学历及专业			
办公电话		手机			
邮箱		专业资质			
实施同类项目的经历					

参与本项目的人员信息

姓名及职务	性别	年龄	学历及专业	职称	角色分工	联系电话

（四）项目预算

申报资金预算支出明细	名目	金额(万元)
	直接服务支出	
	人力资本支出	
	其他费用支出	
	总计	

（五）项目评审意见

申报单位	我单位保证项目申报材料真实、合法、有效，已制订项目实施计划、方案，确保项目如期完成。将按法律、法规有关规定，接受项目监管、审计和评估，并承担相应责任。 法定代表人签字：（单位盖章） 年 月 日

审批意见	评审意见：
	
	            （盖章）
	            年 月 日

附：项目实施预算表（表 3-13）

表 3-13　项目实施预算表

（一）直接服务支出

类别	活动内容	单位数	单位金额（元）	活动金额（元）	预算明细内容（材料费、交通费、场地费等）

小计

（二）人力资本支出

支出项目	明细项目名称	单位数	单位金额（元）	人力资本金额（元）	备注

小计

（三）其他费用支出（占总经费的%）

支出项目	明细项目名称	金额（元）	备注

小计

（四）总计需要项目资金　　元，拟申请　　　　元。

 拓展阅读

安徽省民政厅专业社会工作服务项目管理办法(试行)

为进一步规范省级政府购买社会工作服务项目实施,加快培育发展社会工作服务机构,提升规范化管理和项目化运作水平,打造服务品牌、创立服务模式、确保服务成效,根据《中华人民和国政府采购法》《安徽省政府采购监督管理办法》及安徽省民政厅、安徽省财政厅《关于政府购买社会工作服务的实施意见》,制定本办法。

第一章 项目申报

第一条 实施方式。专业社会工作服务项目原则上应通过政府购买服务的方式,交由具备社会工作专业服务资质的社会组织、企业和机构实施。

第二条 申报主体。承接政府购买社会工作服务项目以社会工作行业组织和服务机构为主体,兼顾其他公益慈善类、公益服务类社会组织和具有专业社会工作服务资质的企业及其他机构。同时必须具备以下条件:

(一)拥有能够熟练掌握和灵活运用的社会工作专业知识、方法和技能,愿意积极投身社会工作服务的专业团队,其专职工作人员中具备社会工作专业学历或通过全国社会工作者职业水平考试的人数不低于30%。

(二)有规范的治理结构、健全的规章制度和良好的社会公信力。

(三)有较强的项目运营管理和专业社会工作服务能力。

第三条 申报材料。申报主体在申报项目时必须以包或项目为单位进行编制、报价,按要求注明正本、副本分别装订、密封、标识和递交,并密封在同一个文件袋中。材料中提供的证明文件或其复印件,必须清晰完整。在其重要内容方面须有法定代表人签字且加盖单位公章。如为授权代表签字,则须附有法定代表人授权书。同时须包含以下内容:

(一)承接报名表。

(二)供应商报价书:

1. 报价表及服务期:含总报价和项目实施预算表。

2. 资质证明:含社会组织法人登记证书、近三年的年检合格证明、法定代表人身份证等。

3. 机构简介:含机构人员情况及提供专业社会工作服务相关资质证明;劳动合同及社会保险缴纳证明;支撑项目开展的相关技术力量配备情况;机构规章制度等。

(三)项目设计方案:含需求分析调研报告;项目实施目标和具体服务方案(须与项目预算一一对应);项目管理计划等。

(四)开展类似项目的证明材料。

(五)需提供的其他材料。

第二章 项目评审

第四条 资格审查。组织项目评审时,在申报材料开启后,由省民政厅对提交的申报材料进行资格审查,资格审查内容为申报单位资格条件、提交资料完整性等。资格审查通过后方可提交评审组进行项目评审。

第五条 项目评审。遵循以下程序：

（一）成立评审组。评审组选取专业社会工作实务、研究、行政管理领域专家组成，采取综合评分法，遵循招标方案中具体评分办法或评分细则对申报项目进行评审。

（二）评审内容：

1. 申报单位的资质，包括其评估等级、社会声誉、规章制度、专业资质、实施能力和相关经验等；

2. 申报项目的需求分析、项目目标和实施方案、专业方法设计和预期为服务对象、实施地域、专业发展和机构管理所带来的成效；

3. 预算编制及与项目方案的匹配度。

第六条 公示。依据评审结果确定中标项目并面向社会公示5个工作日。公示无异议后，确认为立项项目。

第三章 项目立项及拨款

第七条 签订合同。在规定时间内，省民政厅与立项项目承接单位签订正式合同，明确双方的权利与义务关系。签订合同前，须仔细阅读本项目管理办法，了解项目实施管理、财务管理、项目成效、过程监管、绩效评估等方面的要求。

第八条 拨款。拨款方式依据资金来源和合同约定拨付。

第四章 项目实施与管理

第九条 项目时限。项目须于签订合同后一个月内启动实施项目，并按合同约定时间完成。

第十条 项目监督。省民政厅社会工作处或其委托单位为省民政厅购买社会工作服务的实施监督机构。通过不定期抽查监督项目实施，并视需要，要求项目承接单位提供立项项目的一切资料。项目承接单位须结合项目计划的实施进行服务对象满意度调查，跟踪服务对象反馈意见，接受省民政厅或其委托单位开展的中期及末期检查评估。

第十一条 督导反馈。每个服务类项目均配备1名项目督导，项目承接单位负责人为本项目与督导的联系人，开展督导时单位负责人和执行社工必须同时接受督导。每次督导完成后项目承接单位须5日内将《督导情况反馈表》报送督导项目承接单位、督导须3日内将《项目实地考察报告》反馈督导项目承接单位。

第十二条 材料报送。项目承接单位须定期向督导项目承接单位报送项目实施进展和资金使用情况并附相关资料，必要时可向社会公示。材料格式由督导项目承接单位确定，频率为两个月一次，报送时间为每月10日前。

第十三条 项目宣传。项目承接单位须加大对服务对象、社会公众、党委政府、合作单位的宣传力度。宣传过程应突出品牌化、专业化，要在各项社会活动中主动推介项目目标、内容、品牌、成效、模式。要定期编发项目简报、宣传册，充分利用网络、媒体等对项目进行宣传，提升社会认知度和认可度。相关信息须及时报送至省民政厅社会工作处和督导项目承接单位。

第十四条 项目调整。若项目方案、资金预算确需变更、调整的，项目承接单位须经项目督导审核签字后，向省民政厅提出书面申请，列明详情和充分理由，获准后方可调整，不可私自变更原定方案和合同内容。项目中止或违反本管理办法、任务书和合同的，省民政厅有权要求承接单位立刻退还拨款，并向公众公开说明。若项目在实施过程中，有违反国家法律法规或不恰当使用项目经费行为的,经查证属实后,全额退回拨款,造成恶劣社会影响的,省民政厅保留法律上的追究权利。

第五章 项目督导

第十五条 督导项目。督导工作由省民政厅引入社会力量,采取项目化方式开展。省民政厅在招标服务类项目的同时招标督导评估类项目,由项目中标单位负责组织实施。

第十六条 督导资质。须同时具备以下条件:

(一)热爱专业社会工作建设与管理事业,积极支持推动安徽专业社会工作发展。

(二)从事社会工作专业教学五年以上且具有讲师以上职称和丰富的社会工作实务及督导经验;或从事社会工作专业服务满五年,具有社会工作专业本科以上教育背景或取得中级社会工作师资格证书。

(三)年龄原则上不超过65周岁,身体健康。

第十七条 督导权利。督导工作以签定的项目合同和确定的项目实施方案为主要依据,依照本项目管理办法,以指引项目遵循专业化发展方向,达成项目实施方案所列成效为主要目标,以项目实施的"专业方向和服务质量"为范围,聚焦项目实施的成效,不针对项目机构、服务和工作人员等进行内部督导。督导开展工作前须签订《督导协议书》,并有权获取相应报酬。在专业服务层面,督导具有高度的自主建议权,有权要求所督导项目依照督导意见进行项目调整,有权向省民政厅提出项目处置建议。

第十八条 督导义务。

(一)根据需要,指导所督导项目开展服务领域的行动研究,协助拟定具有推广性的服务标准,并提出相应的政策倡导。

(二)参与省民政厅和督导项目承接单位组织的项目启动会、工作推进会、研讨交流会等会议。

(三)当项目出现下列情况时,督导须及时向省民政厅反馈并提出处理意见:

1. 项目存在资金滥用情况;

2. 项目未按照任务书推进或项目内容(服务指标、服务对象、服务地点、资金预算等)发生较大改变,且无法给出合理解释;

3. 项目存在造假、谎报情况。

(四)及时发现项目承接单位和一线社工在实施项目中出现的非自身原因产生的困境,并向省民政厅提出意见建议。

(五)妥善管理所督导项目信息,尊重项目知识产权,未经省民政厅及项目机构负责人允许,不得向任意第三方透露项目资料。

(六)督导工作报酬由督导项目承接单位统一支付,督导本人不得与被督导项目单位存在经济往来和利益关系。

第十九条 督导方式。可根据项目进展,采取远程督导和现场督导方式进行。

第二十条 督导内容。项目实行全过程督导:

(一)立项签订期。结合项目服务目标,遵循成效导向原则,参照招标的具体要求,对所督导项目进行重新审核把关,督促项目承接单位进一步明确项目目标、细化服务指标、严格资金预算。合同签订后15天内,项目承接机构须将经督导审核后的项目方案,按时报送省民政厅社会工作处。

（二）实施期。项目承接单位须根据《项目督导协议》要求定期向督导汇报项目执行情况，配合开展督导工作并按规定反馈督导情况至督导项目承接单位。督导须结合项目情况和《项目督导协议》，决定督导时间和方式，每次督导工作结束后承接单位须填写《督导记录表》，经督导签字后报送督导项目承接单位。

（三）评估（中/末期）。根据需要参与并接受项目的中期、末期评估工作。

（四）实地督导/探访。督导可随机对项目进行实地督导/探访。实地探访后督导须填写《项目实地考查报告》并按督导协议要求提交至督导项目承接单位。

第二十一条　工作要求。省民政厅有权监督、评估督导项目承接单位和督导工作的落实情况。督导项目承接单位须通过调查问卷、访谈等方式了解项目督导的效果，并于项目实施中期、末期将结果分别反馈省民政厅。项目实施过程中确需更换督导的，由督导项目承接单位向省民政厅提出申请并说明充分理由，批准后方可调整。对于工作不力、严重影响项目实施、造成不良社会影响的，取消其督导资格，三年内不得重新参加，情节严重的依法追究其相关责任。

第六章　经费管理

第二十二条　承接单位须对项目经费设立独立账簿，实行专款专用。

第二十三条　承接单位须严格按照中华人民共和国财政部关于"民间非营利组织会计制度"的统一规定来设置会计科目、填制会计账簿、编制财务报表，并指定专人负责款项管理。所填报的财务信息必须真实有效、及时完整。

第二十四条　项目实施期间，须严格遵守项目实施方案和合同约定，经承接单位负责人签字批准后方可从拨付的项目经费中支取。

第二十五条　项目承接机构须保留与项目有关的往来票据原始凭证，以备不定期抽查和中期评估、结项审计。

第二十六条　项目实施时间截止后，实际经费使用少于拨款金额发生资金结余的，项目承接单位可按原计划增加服务对象，并在项目截止后3个月内使用该结余款项，并提交项目报告。

第二十七条　购买社会工作服务项目经费主要用于项目承接单位开展服务需求调查、购置服务必需品、租用服务场地、印制资料、进行项目自我评估、支付工作人员差旅食宿和劳务补助及其他与社会工作服务直接相关的支出，不可用于支付承接单位管理费用，不可购置办公设备。

第七章　项目评估

第二十八条　省民政厅委托或组织第三方专业机构于项目实施中期、末期开展项目评估工作。项目承接单位须对评估工作予以配合，并根据评估结果对项目进行整改。

第二十九条　项目中期评估前，承接单位须提交《项目中期实施报告》(含财务报告)；实施期结束后一个月内，承接单位须提交《项目总结报告》(含财务报告)及《项目结项自评表》，并经项目督导审核后由项目负责人签字盖章报送。所有材料须按时报送至评估实施机构。

第三十条　项目评估时，项目承接单位须提供以下材料：

（一）项目合同和实施方案或项目任务书；

（二）项目承接单位相关规章制度；

（三）服务对象访视表和信息采集表、问卷调查表及项目需求分析调查报告；

（四）个案工作方案、个案访视表（含个案评估与结案记录）；

（五）小组工作方案，小组工作每节工作计划（含经费预算）、签到表、活动记录（含相关图片和文字资料）、活动总结与反思、下一节工作计划；

（六）社区工作方案，社区工作计划（含经费预算）、签到表、活动记录（含相关图片和文字资料）、活动总结与反思、下一节工作计划；

（七）项目中期、结项总结与自评表，服务对象满意度调查相关资料；

（八）外部督导记录与反馈表；

（九）项目宣传材料或宣传活动记录；

（十）项目原始票据、发票及账簿等财务资料。

结合项目实际开展，可提供以下材料：

（一）如有物质帮扶的，须提供受益对象确认书（含受益人家庭住址及联系方式），须受益人签字或监护人代为签字，原则上不允许项目承接单位和执行社工代为签字；

（二）如有志愿者参与的，须提供签到表（含服务时间、地点、时长、活动内容、承担工作、记录人等），如有志愿服务补贴发放，须提供志愿者本人联系电话和领取签字表；

（三）项目承接单位原则上应开展内部督导并提供相关记录资料。

第八章 附则

第三十一条 本办法适用于全省范围内组织开展的社会工作服务项目。

第三十二条 本办法由安徽省民政厅社会工作处负责解释。

第三十三条 本办法自印发之日起施行。

资料来源：亳州市人民政府官网，xxgk. bozhou. gov. cn/openness/detail/content/sd01b39307b4b31f618b4567. html。

思考题

1. 社会工作服务项目申报的途径有哪些？
2. 如何理解政府购买社会工作服务？
3. 政府购买社会工作服务招投标的具体流程是什么？
4. 政府购买社会工作服务的投标文件如何撰写？

执行与管理篇

第四章 社会工作服务项目执行

社会工作服务项目执行的主要阶段。社会工作机构服务方案制定程序。社会工作机构员工、志愿者和实习生的招募及培训工作。社会工作机构的财务预算方法。社会工作方法在社会工作服务项目实施过程中的运用,社会工作服务项目实施过程的基本环节。服务项目总结阶段的主要任务。

培养学生社会工作服务项目执行能力。掌握社会工作服务方案人员招募与培训的系统流程。掌握财务预算的基本方法。在项目执行过程中能够坚持以产出为导向、持续提高服务水平,合理控制项目进度和质量,掌握总结报告撰写的基本框架和方法。

社会工作服务项目强调特定的受益群体或具体的受益范围,如精神健康服务、老年护理服务、青少年心理健康辅导服务等,对人群的数量和受益产出都比较重视。一般来说,社会工作服务项目执行要遵循质量导向原则、序时进度原则、成本控制原则和持续改进原则。从环节方面看,可分为前期准备、中期实施和后期总结三个阶段。

第一节 社会工作服务项目准备阶段

社会工作服务项目在立项之后、实施之前,需要制定比较细致的实施方案,组建项目实施团队,同时还要做好经费及后勤保障等工作,为项目的具体实施奠定坚实的基础。实施方案的制定要有针对性,要尽可能细致;服务团队的人员构成要合理,要具备一定的业务能力;经费保障涉及预算支出,要尽可能细化合理;后勤保障主要是项目实施所需要的物质供给和服务,要充足完备。

一、制定实施方案

项目实施方案也称项目执行方案,是社会工作服务项目能否顺利成功实施的重要保障和依据。项目必须在特定的时间、预算、资源限定内,依据规范完成。

（一）实施方案的主要内容

实施方案因项目不同，内容略有不同，但一般具有以下内容：

1. 实施背景

以问题为导向，通过问题的提出，着重介绍项目实施的社会背景、前期准备工作和重要意义。如老年人社会工作服务项目实施方案的实施背景介绍，应包括我国人口老龄化的现状和形势发展，老龄化带来的一系列问题以及问题解决的重要意义，项目前期的准备工作，等等。实施背景的介绍，应简洁明了，主要是阐述项目实施的重要性和必要性。

2. 实施的时间和地域

根据时间长短，社会工作服务项目可分为长期项目、中期项目和短期项目，但不管如何划分，项目都会有一定的实施周期和地域限制。社会工作服务项目不像商业化服务项目，后者以中短期服务项目为主，一年期和半年期的服务项目较多。所以在制定实施方案时，要根据服务期限明确项目实施的起止时间。另外还要明确服务项目空间面向，也就是说项目服务在何地开展，它的确定为服务协议的订立和服务效果的评估奠定了基础，有利于确保服务购买方、承接方和服务对象的利益。

3. 服务对象

在明确服务项目空间面向的基础上，还要明确人群面向。一般情况下，社会工作服务项目主要针对特定的社会群体，同时也兼顾一般社会群体。服务项目的人群面向，也称为服务对象。不同的服务项目，其服务人群面向是不同的。如社会福利、社会救助、扶贫济困、慈善事业、社区建设、婚姻家庭、精神卫生、残障康复、教育辅导、就业援助、职工帮扶、犯罪预防、禁毒戒毒、矫治帮扶、人口计生、应急处置、群众文化等服务领域，均有其特定的服务对象。

4. 服务目标

服务目标，简言之就是通过服务的开展所要达到的目的。服务目标一般可分为总体目标和具体目标。总体目标是终极目标，即项目最终完成的成果体现。具体目标是项目实施每个阶段要达成的目标，通常以量化的形式具体体现。实施方案中的目标通常采用定性的方式予以呈现，最终达成的结果，多使用总体目标。如为农村空巢老人提供服务的社会工作服务项目，其服务目标是帮助他们得到物质上的保障和精神上的慰藉，改变他们的生活环境，增强幸福获得感，安享晚年。

5. 服务内容

服务内容指服务项目通过开展哪些具体服务来满足服务对象的需求，以达成服务目标。如社区青少年服务项目，主要内容有适当的社会工作方法的使用，开展包括长者关爱等一系列服务活动，社区志愿者队伍的建设、资源链接等；如农村空巢老人服务项目，主要内容有资源链接、通过定期探访为有需要的老人提供家庭关系支持、通过入户去了解空巢老人的身体和心理状况、发挥家庭功能开展亲子活动等。服务内容根据服务项目的区别各有不同，一般情况下应包括具体社会工作方法的使用、资源的链接、根据服务对象的特点和需求开展的有针对性的系列活动。

6. 实施步骤

实施步骤指要将具体内容细化，通过周密的计划安排来分步完成服务内容，实现服务目标。可采用甘特图标明，也可采用其他方式确定实施步骤。实施步骤一般应包括每一步骤的时间界限、所要完成的具体任务、所要动用的资源、所要采取的具体行动、所要达成的目标等，在目标方面可采用定量目标也可采用定性目标。

7. 总结与评估

评估是项目实施过程中的重要组成部分，是对项目实施过程和结果的监督。实施方案评估应包括项目的过程评估和结果评估两部分，明确要采取的评估方法，以及要评估哪些内容。可通过开展项目自查和资料整理，总结服务经验，形成经验报告。以总结座谈会、出资方评估等方式对项目成效进行终期评估，即结果的评估。

（二）制订实施方案需要注意的事项

1. 确保制定的实施方案切实可行

方案制订者要清晰描述出各种限制，甄别哪些服务是可行的、有效率的，以及能否有效满足消费者的需要。在这个阶段要尽可能列出各种可能提供的服务方案，各方案应包括目标、对象、活动形式、日期、时间、场地、服务程序表、人力分配、财政预算、所需设备、预期困难和应对方法等详细内容。

2. 确保实施方案的有效性

理想的方案主要有六个评估标准：一是效率，指方案资源投入和服务产出比率；二是效果，指方案实现目标的程度；三是可行性，指实施这个方案达到成功的程度，包括方案是否实际可行，机构是否可以完成这个方案，机构过去完成这类方案的记录，方案计划是否适当；四是重要性，指这个方案是否唯一达到能够完成目标且必须推行的程度；五是公平，指这个服务方案能否公平地提供给有需要的个人或团体的程度；六是附加结果，关注的是方案中所产生的意外（目标之外）的效果，包括对社会所产生的正面和负面效果。

3. 决定资源需求和整合资源

策划者在确定方案的可行性和可操作性后，就可以决定资源的总需求并进行资源的整合工作。对于社会服务机构高层管理者而言，他们在决定是否采用各服务方案时，一般会考虑"经济上是否有效率""社会上是否接纳"与"政治上是否可行"。具体而言，包括如下内容：这项服务是否符合机构或服务方案目标的优先次序；机构是否有足够的资源提供这项服务，是否还需另行寻找资源；所提供的服务是否被服务对象和社区成员接纳；是否可由现在的服务提供者继续给予干预；这项服务是否满足政策的要求，或者这项服务是否是机构所必须推行的；这项服务的可能效益看来是否比估计的成本更重要；能否测量这项服务的服务效果；在推行这项服务过程中是否有严重的危机存在，等等。

4. 制订行动计划

当服务计划被批准可以执行后，必须先将服务方案的目标分解成若干具有可操作性的执行目标，执行目标需有完成方法及其完成的服务内容，并充分考虑下列问题：完成服务方案的重要活动是什么；由谁负责完成每项活动或任务；那些重要的活动应在何时开始、何时完成；要完成每一项活动所需要的基本资源是什么。

 **拓展阅读**

老年人社会工作项目服务方案——以×地×村空巢老人为主要对象①

一、社会背景

中国已于1999年进入老龄化社会,是较早进入老龄化社会的发展中国家之一,也是世界上老年人口最多的国家。老龄化的标准是什么?联合国提出双重标准:一是以60岁为老年人年龄下限的标准,二是老年型人口界定10%为界限:达到和超过10%为老年型人口,或称进入老年型(老年化)社会。面对超过中国总人口10%的老年人口,如此庞大的老年人口总量和日渐严重的老龄化问题,必将带来一系列新的矛盾和压力,如养老、医疗等社会保障的压力巨大,资源配置不合理,城市和农村养老问题日渐突出等,给经济和社会的发展提出新的挑战,如何建立满足庞大老年人群需求的养老社会服务体系,是政府和社会不可忽视的问题。

二、空巢老人现象

空巢老人是指没有子女照顾、单居或夫妻双居的老人,分为三种情况:一是无儿无女无老伴的孤寡老人,二是有子女但与其分开单住的老人,三是儿女远在外地,不得已寂守空巢的老人。中国在迈进老龄化社会的行列后,在老年人口的绝对数量大、高龄化趋势显著、未富先老、"空巢"老人迅速增加、农村养老问题严重的背景下,"空巢老人"问题成为中国社会发展的严峻考验。而农村的老龄化程度比城市严重,农村空巢老人比例也远远超过城市。随着中国的经济发展趋势,城市化进程的加速推进,农村大量青壮年劳动力流向城市,且大部分人选择留在城市居住,导致农村空巢现象加重。这一社会问题不仅成为现在中国农村发展的重大桎梏,也使农村空巢老人如何养老成为严峻的社会问题,不仅关系到农村空巢老人如何安享晚年,而且关系到整个社会的和谐稳定,关系到我国能否成功应对人口老龄化社会的挑战和乡村振兴战略的实施成效。

三、农村空巢老人养老面临的困境

1. 经济供给不足

经济供给不足成为农村空巢老人养老难的主要问题。首先,农村老人失去了固定的经济来源。老人年纪较大,失去了劳动能力,就意味着失去了经济收入,当生活来源难以得到保障时,其基本生活便难以维持。其次,子女的经济能力是关键。收入较高的子女能给父母一个优渥的老年生活,相对地,收入较差的子女,自己的生活都难以维持,则更加难以兼顾父母的养老生活,这一定程度上导致了农村空巢老人养老的经济保障的不确定性。其三,养老金有限。虽然政府为符合条件的老人提供了一定的养老金,但由于中国老年人口基数大的特殊国情,"基数大,范围广"决定了每位老年人每月能领取的养老金数额有限,而这对改善农村老人养老问题的作用有限。

2. 生活缺乏照料

在中国传统家庭模式中,子女是农村老人的主要照顾者。但在现实生活中,总有一些

---

① 材料来源于重庆工商大学社会工作教育资源网(http://www.qbrys.com/web/WVideoLine.aspx?id=1386&ctid=586),有删减。

主客观原因导致子女无法照料父母。其中,工作是一个比较关键的原因,随着经济化的加深,城市相比于农村有更好的发展机会,使得大部分子女会选择离开家去城镇或经济发达的城市工作,而子女长期在外工作,就难以为父母提供悉心的照料。此外,老人大都遭受病痛的困扰,而农村老人普遍不愿因为所谓的"小病小痛"就去医院,害怕花钱,而且农村的医疗条件有限,难以为农村老人提供较好的医疗条件和技术,这就加剧了行动不便的农村老人去城里看病的困难。

3. 精神缺少慰藉

农村空巢老人不仅需要物质上的帮助,更需要精神上的慰藉。子女长期不在家,缺乏与父母的情感交流,特别是当发生农村老人伴侣双方中的一方已经离开人世的情况,留下的那位会更加孤独寂寞。相比于城市空巢老人参加各种文化节目,认识众多同龄朋友,相约去旅行等丰富多彩的生活,农村空巢老人的娱乐未免显得乏善可陈,严重缺乏精神慰藉。

四、社工工作服务方案设计

1. 项目背景

随着我国城镇化建设与社会老龄化的步伐加快,农村空巢老人在逐渐增多,农村中的养老问题越发突出。面对物质与精神的双重缺乏,如何让农村空巢老人真正做到老有所依,老有所养,老有所医,安享晚年,成为现在养老工作的重中之重。

2. 服务方案设计理念

(1) 社会撤离理论

人的能力会不可避免地随年龄的增长而下降,老年人因活动力的下降和生活中角色的丧失,通常希望摆脱要求他们具有生产能力和竞争能力的社会期待,愿意扮演次要的社会角色,自愿脱离社会。老年人将与人交往、关注自身活动状态转变为关注内心的生命体验,这会使老年人过上一种平静而令人满意的晚年生活。

(2) 符号互动理论

人们是在他们的社会环境中,在与他人的交往中获得他们的自我概念,换句话说,人们是根据他人对自己的评判、态度来思考自身的。老年人需要通过与他人的互动获得自我概念,重新思考生活。

(3) 社会重建理论

社会重建理论意在改变老年人生存的客观环境,以帮助老年人重建自信心。社会重建理论的基本模式有三个阶段,一是让老人了解到社会上存在的对老年人的偏见及错误观念;二是改善老年人的客观环境,通过提倡政府资助的服务来解决老年人的住房、医疗、贫困等问题;三是鼓励老年人的自我计划、自我决定,增强老年人自我解决问题的能力。

(4) 马斯洛需要层次理论

人类需求像阶梯一样从低到高按层次分为五种,分别是:生理需求、安全需求、归属与爱的需求、尊重需求和自我实现需求。老年人在活动中与别人建立起一定的交际关系,能够使其体会到自信和被承认、被欣赏的感觉,最终获得精神上的满足。

3. 服务主体

×地×村空巢老人。

4. 服务目标

为农村空巢老人提供专业的社会工作服务,帮助他们获得物质上的保障和精神上的慰藉,改变他们的生活环境,增强他们的幸福获得感,使他们安享晚年。

5. 服务内容

(1) 整合当地村民委员会的资源,建立为老人服务的组织,加强引导政府购买服务。

(2) 建立定期探访制度,为有需要的老人提供家庭关系支持。

(3) 社工定期去探望老人,与老人聊天,了解他们的身体状况和心理状况。

(4) 社工积极与老人的子女沟通,让他们定期与老人打电话,看望老人,让老人感到家庭的温暖,为老人带去精神上的慰藉。

(5) 开展亲子活动,让家庭成员一起参与,使老人得到身心放松,获得心理上的满足。

(6) 社工寻求政府和外界的帮助,共同设立专门的老年活动场所,开展老年活动。

(7) 开展健康知识讲座,帮助老年人及其子女提高对各种疾病的认识。

(8) 为老年人提供定期的免费体检活动。

6. 介入策略

(1) 介入方法。以点到面,广泛宣传。先换个村民的宣传,然后把有意愿的老人组合成一个小组或多个小组,再由这些人对其他村民进行宣传,以形成广泛宣传的效果。以小组活动形式进行介入。如将老人以小组的形式聚集起来,参与社工举办的老人趣味活动、老人手工活动等,以此增加老人的日常生活乐趣。

(2) 介入步骤。与老人建立良好的互动关系,关心他们的生活,与他们聊天,帮助他们解决生活中遇到的困难,建立彼此的信任,为以后的社工小组活动打下坚实的关系基础。宣传并开展小组活动,加强老人与社工的交流,及时反馈活动效果和老人的体验感,以吸引更多的老人参与活动。

(3) 最终达成服务目标。

7. 实施计划

(1) 2019年×月×日(×地×村空巢老人)。

建立社会工作小组,寻求当地村委会的支持,与当地村干部一起进行空巢老人探访,并对社会工作服务和活动进行宣传。

进行宣传海报的展示,并发放宣传手册。

开展老年人趣味活动6次,每月1次。

开展免费上门的身体检查3次,每月1次。

(2) 危机干预:开展个案服务。

开展相关农村养老政策的宣读工作,增强老人对相关政策的了解,维护自己的合法权益。

开展相关老年人易突发疾病的症状和预防讲座,提高老人对自身身体状况的认识。

开展老人与子女交流的多样化活动,增强家庭交流。

8. 总结评估

(1) 开展项目自查和资料整理,总结服务经验,形成经验报告。

(2) 以总结座谈会、出资方评估等方式对项目成效进行终期评估。

二、人员招募与培训

社会工作服务项目的开展离不开专职社会工作人员,有些服务项目的开展可调动社区各类人员参与,有意识的将社区居民和服务对象发展成志愿者。同时,也可以根据需要招募一些实习生,这些实习生主要是未毕业的高校社会工作专业及相近专业的大学生。但是不管是专业社工,还是志愿者、实习生,在承担一项具体的社会工作服务项目之前,都需要进行相应的知识和能力培训。总体来说,"专业社工+志愿者+实习生"的模式是社会工作服务项目顺利开展的人力资源保障。

(一) 人员招募

1. 机构专业社会工作人员的招募和调配

专业人才是机构提供专业化服务的前提,高素质和专业化的专职社工是社会工作服务机构发展的基础。机构专业社会工作人员的招募主要有两个方面的内容:一是机构专业人员的储备情况,也就是说具有社工专业教育背景及持证上岗人员的比例情况如何;二是机构为提供更加专业化的服务而进行的投入,即对在职人员所开展的培训、督导、管理等方面活动。机构所提供的有关在职人员的招募包括制定合理的配置格局、提供培训督导、绩效考核、合理透明的薪酬制度等,以吸引更多的人才参与到服务项目中。

(1) 招聘和选用。招聘就是将那些符合机构使命和宗旨、满足工作岗位要求的人吸收到机构中的选聘活动。招聘旨在从劳动力市场和众多的应聘者中招募到高度合格的人,为机构增添新力量,为工作岗位甄选最匹配的员工,从而保证社会工作服务项目的正常开展。

成功的招聘不仅可以为机构招到高质量的员工,为社会工作服务项目的正常开展和机构的良性运转提供人力保障,同时也为机构未来的发展提供了强有力的人才储备,增强了机构的核心竞争力。招聘成功与否不仅仅在于能否招到员工,还要看能否招到合适的员工,招聘的成功与否以及效果如何受到多种因素的影响。

合理的人力资源规划是成功招聘的前提,而科学的任职资格分析是基础,灵活的招聘策略是保证,有效的面试考核是关键。合理的人力资源规划主要是根据机构的发展和目前承担以及将来可能承担的社会工作服务项目,确定需要什么类型、多少数量的专门人才。科学的任职资格分析主要是根据岗位设置情况,科学分析岗位需要确定的知识标准、技能标准、素质标准和资质标准。灵活的招聘策略包括新颖的招聘广告、灵活的招聘形式、适度的招聘授权,主要目的在于提高招聘效率。有效的面试考核主要是说通过面试考核要能真实地反映出应聘者的知识、技能、素质和能力等内在素养。

招聘要坚持因事择人原则,即因工作需要科学设置岗位,根据岗位招聘适用员工;坚持公开原则,即保证招聘信息、任职资格、录取环节和流程等符合国家有关规定;坚持平等竞争原则,即只要符合岗位任职资格或其他任职条件即可报名,保证笔试、面试等环节的公平公正;坚持能岗匹配原则,即尽可能使人的能力与岗位要求的能力达成匹配。

招聘工作本身包含了多个程序,如发布招聘信息、应聘者报名、对应聘者的材料进行审核和筛选、对入围的应聘者进行考察、确定最终的录取者、签订入职协议等。不同的机构具有不同的招聘方式,但招聘程序大体相同,考察环节的笔试主要是考察知识,面试主要是考察能力。

下面,我们以2019年8月发布的广州大同社会工作服务中心的招聘启事来说明招聘的一般程式和招聘启事所应包含的要素。①

---

① 材料来源于中国社会工作联合会官网(http://family.swchina.org/job/2019/0813/34556.shtml)。

 拓展阅读

广州市大同社会工作服务中心招聘启事

一、机构介绍

广州市大同社会工作服务中心(简称广州大同)成立于2008年6月11日,是广州市民政局首家注册社工机构,……

机构公益组织文化:

愿景:大爱无疆,社会大同。

使命:正心明德,睦亲睦邻,共生共融。

价值观:人、文、情、正、美。

宗旨:以人为本,关注需求,服务社群,人文和谐。

理念:助人自助,公益和谐。

自创格言:大同人要与我国社会工作事业、大同机构、社工同仁、服务对象一道成长。

二、广州大同禁毒专项项目

(一)禁毒专项项目一线社工

工作地点:广州市番禺区(1名),广州市白云区西南片多条街道(5名),广州市越秀区(2名),广州市天河区(1名)。

待遇:4000～5000元/月(含绩效)。

职位要求:

1. 社会工作、社会学、心理学、戒毒康复、教育学、法学、社区管理、管理学、新闻学、汉语言文学等相关专业专科及以上学历,考取助理社工师或者社工师证书者优先考虑。

2. 认同和热爱社会工作,有良好的服务意识,有投身于社会工作事业的意愿,愿意与服务对象接触。

3. 主动性强,具备良好的沟通协调能力和团队合作精神。

4. 理论实务功底扎实,有相关工作经验者优先考虑。

5. 熟悉公文写作,具备较强的文字表达能力。

……

三、薪酬福利

1. 社工、行政工资参考《广州市社会工作专业岗位设置及社会工作专业人员薪酬待遇实施办法(试行)》(穗民〔2010〕229号)。试用期2个月,考核合格者正式聘用。

2. 机构实行5天工作制,享受国家法定节假日、产假、婚假、丧假,机构注重对于员工的人文关怀,增设孝亲假、生日假、"六一"关爱假等特定群体假期;每年6～10月发放高温补贴,节假日发放节日补贴(端午、中秋、国庆、元旦、春节);享受每年社工节专属节日补贴;禁毒社工专项补贴。

3. 机构成立工会委员会,定期开展职工福利活动及文体活动,并在员工生日、结婚、生育等特定日子给予慰问。

4. 机构按照国家法律相关规定为每位入职员工购买"五险一金",并安排免费年度体检。

5. 实行绩效考核制,按照工作考核结果发放绩效奖金。

6. 工作满1年后,可享受5天带薪年假。

7. 培训、国内外交流。机构每年制订专题培训计划,员工可根据自己的爱好选择培训主题,培训主要邀请境内外资深督导进行;主管/骨干员工享有外出新加坡等社会服务先进地区培训交流的学习机会。

8. 晋升发展:定期考核员工表现,实行岗位晋升,享有岗位晋升发展机会。

9. 其他福利:每月为员工组织足够的专业督导培训,每年组织多次中小型团建活动、一次全体员工的大型团体活动。

10. 与政府部门合署办公,同等享受政府饭堂等生活待遇。

四、报名方式

1. 简历投递方式:有意者请将个人简历以附件形式按"姓名+应聘岗位+区域"的格式投至机构招聘邮箱:××××××@126.com,经初审合格后一周内电话或邮件通知面试。

2. 未尽处欢迎垂询:……

该招聘启事注明了机构的简介、基本信息、价值和使命,招聘的岗位,应聘人员的条件、待遇保障、报名方式等信息。这种面向社会公开招聘人才的做法是社会服务机构招募和甄选员工的重要方式,尤其对于一些刚成立或发展中的社会工作服务机构来说更为重要,是人才储备的有效途径和主要方式。

(2) 内部调配。当机构人员比较充足、人才储备比较充分的情况下,为了特定社会工作服务项目的执行,可从机构内部遴选调配合适的员工组成项目团队。团队结构是以跨专业的人员组合、跨部门的授权方式赋予团队更多的决策权和责任的结构形式,具有较强的针对性和灵活性。依据社会工作服务项目实施时间的长短,团队一般可分为临时性团队和长期性团队。临时性团队组建,一般情况下社会工作服务项目的实施时间较短,通常不超过一年,在项目结束后,团队成员回归到原先工作部门。长期性团队组建,一般社会工作服务项目实施周期较长或者管理者考虑到未来可能还会承接类似项目,从各部门抽调的员工在项目实施周期结束后留在新的项目组或者调整到其他项目组,从而彻底离开原先工作部门。

机构内部员工的招募和调配有着一定的优势,如员工对机构的宗旨、文化、人际关系已经较为熟悉,不需要花费大量的时间适应机构;而机构对员工的情况已经较为熟悉,可以降低用人风险;从机构内部选员工有助于降低离职率;机构本身需要为员工岗位变动或者晋升提供渠道,在内部进行招聘,可以为那些想更换岗位或者改变现状、追求自我实现的员工提供机会;员工内部招聘,有助于盘活机构内部资源,提高人才资源的利用率,减少人才储备的成本;内部招聘相对于外部公开招聘来说,成本会更低,也更容易做到知人善任;内部招聘和调配的人员,工作适应性较强,可适当删减项目培训的有关环节和内容,有助于降低项目执行成本。另外,有些职位或是岗位的招聘,可能不适合面向公众公开招聘,只能通过内部招聘或者内部指派的方式任命。

当然,内部招聘或是调配也会存在一些弊端,如容易任人唯亲,不易提高机构的活力,不利于项目的执行;容易受到主观因素的影响,无法真正做到公平公正;如果只是考虑降低成本,减少外部招聘,那么有可能降低岗位的条件和资格要求,使得人的能力与岗位要求的能力不能完全匹配。

2. 志愿者招募[①]

（1）志愿者。志愿者是指那些不以报酬为目的、自愿提供服务、主动帮助他人的人。在不同的地区对志愿者有不同的称呼。在我国大陆地区，一般称其为志愿者；在我国的香港地区，一般称之为义工，即提供义务工作的人；而在我国台湾地区一般称之为志工，即提供志愿性工作的人。

与机构正式聘用的员工相比，志愿者不是受雇于机构的正式员工，具有很高的自主性和自发性，因此，他们更在乎自己的工作价值是否得到机构的尊重、支持和肯定。所以要高度重视对志愿者自我价值的认同，多采用鼓励和支持的方式激发志愿者潜能的发挥。

志愿服务工作，对于促进社会发展、弥补机构自身人员投入不足以及志愿者个人成长来说都是具有重要意义的。具体而言，对社会来说，有助于建立一个关怀互助的社会。志愿者通过志愿服务活动，将他们的爱心献给服务使用者，可以促进人际关系的互助关怀，弘扬社会互帮互助的正能量，促进社会的和谐发展。对机构来说，可以有效弥补人力资源不足的状况和改善服务质量。志愿者来自不同社会阶层，他们的知识、能力、经验等千差万别，有助于充实机构内人力资源的种类和数量。志愿者能够为机构提供宝贵的人力资源，更能为专业人员提供客观的意见及改善服务的方法，让服务质量得到提升。对志愿者个人来说，通过参与不同类型的志愿服务活动，可以增加学习机会，丰富人生阅历和生活经验，增强对社会的深层认识，有助于树立正确的人生观、价值观，更好地实现自我价值。

（2）志愿者招募的目的和方法。志愿者的招募旨在为项目的顺利执行招到最合适的人选。招募活动能为有志参与志愿服务的人士提供途径去贡献他们的能力，而社会工作服务机构也能吸纳新资源来帮助有需要的人士，从而达到一个互惠互利的双赢局面。

志愿者招募的目的：

① 补充人手不足。机构项目的不确定性决定了机构不会大量储备人才，尤其是一般性工作需要的人员，因此根据项目执行情况招募志愿者可弥补机构人手不足的状况。另外，志愿者流动性较大，部分志愿者在参与服务项目一段时间后会因种种原因逐渐退出，定期招募志愿者可以培养新的接班人，使志愿服务工作能够持续发展。

② 扩展服务项目。随着机构社会工作服务项目内容和范围的扩大，对志愿者服务范围的期望会随之扩大。招募新的志愿者对服务扩展的重要性，则更加凸显。

③ 人力资源储备。社会工作机构服务项目的类型较多，志愿者招募过程中可先行登记造册建立起拥有一定数量和类别志愿者的数据库，在社会工作服务机构承担公益服务项目的过程中就可以根据需要启用不同类型的志愿者，从而有利于服务项目的执行。作为人力资源储备的志愿者不像机构的正式员工会增加人力成本，但也存在稳定性不够的问题。

④ 志愿者人数准则。一个社会工作服务项目，其员工、志愿者、实习生的配比要合理，志愿者的使用成本较低，但也要控制一定规模。若志愿者人数太多，则可能延误项目团队的决策并引起管理问题等；若人数太少，则难以持续提供服务。所以在确定招募志愿者人数时，必须在"精"及"多"中间找到一个平衡点，否则会影响到项目的执行。

志愿者招募的方法：

① 志愿者介绍。志愿者可分享其宝贵的服务经验，传递社会公益服务活动的基本价值，这样更能树立典范，影响到身边的亲友以及更多的人投身于志愿服务活动行列，从而造

[①] 吴东民，董西明. 非营利组织管理[M]. 北京：中国人民大学出版社，2003：263-273.

福人类社会,实现个人的人身价值。

② 举办志愿者训练课程。社会工作服务机构可以通过举办各种形式的个人及团体训练计划,有针对性地开设一些课程,引导和鼓励不同年龄人士,包括青少年、成人及长者参与志愿服务工作。

③ 活动推广。通过项目实施以及其他各种服务活动,大力宣传志愿服务活动价值及重要意义,吸引更多人士参与志愿者的服务。

④ 举办志愿者招募周。社会工作服务机构自身,也可以联合其他社会组织定期举办志愿者招募活动,并配合对外宣传工作,固定设立志愿者招募站,为有兴趣参加志愿服务的人员实时办理志愿者登记手续。

⑤ 印刷志愿者服务手册。手册内容包括志愿者服务的意义,志愿者的权利、角色和责任,以及现有的志愿服务机会及机构名单、岗位名称等,并附设志愿者登记申请表,提供建议登记手续让有意参与志愿服务的人员实时填写。

⑥ 运用互联网。在互联网上提供志愿者工作的网页或是小程序等,详列服务性质、一般服务机会、社会工作服务机构的名称及一般信息等,鼓励志愿者及有兴趣参与志愿服务的人士在网页上交流做志愿者的心得等。

(3) 志愿者的管理。对于社会工作服务机构来说,如何留住志愿者是一个极为重要的现实问题,在许多情况下志愿者会终止志愿服务,如志愿者感觉自身的价值没有得到实现;志愿者感觉志愿服务项目的社会意义不大,不利于发挥自己的专长;志愿者感觉自身的合理需求没有得到满足等。

因此,管理者在进行志愿者管理时,需要考虑志愿者的发展需求、兴趣需求、认同需求、激励需求、自我实现需求、归属需求等,要用欢迎仪式、奖励、表彰、颁发证书、对志愿者进行培训、让志愿者参与决策等多种方式来满足志愿者的合理需求,肯定他们的贡献和成就,调动他们的工作积极性和创造性,更好地推进志愿服务的开展。

此处,我们以一家社会福利服务中心志愿者招募管理办法为例来说明志愿者招募和管理的核心要素。①

太仓市社会福利服务中心志愿者招募管理办法

第一章　总则

一、为规范中心内的志愿服务工作,加强院内志愿者的管理,特制定本办法。

二、志愿者(Volunteer,也称志愿人员、义工、志工)是指不以物质报酬为目的,基于良知、信念和责任,利用自己的时间、技能等资源,自愿参加院内组织开展的各项服务活动,无偿为社会福利事业提供服务和帮助的人。

第二章　服务宗旨

一、提供社会团体及个人奉献爱心及履行社会责任的平台,服务弱势群体,以促进社会和谐发展。

---

① 材料来源于 https://www.docin.com/p-1492301542.html。

二、充分有效运用社会资源,结合民间力量,协助推动本院为服务对象提供更优质服务。

三、更合理配置我院人力资源,提升管理效率,推动我院工作更好开展。

第三章 招募

一、基本条件

(一)年满18周岁至65周岁的社会人士。

(二)具备一定与老年人、儿童服务有关的能力和特长者。

(三)富有爱心与耐心,身心健康,具备服务热诚,操守良好,无不良嗜好者。

(四)能胜任交付之工作,及长期固定提供部分时间参与服务而不求回报者。

二、招募程序

(一)申请人直接到中心内社工部提出申请或通过网络、电话等方式提出申请,填写《太仓市社会福利院志愿者信息登记表》。

(二)填写申请表后由本中心社工部进行资格条件初审,主任复审面谈后决定。申请表可从本中心网页下载,也可现场填写。

(三)审核合格,录取进入试用期。

三、试用及正式服务

(一)凡经录取者,须接受岗前培训。

(二)首月为试用期,试用期期间服务时数均予以计入志愿者服务时数。

(三)试用期间如若违反本办法中相关规定,本中心有权取消其志愿者资格。

(四)试用期满经考核通过后,即为本院正式志愿者。向申请人颁发"太仓市社会福利服务中心志愿者工作证"。志愿者工作证上标示志愿者的相片、姓名、职务等信息并正式担任各项指派工作。

(五)志愿者聘约原则一年一聘,期满后本中心与志愿者双方均同意后,可继续服务。

四、志愿者停聘

志愿者服务期间,若有下列情形,本中心将取消其志愿者资格,收回志愿者服务证,所享权利亦一并中止:

(一)无故缺勤达3次者。

(二)3个月内请假时数达原订服务时数50%者。

(三)因故不能继续服务者。

(四)违反本中心相关规定者。

(五)行为不良足以影响本中心声誉者。

(六)经本中心认定不适合担任本中心志愿者。

第四章 服务内容

一、志愿服务是指志愿者为中心内老年人、儿童等主要服务对象提供生活照料、休闲娱乐、营养保健和教育等服务和帮助。

二、志愿服务范围主要包括:

(一)老年生活助理、老年生活代办代理、老年生活护理、老年精神生活调理、老年生活娱乐、老年生活辅导、老年生活法律维权、老年交友交际、老年保健服务、老年家庭事务、老年饮食营养、老有所为服务、临终关怀服务、老年生活特殊助理。

（二）婴儿生活护理、婴儿早期启蒙教育、特殊儿童教育（特长）、婴儿食品营养、少儿心理疏导、儿童医疗保健、脑瘫康复（专业）、儿童娱乐生活。

三、中心社工部根据服务对象的需求，向志愿者发布服务信息、提供服务岗位，志愿者按照相关要求开展志愿服务。志愿者也可按照相关规定自行开展志愿服务。提倡具有相同服务意向和志趣爱好的志愿者在中心社工部的组织指导下结成志愿服务团队开展服务。

四、志愿者参加志愿服务，应通过与中心社工部签定服务协议书的形式，明确服务内容、时间和有关的权利、义务。

五、服务时间：
（一）周一至周日上午八点半至十点半、下午一点至五点。
（二）配合志愿者个人实际状况，决定服务次数，但每次需至少连续服务1小时以上。

第五章 权利与义务

一、权利
（一）接受足以担任所从事工作之岗前培训。
（二）一视同仁，尊重其自由、尊严、隐私及信仰。
（三）依据服务项目的性质与特点，确保在安全与卫生条件下从事工作。
（四）获得所从事服务项目的相关完整信息。
（五）参与所从事志愿服务计划的拟定、设计、执行及评估。

二、义务
（一）遵守志愿者伦理及服务守则规定。
（二）遵守本中心订立的规章制度。
（三）参与本中心提供的岗前培训。
（四）妥善使用志愿者服务证。
（五）服务时应尊重受服务者的权利。
（六）对因服务而取得或获知的讯息，需严格保密。
（七）拒绝向受服务者收取钱物。
（八）合理利用本中心提供的相关资源。

第六章 组织与管理

一、中心社工部负责全院志愿者工作的规划、协调和指导。

二、中心社工部负责志愿者的管理服务，建立健全宣传动员、信息登记、管理培训、考核评价、激励表彰等制度。

三、志愿者参加志愿服务后，由服务对象或中心社工部提供志愿者的服务时间、服务内容等证明。服务时间为实际服务时间（不含往返时间），以小时为单位计量。

四、志愿者佩戴统一的工作牌。开展志愿服务活动时，志愿者应佩带标识有姓名、职务、编号和相片的工作牌。

第七章 激励和表彰

一、中心社工部依据已认定的志愿者服务时间，实行星级认证制度。

二、星级认证制度
中心社工部根据志愿者登记后参加志愿服务的时间累计，认定其为一至五星志愿者。星级志愿者佩戴相应标志。

（一）志愿者登记后，参加志愿服务时间累计达到20小时的，认定为"一星志愿者"；

（二）志愿者登记后，参加志愿服务时间累计达到60小时的，认定为"二星志愿者"；

（三）志愿者登记后，参加志愿服务时间累计达到100小时的，认定为"三星志愿者"；

（四）志愿者登记后，参加志愿服务时间累计达到200小时的，认定为"四星志愿者"；

（五）志愿者登记后，参加志愿服务时间累计达到300小时的，认定为"五星志愿者"；

（六）院社工办对星级志愿者认定后，在其登记资料及相关标识上进行标注。

三、中心社工部主要依据志愿者的服务业绩，参考服务时间，定期组织开展评选表彰活动，授予"优秀志愿者"荣誉称号。

从这里我们不难看出，在志愿者招募环节中包含志愿者招募的基本条件、流程以及志愿者的工作内容，而在志愿者管理环节中比较重视志愿者的激励制度，以激励的方式鼓励志愿者多参与志愿服务活动。

3. 实习生招募[①]

社会工作服务机构中的实习生通常是未毕业的高校社会工作专业大学生，他们在机构中从事一些辅助性的服务工作。实习生是社会工作服务机构的重要人力资源，尤其是当前我国社会服务功能转变以及社会工作服务机构增多的情况下，社会工作人力资源不足是各机构面临的一个共性问题，实习生可以有效弥补社会工作服务机构人力资源的不足。另外，社会工作专业实习生进入实习岗位也有助于社会工作专业人才的培养，增强实习生的实务操作能力。

（1）实习生招募方式。实习生的来源可以是社会工作教育机构推荐的大学生，也可以是社会工作服务机构通过海报、网络等途径公开招募的社会工作专业大学生，还有一些社会工作服务机构主动联系社会工作教育机构希望能够接收实习大学生。当前，通过网络途径发布实习生招募启事是社会工作服务机构招聘实习生的常见方式。

某社会工作服务机构招聘实习生公告[②]

1. 职位描述：

"启创社会服务团队"由八个核心机构组成，最早成立于2008年2月，是一家追求卓越及创新的社会服务机构，以诚信及公义为核心价值，结合内地和香港的资源和优势，扎根广东及四川，服务分布在广州市、佛山市、中山市、汶川县及绵阳市等地，携手各界人士致力建设个人自助互助能力、促进家庭关系、发展社区支持网络、倡导政府及服务改善，追求达至"人人可以过有尊严的生活"，共同建立关爱、平等、公义的社会。

为培养专业社工人才，促进社会工作专业学生实践社会工作理念，现面向全国各大社工院校招募社工实习生，欢迎认同启创机构使命、服务文化的学生参与实践，锻炼能力，增进学习交流。

---

① 时立荣.社会工作行政[M].北京：中国人民大学出版社，2014：180-182.

② 材料来源于 https://www.shixiseng.com/intern/inn_mjvnpfkunen3。

2. 整体要求：
(1) 大学二年级以上大专或以上学历在校生，社会工作相关专业优先；
(2) 具备基本的助人理念，乐于与社会不同群体接触及提供服务；
(3) 具有团队合作及创新精神，学习态度良好，能独立完成工作，执行力强，有责任感。

3. 实习内容：
(1) 学习项目社工站具体日常运作；
(2) 接触服务对象，分析服务需求；
(3) 协助资深社工开展个案辅导；
(4) 学习及运用专业理论，策划及开展专业小组；
(5) 参与社工团队工作，协同撰写社区导向报告；
(6) 协助项目其他工作等。

4. 招聘人数：10名。

5. 实习地点：广州市海珠区、广州市越秀区。

6. 实习时间：每星期最少3至5个连续工作日，总实习时长不少于400小时。

7. 成为"启创"实习生，将获得：
(1) 实习期社工专业培训、督导，并有机会在工作上与不同领域的优秀人才交流合作；
(2) 活动策划、专业技巧运用的实践机会；
(3) 实习生岗前见面会、中期分享会及终期欢送会，巩固实习经验；
(4) 实习期满可获出具实习证明，良好表现者可获就业推荐信；
(5) 优秀实习生有机会获派往香港参观学习。

如你的实习时数累计已达400小时，欢迎你申请见习社工岗位，面试后获录取便可入职启创，与启创社工团队一起奋斗。

注意事项：
1. 在简历标题处标注"2015实习-地区意向-服务领域-姓名"，如"2015实习-广州海珠-青少年服务-姓名"；
2. 简历通过者将于1周内收到中心人事资源部电话，申请人所提供的资料将予保密，并只作招收实习生用途，有关资料将于收到3个月内销毁。

截止日期：2015-12-22。

通过上述"公告"可看出，实习生招募启事包含机构基本情况、招募岗位和条件、数量、实习地点、实习内容及时间要求、实习生的经验获得等内容。当然不可或缺的还有招募启事的有效时间，一般情况下有效期为一个月到三个月不等，也有一些长期有效的招聘启事。

当然，制作和发布实习招聘信息只是招募实习生的诸多环节中的一环，招募实习生还包括如应聘者报名、对应聘者的简历进行审核和筛选、对初步入围的应聘者进行考察、确定最终录用的实习生等环节。

（2）签订实习协议。对于录用的实习生，社会工作服务机构可以与其签订书面的实习协议。实习协议可以规定实习的时间要求、实习任务、实习目标、实习生要遵守的规定、实习待遇、实习生一些特殊的权利和责任、实习评估等。当然，实习协议可以是弹性的、动态的，可根据实际情况灵活运用、适时调整。

随着大学生进入社会工作服务机构实习的现象越来越普遍，相关部门开始要求服务机构与实习生签订双方实习协议或者与实习生所在高校签订三方实习协议，以便解决实习纠纷，保障实习生及社会工作服务机构的利益。对于一些成熟的社会工作服务机构，它们的协议一般会更规范、更清楚、更全面，实习协议的内容和条款往往也更模式化、固定化，实习生通常没有太多商量修改实习协议的空间。但即便如此，实习生也应认真阅读实习协议，对协议的内容有清楚的了解，如果发现有自己不能接受的条款，应该提出来，甚至予以拒绝。对于那些规模较小、建立不久的社会工作服务机构，它们可能没有实习协议，或者实习协议的内容比较简单粗糙，实习生更要注意实习协议的相关条款。一般情况下，集中安排学生实习的高校都会要求社会工作服务机构为实习生购买人身意外伤害保险。

（3）签订实习协议的注意事项：

① 注意与自己签订实习协议的服务机构是否合法。服务机构必须是在相关部门注册、合法设立的机构。

② 实习协议要包含双方必要的基本信息。如实习生的姓名、证件信息、所属高校、高校联系人、联系地址、联系方式，实习机构的名称、法人代表、联系人、地址等信息。

③ 实习生的权利和义务要明确约定说明。如服务机构是否为实习生安排培训、指派督导、购买保险、提供一定的实习平台和环境，实习生是否有报酬或津贴。如果服务机构给实习生提供报酬的话，实习协议上要明确说明实习报酬的支付标准和支付方式。实习津贴则涉及伙食、交通差旅、通信等费用的补贴，如果服务机构提供相应的津贴，也应一并加以说明。一些地区的社工协会出台了实习生管理办法，明确规定了实习生、社会服务机构彼此的权利和义务，实习生对此应有所知晓。

④ 约定实习岗位的工作内容和职责。服务机构与实习生应在实习协议里面约定好实习生的工作内容和工作职责，这样做的好处是：一方面可以让实习生对自己的实习工作有一个准确、稳定的预期，另一方面有助于实习机构对实习生的实习工作进行考核和评估。

⑤ 明确意外风险的法律责任。实习生通常没有相应的保险，对实习过程中的风险责任问题应该予以重视。在签订实习协议时，实习生要注意实习协议中关于风险责任的约定。在实习过程中，服务机构、实习生本人以及实习生服务的对象都可能存在一定的人身安全、财产安全方面的风险。如实习生在提供服务过程中，因方法不当出现人身伤害或意外事故，或是实习生行为不当损害了机构的业务和声誉，或是实习生损坏服务机构的器材设备等，一旦发生类似情况，责任由谁来承担以及如何承担，都需要在实习协议中明确。

⑥ 开放条款。对于实习协议中未尽事宜，应设有开放条款加以约定说明。

深圳市龙岗区龙祥社工服务中心[①]
学生实习协议书

甲方：深圳市龙岗区龙祥社工服务中心
乙方：_____

  为推动高校社工毕业生在专业机构的实习和就业，推动社工专业化和职业化的发展，保证服务机构的使命和目标的完成、实现，甲、乙双方本着平等互利、优势互补、共同发展的原则，自愿签订本协议，共同遵守协议各项内容：

  一、乙方在甲方的实习时间为_____年___月___日至_____年___月___日。
  甲方根据乙方的申请和其所学专业，对口安排乙方在本单位，从事_____工作。
  二、甲方的权利和义务
  （1）机构按照事先约定的协议内容为实习生提供实习期间的居住，发放生活津贴，购买一份商业意外保险，提供具有安全保障的良好实习工作环境，提供必要的工作办公用品。
  （2）协助实习生确定与个人期望、机构需要相符合的实习内容，明确实习目标并在实习过程中给予支持。
  （3）实习过程中机构将根据工作内容安排岗位指导和机构督导共同完成督导工作。实习生每周参加一次机构安排的面对面督导会（集体督导或个人督导）。
  （4）机构督察有责任督促实习生完成相关实习工作，并给予书面批复。
  （5）机构将在实习生实习结束前，安排岗位指导和机构督导完成对实习生的评估工作，并将实习过程中的工作记录及相关文件备存机构。
  （6）机构督察要保证在实习开始和结束时对所有实习生进行实习说明和实习总结。
  （7）机构督察、机构督导与岗位指导一起对实习生的工作完成情况及个人态度、员工评价等因素做等级评估。
  （8）对于不能遵守相关制度的学生，甲方有权提出解除《学生实习协议书》；实习生实习期间造成甲方财物损失的，甲方有权按照甲方相关规定处理。
  （9）对于优秀的实习论文/报告，机构会择机出版作为内部交流使用，署名为作者本人，但版权归机构所有。
  （10）机构规章制度、服务大纲、内部小组活动、个案案例等文件版权归机构所有，实习人员不得带出机构或用于对外传播，否则机构有权追究相应责任。
  （11）机构对实习生在正常工作时间内负有安全管理的责任，工作时间外因当事人外出活动而引发的各种安全事故，机构概不负责。

[①] 本协议由深圳市龙岗区龙祥社工服务中心授权使用。

三、乙方的权利和义务

1. 权利

(1) 实习生有权获得机构提供的岗位指导和机构督导。

(2) 获得一个平等的学习和工作环境,定期参加机构例会。

(3) 实习生有权监督岗位指导是否履行程序及按规定行使的事项,并有权向其上级主管领导汇报情况。

(4) 实习生每周享有总计为一个小时的文案工作时间,主要用来工作计划安排、查阅资料、文字处理等方面的工作。

(5) 实习人员的工作时间为周一至周五,每天9:00—12:00,14:00—18:00。

(6) 在不影响岗位工作的前提下,经过督导审核和机构审批,提供个人独立研究的机会和相应的资源支持。

(7) 通过实习获得的个人成果的使用权。

(8) 实习结束时有评选优秀实习生的资格和相应的奖励。

(9) 实习过程中实习生享有向机构提出实习工作中所遇到的问题,及相关问题建设性意见与建议的权利。

2. 义务

(1) 自觉遵守国家法律、法规和机构的各项规章制度,不得私自向外界泄露任何有关机构、服务对象的信息。

(2) 充分发挥个人才智,尽心尽责地按协议完成自己所承担的工作,爱护公物,节约资源。

(3) 自觉地维护机构的形象,注意个人着装、言行,除机构特别授权外,不得代表机构对外传递涉及机构立场的相关信息。

(4) 听从岗位指导工作安排,按协议履行实习工作内容,遵守实习时间,当月请假4天以上(含4天)的建议终止实习(病假除外)。

(5) 注意实习期间的安全,在面对突发和特殊情况时应及时向机构相关领导汇报、请示,不得擅自处理。若在没有征得机构相关领导事件处理许可的情况下,所发生的一切后果由事件当事人自负责任。

(6) 尊重和接纳服务对象,主动与实习点工作人员建立良好的沟通及合作关系,同时按要求完成实习生手册中的各项记录和总结。

(7) 实习论文/报告如要在学术刊物或其他媒体刊登前,须征得机构同意方可发表。

(8) 通过实习获得对机构和服务有利的任何资源信息与有效方法均有义务分享。

(9) 实习生有义务如实向高校教师反映实习情况和存在问题,同时将教师的意见与建议回馈机构。

(10) 如逢节假日机构遇突发事件,实习人员须协助机构完成相关事件的处理工作。

四、其他

在协议期间,双方如有意见分歧,在遵循公平、公正的原则下,以友好协商的方式解决。

本协议一式两份，双方各执一份，自签名盖章起即日生效。

甲方（盖章）：深圳市龙岗区龙祥社工服务中心
机构负责人（签名）：_____   乙方（签名）：_____
　　　　　　_____年____月____日　　　　　　　　　　_____年____月____日

（二）人员培训[①]

社会工作服务机构所招募的员工、志愿者及实习生在社会工作服务项目执行过程中所承担的职责是不一样的，因此培训的内容、目标等侧重点各有不同，但就能力提升来说具有一致性。

1. 培训目标

培训是指社会工作服务机构通过对所招募的员工、志愿者、实习生进行有计划、有针对性的教育和训练，使其能够丰富知识储备、提高能力的一项连续而有效的工作。培训旨在提高员工队伍的技能和素质，强化机构的宗旨和文化，提高员工队伍的工作绩效，更好地完成社会工作服务项目，促进社会工作服务机构的发展。具体来说，培训要达到以下四个方面的具体目标：

（1）补充知识。随着科学技术进步速度的加快，人们原先拥有的知识与技能在不断老化。为了防止机构中各类人员工作技能的衰退，机构必须对员工不断地进行培训，使他们掌握与工作有关的最新知识和技能。这些知识和技能，虽然可以在工作前的学校教育中获取，但更应该在工作中根据实际情况不断地加以补充和更新，以达到在实践中不断地得到锤炼和提升的目标。尤其是社会工作服务项目因类型较多，需要用到的工作方法虽然相通，但专业知识区别较大，因此更需要补充必备的专业知识和一般技能。

（2）发展能力。社会工作服务项目的执行影响因素较多，因此就项目的管理者、执行者等来说要具备较强的领导能力、决策能力、组织能力、沟通协调能力等。而员工培训的一个主要目标便是根据工作需要，努力提高他们在决策、用人、激励、沟通、创新等各方面的综合能力。特别是随着工作的日益复杂化，改进组织内部的人际关系的能力要求不断提高，这使得在组织内开展必要的专业培训变得愈发重要，这也是衡量机构竞争力的重要体现。

（3）转变观念。每个机构都有自己的文化价值观念和基本行为准则。员工队伍培训的重要目标就是要通过对机构中每位成员特别是新聘人员的培训，使他们能够适应环境和组织的要求转变观念，逐步了解并融入组织文化中，形成统一的观念，按照组织中普遍的行为准则来工作，将员工的长期发展目标与组织目标结合起来。不管是正式员工，还是志愿者或实习生都需要对机构的价值和社会服务的理念有着共同的认识，这也是有效执行社会工作服务项目的前提。

（4）交流信息。机构培训员工的基本要求是通过培训加强员工之间的信息交流，特别是使新员工能够及时了解组织在一定时期内的发展历程、服务领域、重点项目实施情况等，熟悉未来的服务对象，以便准确而及时地定位自身。信息的交流有助于各类员工加强沟通，

[①] 周三多.管理学[M].4版.北京:高等教育出版社,2014:161-162.

增进彼此的了解,更好地融入组织,有利于推动项目的实施。

2. 培训形式

社会服务机构培训的对象主要有:新进员工、基层员工、一般技术或管理人员、高级技术或管理人员以及志愿者、实习生。员工培训的方法有多种,依据所在职位的不同,可以分为导入培训、在职培训和离职培训三种形式。

(1) 导入培训。不管是正式员工,还是志愿者、实习生,这些应聘者一旦被决定录用之后,机构中的人力资源部门就应对他将要从事的工作和机构的情况给予必要的介绍和引导,西方国家称之为职前引导。

职前引导的目的在于减少新进人员在新工作开始之前的担忧和焦虑,使他们能够尽快熟悉所从事的本职工作以及机构的基本情况,如机构的历史、现状、未来目标、使命、理念、工作程序及相关规定等,并充分了解他应尽的义务和职责以及绩效评估制度和奖惩制度等,如人事政策、福利政策以及工作时数、加班规定、工资状况等。这样做一方面可以消除新员工(含志愿者、实习生,下同)那些不切实际的期望,使其充分预计到在今后工作中可能遇到的各种困难和问题,了解克服和解决这些困难和问题的渠道,另一方面可以引导新员工了解机构的远景目标、工作中的同事以及如何进行合作等。机构有义务把新员工的不适应感降至最低,使其尽快调整自我,尽早地适应工作环境。

(2) 在职培训。在职培训是使员工通过不断学习掌握新技术和新方法,从而达到新工作的目标要求所进行的不脱产培训。工作轮换和实习是两种最常见的在职培训。所谓工作轮换是指让员工在横向层级上进行工作调整,目的是让员工学习多种工作技术,使他们对各种工作之间的依存性和整个机构的活动有更深刻的体验和更开阔的视野。所谓实习是让新来员工向优秀老员工学习,以提升自己的知识与技能的一种培训方式。在生产和技术领域,这种培训方式通常称为学徒制度。就社会工作服务项目的执行来说,学徒培训有助于项目执行经验的传授,尤其是一些沟通技巧和突发事件处置技巧的传授。实习生的工作必须在优秀老员工的带领和监督之下进行,老员工有责任和义务帮助实习生克服困难,使其顺利成长进步。

(3) 离职培训。离职培训是指为了使员工能够适应新的工作岗位要求而让员工离开岗位一段时间,专心致志于一些职外培训。最常见的离职培训方式有教室教学、影片教学以及模拟演练等。教室教学比较适用于给员工集中灌输一些特殊的信息、知识,可以有效增进员工在管理和技术方面的认知。影片教学的优点在于它具有直观示范性,可以弥补其他教学方式在示范效果方面的不足。而如何在实践中处理好人际关系问题,提高解决具体问题的技能,则最适于通过模拟演练学习。有效利用现代高科技及计算机模拟也属于模拟演练的一种。另外辅导培训也是模拟演练的一种有效方式。员工在实际上岗前先在同样的环境下模仿日后的工作,可为日后开展的实际工作打下坚实基础。

三、经费预算

确定正确的财务预算类型和方法,是财务预算管理的首要任务,是社会工作服务项目实施的基础条件。一般而言,社会工作服务机构的财务预算经常使用的方法主要有以下五种:

1. 增量预算

增量预算是指以前期成本费用水平为基础，结合预算业务量水平及有关降低成本的措施，通过调整原有费用项目而编制预算的方法。增量预算方法比较简单。它以过去的水平为基础，实际上就是承认过去是合理的，无需改进，但因不加分析地保留或接受原有的成本项目，可能使原来不合理的费用继续开支，而得不到控制，形成不必要开支，造成预算上的浪费。增量预算法适合于有发展性的重大项目、有中长期发展计划的组织机构。

2. 零基预算

零基预算，或称零底预算，是指在编制预算时，对于所有的预算支出均以零点为基础，不考虑其以往情况如何，从实际需要与可能出发，分析研究各项预算费用开支是否必要合理，进行综合平衡，从而确定预算费用。零基预算是区别于传统的增量预算而设计的一种编制费用预算的方法。其基本做法是：

（1）组织内各有关部门，根据组织的总体目标和各个部门的具体任务，提出预算期内需要发生的各种业务活动及其费用开支的性质、目的和数额。

（2）对各项预算方案进行成本-效益分析。即对每一项业务活动的所费与所得进行对比，权衡得失，据以判断各项费用开支的合理性及优先顺序。

（3）根据项目开展的客观需要与一定期间资金供应的实际可能，在预算中对各个项目进行择优安排，分配资金，落实预算。

（4）划分不可延缓费用项目和可延缓费用项目，在编制预算时，应根据预算期内可供支配的资金数额在各费用之间进行分配。应优先安排不可延缓费用项目的支出。然后再根据需要和可能，按照费用项目的轻重缓急确定可延缓项的开支。

零基预算的优点是不受现有条条框框限制，对一切费用都以零为出发点，这样不仅能压缩资金开支，而且能切实做到把有限的资金，用在最需要的地方，从而调动各部门人员的积极性和创造性，达成量力而行，合理使用资金，提高效益的目的。

零基预算的工作量较大，编制预算需要较长的时间。为了克服这一不足，不需要每年都按零基预算的方法编制预算，只需每隔几年按此方法编制一次预算即可。

3. 弹性预算

弹性预算是在成本（费用）习性分类的基础上，根据量、本、利之间的依存关系，考虑到计划期间业务量可能发生的变动，编制出一套适应多种业务量的费用预算，以便分别反映在各种业务量的情况下所应支出的费用水平。在编制预算时，成本随业务量的变动而予以增减，固定成本则在相关的业务量范围内稳定不变。由于这种预算是随着业务量的变动作机动调整，适用面广，具有弹性，故称为弹性预算或变动预算。弹性预算的优点：一是预算范围宽；二是可比性强。弹性预算一般适用于与预算执行单位业务量有关的成本（费用）、利润等预算项目。

4. 滚动预算

滚动预算，又称连续预算，是指在编制预算时，将预算期与会计期脱离开，随着预算的执行不断地补充预算，逐期向后滚动，使预算期始终保持为12个月的一种预算方法。其特点在于将预算期与会计年度挂钩，始终保持12个月，每过去1个月，就根据新的情况调整和修订后几个月的预算，并在原预算基础上增补下1个月的预算，从而逐期向后滚动，连续不断地以预算形式规划未来经营活动。

滚动预算的基本做法是使预算期始终保持 12 个月,每过 1 个月或 1 个季度,立即在期末增列 1 个月或 1 个季度的预算,因而在任何一个时期都使预算保持有 12 个月的时间幅度,故又称连续预算。

滚动预算能使企业各级管理人员对未来始终保持整整 12 个月时间的考虑和规划,从而保证企业的经营管理工作能够稳定而有秩序地进行;还能克服传统定期预算的盲目性、不变性和间断性,从这个意义上说,编制预算已不再仅仅是每年年末才开展的工作了,而是与日常管理密切结合的一项措施。

5. 项目预算

项目预算法是在机构事业活动所需资金确定的前提下,根据实际投资需要的资金额来计算需要筹集的资金数额的预算编制方法。项目预算是财务预算的子预算。一个项目对应一个子预算,这样,整个预算就可以借助于子项目的预算向每一个项目预算分配适当规模的财务和人力资源。项目预算主要根据符合宗旨程度、项目可行性、费用开支三个指标来决定排列服务方案的优先顺序,将预算过程和评估过程紧密结合。项目预算可以采取自上而下的预算方法,即主要依赖于中上层项目管理人员的经验和职业判断,对项目的总体费用、构成项目的子项目费用进行估算,将估算结果再交给较低层次的管理人员,让他们对子项目的任务和费用进行估算,再由更低层次的管理人员对子项目进行估算,直到基层。项目预算还可以采取自下而上的预算方法,这样的预算方法要求运用项目预算表对所有的工作任务所需要的实践和资源进行仔细考察,然后才能转化为所需要的经费。将所有工作任务预算进行总体汇总,形成总体费用的直接估算,最后加上适当的间接费用以及项目要达成的盈余目标,形成项目的总预算。

第二节 社会工作服务项目实施阶段

不论什么类型、什么层次的社会工作服务项目,其在实施过程中都需要运用专业的社会工作方法,同时为保证项目的顺利实施,需要管理者采用专业方法对项目进行控制,而项目评估与督导则贯穿项目实施的整个过程。

一、社会工作方法的运用

社会工作方法一般可分为直接方法和间接方法,而最常用的是个案工作、小组(团体)工作和社区工作三种直接方法,这三种工作方法也是社会工作服务项目执行过程中所主要运用的方法。下面着重介绍这三种社会工作方法。

(一)个案工作

个案工作是指运用专业的知识、方法和技巧,通过专业的工作程序,帮助有困难的个体或者家庭发掘和运用自身及其周围的资源,改善个体与社会环境之间的适应状况的一种方法。

1. 个案工作的流程

个案工作的介入过程可以分为接案或转介、收集资料、预估开案、签订协议、制订计划、开展服务、结案、评估和追踪等不同的阶段。

（1）接案或转介。接案就是把有需要的求助对象纳入个案工作的工作程序中。此外，对于那些立即需要帮助而机构或者社会工作者无法给予及时必要帮助的服务对象提供转介服务，即通过一些必要的手续把服务对象介绍给其他能够给予及时必要帮助的服务机构或者其他社会工作者。在转介之前需征得服务对象的同意，并且说明转介的理由。

（2）收集资料。收集资料，是指详细收集与服务对象问题有关的资料，并对服务对象问题的成因和发展变化进行评估的过程。

（3）预估开案。预估是依据既定情境中的事实与特点推论出有关服务对象问题含义的暂时性结论的逻辑过程。换句话说，预估就是收集资料和认定问题的过程，是把所有有关服务对象的资料组织起来使其成为具有意义的专业实践活动，其目的在于为制订科学的介入计划奠定基础。

（4）签订协议。为了明确双方的责任和义务以及增强服务对象改变的动力，社会工作者在制订好服务工作计划后还需要与服务对象签订工作协议。在实际个案工作中，通常会采用口头的工作协议方式，它的要求并不像书面工作协议那样严格。

（5）制订计划。制订一个完备的服务工作计划，要求社会工作者做到以下五点：一是准确分析服务对象的需要和问题；二是明确服务工作的目标、阶段和方法；三是熟悉服务机构提供的具体服务；四是清晰认识社会工作者具备的能力；五是了解服务对象拥有的资源。

（6）开展服务。在服务工作计划的实施过程中，社会工作者需要根据服务介入的具体情况扮演一些基本角色，推动服务工作计划的顺利开展。

（7）结案。服务工作计划顺利展开之后，就会进入服务工作的结束阶段。一般情况下，出现以下五种情况之一就可以结案：① 社会工作者与服务对象都认为工作目标已经达到了；② 虽然问题没有彻底解决，但服务对象已经具备独立面对和解决问题的能力；③ 社会工作者与服务对象的专业关系不和谐，希望结束服务；④ 服务对象出现了一些新的要求和问题，需要其他社会工作者或者服务机构解决；⑤ 因为一些不可预测的因素需要结束服务。对于③④⑤这三种情况，社会工作者不仅需要结束服务，同时还需要与其他服务机构或者社会工作者联系，帮助服务对象获得合适、必要的服务。

结案时可以采取不同的形式，最常用的有以下三种：一是直接告诉服务对象；二是延长服务间隔的时间；三是变化联系的方式。

（8）评估。评估是指对个案工作的服务效果和效率进行评定。它的主要内容涉及三个方面：一是服务对象的改变状况；二是工作目标的实现程度；三是服务介入工作的人力、物力和其他资源的投入。评估经常采用的方法有：一是由服务对象评估服务工作的开展状况以及对服务工作的满意程度；二是由社会工作同行评估服务工作的开展状况；三是由服务机构评估社会工作者的服务工作开展状况。

（9）追踪。结案之后并不意味着服务工作就结束了，一般情况下，还需要根据服务对象的情况安排追踪（又称跟进）。追踪主要有三个方面的任务：一是根据服务对象的状况安排一些结案之后的练习，巩固服务对象取得进步的成果，增强服务对象独立面对问题的能力；二是调动服务对象的周围资源，增强服务对象的社会支持力度；三是持续评估服务工作的效果。

2. 个案工作的常用技巧

个案工作的技巧有很多，根据个案工作的过程，可以划分为会谈、建立关系、收集资料、方案策划和评估等不同方面的常用技巧。

（1）会谈技巧。个案会谈是指社会工作者与服务对象进行面对面的有目的的专业谈话（又称个案面谈）。主要包括以下三个方面技巧：① 支持性技巧是社会工作者借助口头和身体语言让服务对象感受到被理解、被接纳的一系列技术。主要包括专注、倾听、同理心和鼓励等。② 引领性技巧是社会工作者主动引导服务对象探索自己过往经验的一系列技巧，主要包括澄清、对焦、摘要等。③ 影响性技巧是社会工作者为服务对象提供必要的信息或者建议，让服务对象采取不同的理解和解决方法的一系列技巧，主要包括提供信息、自我披露、建议、忠告、对质等。

（2）建立关系技巧。这里所说的建立关系是指社会工作者与服务对象初次接触建立相互信任的专业合作关系，以便个案工作的顺利开展。技巧如下：① 感同身受。社会工作者把自己放在服务对象的位置上体会服务对象面对的压力和挑战。② 建立有利于服务对象积极表达的关系模式。社会工作者要借助澄清服务对象的目标、彼此的希望和角色等方式，与服务对象建立有利于服务对象积极表达的关系模式。③ 制造气氛。通过选择和安排与服务对象初次见面的环境，营造良好的气氛，促进专业合作关系的建立。④ 积极主动。服务对象寻求帮助时通常内心充满矛盾，社会工作者积极主动的态度和友善的行为可以减轻服务对象的紧张和不安，增强服务对象的改变信心。

（3）收集资料技巧。资料的收集过程是社会工作者通过与服务对象及其周围他人的接触、会谈和自己的观察，以及调查整理与分析服务对象问题产生的原因和发展变化的过程。其中涉及以下一些主要技巧：① 会谈的运用。对于服务对象自己的经历和内心感受的资料可以采取由服务对象自我陈述的方式，允许服务对象按照自己的方式讲述自己的情况。而对于一般性的情况，可以采用严格的对答方式，保证信息的完整。② 调查表的运用。对于一些涉及隐私或者不便于在社会工作者面前表达的资料，可以采用调查表的方式，让服务对象能够自如地表达自己的想法和感受。③ 观察的运用。对于服务对象与周围他人之间互动交流的方式，最好采用观察的方式，直接了解服务对象与周围他人的交流方式和过程。④ 现有资料的运用。有些资料都有记录服务对象的情况，像学生的成绩单、低保户家庭的基本状况等，社会工作者可以通过有关机构查阅和收集这方面的资料。

（4）方案策划技巧。服务介入工作是否能够顺利展开，很大程度上取决于是否能够制定一个好的服务工作方案。而制定一个好的服务工作方案，需要社会工作者掌握的方案策划技巧有：① 目标清晰且现实；② 服务对象的范围明确；③ 策略合理。

（5）评估技巧。这里所说的评估是指服务介入总结结束阶段的评估，目的是对整个服务介入过程进行检查和反思。其中涉及以下一些主要技巧：① 正确运用评估类型。评估通常有两种方式，即对介入活动的效果评估和对所运用策略、方法和技巧的评估。② 合理运用评估的方法。评估的方法有很多，社会工作者需要根据评估工作的要求以及服务对象的情况选择合理的评估方式。③ 服务对象的积极参与。在评估过程中，社会工作者可以通过不在场、不记名等方式让服务对象有充分的空间表达自己的想法和感受，参与评估过程。④ 坦诚保密。在评估之前，社会工作者就需要向服务对象说明评估是为了改进现有服务工作,表达自己的诚意,并且承诺为服务对象保密,以减轻或消除服务对象的担心。

 拓展阅读

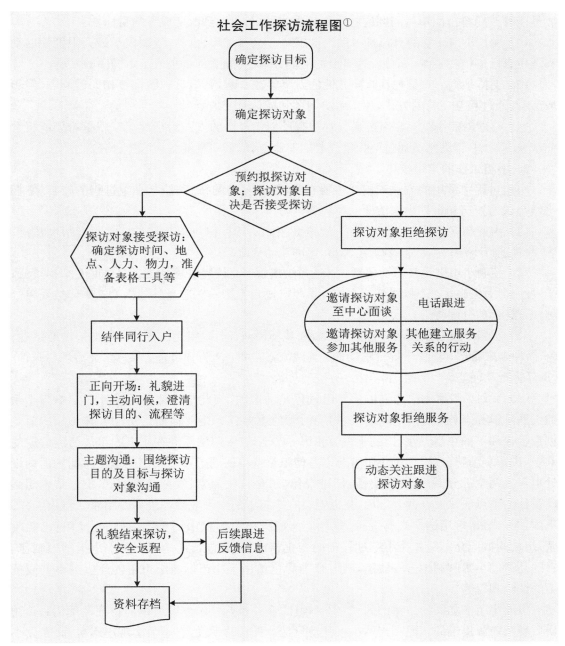

① 资料来源:社工中国网,http://practice.swchina.org/manual/2019/0712/34389.shtml

（二）小组工作

小组工作又称为团体工作，它是以小组为单位（两个或者更多的人）的助人工作方法，是社会工作方法在群体情境中的应用，是群体与社会工作方法的结合。

1. 小组工作的类型

（1）教育小组。它是帮助小组成员学习新知识、新方法，或补充相关知识的不足，促使成员能够改变自己原本对问题的看法和解决的方式，以达到改变成员的目标。

（2）成长小组。它的目标是帮助组员了解、认识和探索自己，帮助成员最大限度地启动和运用自己的内在资源，充分发挥自己的潜能，解决问题并促进个人正常健康的发展。

（3）支持小组。它是把具有同质性的人聚集在一起，其组员一般都有相同的问题、经历或经验，通过相互支持的方式，达到解决问题和成员改变的效果。

（4）心理治疗小组。其组员通常都是有过创伤经历的人。治疗性小组就是希望能缓解症状及其影响，帮助组员通过治疗创伤复原并康复，降低不良症状，促进人格改变。

2. 小组工作的常用技巧

小组过程中常用的方法和技巧主要有：沟通和互动的技巧、控制小组进程的技巧、掌握小组会议的技巧和策划小组活动的技巧等。

（1）沟通和互动技巧。包括：① 全神贯注倾听；② 积极给予回应；③ 适当帮助梳理；④ 及时进行小结；⑤ 表达鼓励支持；⑥ 促进互动交流。

（2）控制小组进程技巧。包括：① 适当给出解释；② 提供精神支持；③ 促使承担责任；④ 避免行为失当；⑤ 连接集体和个人；⑥ 严格设定界限；⑦ 适当挑战内心；⑧ 分类妥善处理；⑨ 整合小组行动。

（3）掌握小组会议技巧。包括：① 做好开场讲演；② 设定会议基调；③ 把握中心话题；④ 播种未来希望；⑤ 善于等待求变；⑥ 真诚流露自我；⑦ 告知可选方案；⑧ 灵活运用眼神；⑨ 订立行动同盟。

（4）策划小组活动技巧。由于小组过程是动态的，因此小组活动的设计一定要与小组的发展阶段和态势相适应。① 小组初期活动的主要任务是要促使组员相互熟识。主要是创造轻松和谐的小组气氛，以利于组员相识。② 小组中期的活动在于巩固组员已经形成的共识，进一步消除分歧，促进小组整合以及使组员获得认同感和归属感。这一时期的活动设计也包括两个部分：一是增加信任、促进合作；二是自我探索、发掘潜能。③ 小组结束期活动设计的重点应该放在两个方面：巩固组员在小组中的学习成果和准备小组正式结束工作。巩固学习成果，常用的方式有：通过角色扮演回顾小组历程中的重要事件和分享自己的收获；组员间彼此介绍对方在小组过程中的变化与成长，并进行讨论等。着手小组结束工作，目的是帮助小组顺利地告一段落，减轻或消除组员由于小组即将结束可能产生的不安或抗拒的情绪和行为。

设计小组活动需要考虑的因素：① 小组的最终目标；② 小组组员的特征及能力；③ 物质环境及资源提供的状况。当然小组活动只是一种辅助手段，它是为实现小组目标、完成小组工作任务服务的。因此，在开展活动时要注意分寸，适度控制。只有能够实现小组目标的活动才会对小组工作有帮助。

拓展阅读

小组游戏之如何建立信任

游戏名称：带眼罩行走，两人一组。

游戏方法：两人一组（如A与B）。A先闭上眼睛，将手交给B，B可以虚构任何地形或路线，口述注意事项指引A行进，如"向前走……迈台阶……跨过一道小沟……向左手拐……"然后交换角色，B闭眼，A指引B走路。

分析：通过亲身体验，让学员体会信任与被信任的感觉。

作为被牵引的一方，应全身心信赖对方，大胆遵照对方的指引行事；而作为牵引者，应对伙伴的安全负起全部责任，对一举一动的指令均应保证准确、清楚。

另外，万一指令有错，信任受到怀疑后很难重建。

游戏说明：

1. 领导行为、观点的连续性和一致性，保持沟通，是信任建立的根本保障。
2. 手把手教——引导——建立信任，授权，同时不断给予指导。

（三）社区工作

1. 社区工作的目标

社区工作是以社区为对象的社会工作介入方法。它通过组织社区成员参与集体行动去界定社区需要，合力解决社区问题，改善生活环境及生活质量；在参与的过程中，让社区成员建立对社区的归属感，培养自助、互助与自决的精神，加强他们在社区参与及影响决策方面的能力和意识，发挥其潜能，以实现更和谐的社区环境。社区工作的目标主要有：

（1）推动社区居民参与。社区工作者相信社区居民有能力解决影响其生活的各种问题，现在只是缺乏一些知识和技巧，因此，要鼓励居民参与。

（2）提高社区居民的社会意识。让社区居民认识到，反映和表达自己的意见是其拥有的权利，而个人也有责任去履行公民的义务，关心社区问题，改善社区关系，使社区资源和权利能够平等分配。

（3）善用社区资源，满足社区需求。使社区资源能有效地回应社区需求。

（4）培养相互关怀和社区照顾的美德。社区工作可以促进社区成员的互相关怀，达到社区照顾的目的。

2. 社区工作的常用技巧

（1）与居民接触的技巧。在社区工作中，社区居民是最有价值的资源，他们的社会意识提升和能力成长也是社区工作者最关注的。与居民接触有如下技巧：① 事先准备：接触社区居民是一个有意识的工作过程，根据接触居民的目标选择"合适"的接触对象；对于接触时间也要认真选择；事先要对所接触的居民的需求和问题有所认识，从对方的兴趣入手；要预估接触居民时他们的反应，保证接触时能以热诚的笑容和冷静的态度应对具体情景；对所接触居民居住的区域情况有所准备等。② 与社区居民的接触过程：如何介绍自己；展开话题；维持对话；结束对话等方面都要做精心的准备。

(2)会议技巧。召开居民会议是社区工作中最常用的工作方式,一个居民会议一般分为四个步骤:会议前—会议中—会议后—行动。① 会议前:会议前的主要工作是明确开会目的,准备会议议程和会议所需文件资料,邀请和确保会议关键人物出席会议,布置会场、准备设备和安排座位。会议正式开始前要提前半小时或十分钟到达场地检查设备,通知提醒重要参会者出席会议,营造良好的会议气氛,会议应尽量准时开始,如果居民没有到齐,可将重要事项延后讨论等。② 会议中:会议中的主要工作是尽可能按照会议议程一项一项讨论;对与会者的意见会议主持人不要急于自己回应,应将意见抛给大家回应、讨论,协助与会者多沟通交流,多回应其他人的意见;会议主持人要多做集中、归纳、摘要和总结工作,要保持客观、中立和公正的态度,仔细聆听参加者的讨论和意见,要协助与会者作出决定;会议要有效率,把握好时间长度;会议主持的音量要适当,语速不要太快等。③ 会议后:主要工作是让所有与会者清楚会议的决定;着手立即要做的工作,把重要内容和决定告诉没有参加会议的人;尽快做好会议记录,分发给有关人员,以便工作的开展。④ 行动:是根据会议的决定,落实工作;如果有突发情况,要考虑召开紧急会议或征询意见;要及时将工作进展告诉居民。

(3)居民骨干培养技巧。社区工作最重要的不是社区工作者如何运用专业能力改善社区,而是如何推动社区居民的参与,建立居民组织,培养居民骨干和挖掘人力资源。培养社区居民骨干的主要技巧如下:① 鼓励参与。社区工作者应不断向居民骨干灌输"当家作主"的思想,协助他们树立自主和自立意识。② 建立民主领导风格。社区工作者应积极培养居民骨干的民主意识,多组织居民会议,共同协商处理社区问题。③ 培训工作技巧。社区工作者一般通过训练、实习、示范、阅读文章、观看影像教材、亲身体验、观察、讨论和角色扮演的方式来提升居民骨干的能力。社区工作者要帮助居民骨干从实践中学习和吸收知识与经验,培养总结和自省的习惯。④ 增强管理能力。社区工作者应强化居民骨干的权责分工意识,让他们认识到只有分工合作,才能做好社区工作。

二、项目控制

控制是管理工作的重要职能之一,是为了有效实现项目任务采取的手段。控制工作的主要内容包含确立标准、衡量绩效和纠正偏差。一个有效的控制系统可以保证各项活动朝着达到组织目标的方向进行,而且控制系统越完善,组织目标越容易实现。从社会工作服务项目实施过程来说,既是一个管理过程,也是一个控制过程,根本目的是保证项目的顺利实施。

(一)控制的内涵

所谓控制,是指管理人员对组织实际运行是否符合预定目标进行测定并采取措施确保组织目标实现的过程。

从最传统的意义来看,控制就是"纠偏",就是按照计划的标准衡量所取得的成果,并纠正所发生的偏差,以确保计划目标的实现。

从广义的角度来看,控制工作并不仅限于按照既定的计划标准来衡量和纠正计划执行中的偏差,它同时还包含着在必要时修改计划标准,以使计划更加切合实际情况。因此,完整的控制包括了"纠偏"和"调适"这两方面的含义。

控制与计划的区别与联系：

（1）计划为控制工作提供标准，没有计划，控制也就没有依据。但如果只编制计划，不对其执行情况进行控制，计划目标就很难得到圆满实现。

（2）有些计划本身的作用就已具有控制的意义。例如，预算和进度表等形式的计划，它们既是计划工作的一个重要组成部分，同时又可以直接作为一种有效的控制工具。

（3）广义的控制职能实际上也包含了对计划在其执行期间内的修订或修改。

因此，计划和控制是同一个事物的两面。有计划而没有控制，人们可能知道自己做了什么，但无法知道自己做得怎样。反之，有控制而没有计划，人们将不会知道要控制什么、怎么控制。

（二）控制的类型

根据时机、对象和目的的不同，可将控制分为三类：

1. 前馈控制

前馈控制是在项目开始实施之前进行的控制，其目的是防止问题的发生，而不是当问题出现时再补救。因此，这种控制需要及时和准确的信息并进行仔细和反复预测，把预测和预期目标相比较，并促进计划的修订。控制的内容包括检查资源筹备情况和预测其利用效果两个方面。

为了保证项目实施过程的顺利进行，管理人员必须在项目实施前就对机构或项目组是否已经或能够筹备到在质和量上符合计划要求的各类资源进行检查。如果预先检查的结果是资源的数量或质量无法得到保证，那么就要想方设法去寻求满足数量和质量要求的资源。控制的另一项内容就是预测已经或将能筹备到的资源是否符合项目实施的要求。如果预测的结果符合要求，那么机构或项目组就可以按原定的计划实施项目；如果不符合，则需要增加投入或是与项目委托方协商解决。

2. 现场控制

现场控制也称同步控制、过程控制、事中控制，是指项目正式实施后，对活动中的人和事进行指导和监督。主管人员越早发现业务活动与计划的不一致性，就可以越快地采取纠偏措施，避免重大问题的发生。

现场控制的标准来自计划工作所确定的目标、政策、规范和制度，现场控制的有效性主要取决于基层主管人员的个人素质，因此基层主管人员的经验积累在其中发挥关键作用。现场控制主要为基层主管人员所采用的控制方法。

3. 反馈控制

反馈控制也称事后控制或成果控制，是指项目实施活动结束后所进行的控制。由于这种控制是在项目结束以后进行的，因此，不论其分析如何中肯，结论如何正确，对于已经形成的成果来说都是无济于事的，无法改变已存在的事实。反馈控制的主要作用是通过总结过去的经验和教训，为未来计划的制订和活动安排提供借鉴。

（三）控制的过程

社会工作服务机构根据计划的要求设立衡量绩效的标准，然后把实际工作结果与预定标准相比较，以确定组织活动中出现的偏差及其严重程度。在此基础上，采取有针对性的措施，以确保资源的合理使用和组织整体目标的实现。控制的过程包含了确立标准、衡量绩效和纠正偏差三个基本环节。

1. 确立标准

标准是人们检查和衡量工作及其结果（包括阶段结果与最终结果）的规范。制定标准是进行控制的基础，没有一套完整的标准，衡量绩效和纠正偏差就失去了客观依据。而一套好的控制标准应符合以下六个方面的要求：

（1）建立的标准应便于对各部门的工作进行衡量。大多数的计划是相对比较抽象、概括的，这时需要将计划目标转换为具体的、可测量和考核的标准，以便对所要求的行为结果进行测评。当出现偏差时，能找到相应的责任单位和责任人。

（2）建立的标准应有利于组织目标的实现。对每一项工作的衡量必须有具体的时间跨度、衡量内容和要求，以便准确反映组织活动状态。

（3）建立的标准应与未来的发展相结合。制定的控制标准应将组织当前运行的需要与组织未来发展的需要有机结合起来，具有战略性和前瞻性。

（4）建立的标准应尽可能体现一致性。工作中制定出来的控制标准实际上就是一种规章制度，它反映了管理人员的愿望，也为项目实施人员指明了努力方向。控制标准应是公平的，不允许特殊化。

（5）建立的标准应经过努力后可以达到。建立标准的目的是用它来衡量实际工作，并希望工作达到标准要求。所以，控制标准的建立必须考虑到工作人员的实际情况，包括他们的能力、使用的工具等。

（6）建立的标准应具有一定弹性。标准建立起来后可能在一段时间内保持不变，如个案工作通用过程，但环境却在不断改变，所以控制标准应对环境变化有一定的适应性，特殊情况下要能够允许予以特殊处理。

2. 衡量绩效

衡量的目的是获取与既定控制标准相关的信息，以判断事物或人们的行为是否符合标准，为下一步行动提供依据。衡量的作用除了获取信息，还可以表达管理者的态度。当管理人员对某项活动认真检测衡量时，表明对这项活动是重视的。因此，就对人们的行为的影响而言，衡量考核比规定标准的作用更大。

对照标准衡量实际工作绩效分为两步：一是测定实际工作绩效，可以通过日常管理如日常考勤、工作考评，项目实施的中期检查以及服务对象的满意度调查等去衡量；二是将工作实际与标准进行比较，找出偏差。绩效衡量的结果：一是不存在偏差或是偏差较小，可以维持现状；二是偏差较大，修改计划或改变标准。

3. 纠正偏差

利用科学的方法，依据客观的标准，对工作绩效进行衡量，就可以发现计划执行中出现的偏差，并分析产生偏差的原因，制定并实施必要的纠偏措施。这项工作使得控制过程得以完善，并将控制与管理的其他职能相互联结。

（1）找出偏差产生的主要原因。并非所有的偏差都可能影响机构的最终成果，而同一偏差则可能由不同的原因造成。因此，在采取纠正措施以前，必须首先对反映偏差的信息进行评估和分析。

（2）确定纠偏措施的实施对象。在有些情况下，需要纠正的可能并不是机构的实际活动,而是组织这些活动的计划或衡量这些活动的标准。其一般包括两种情况:一是原先的计划或标准制定得不科学,在执行中发现了问题;二是原来正确的标准和计划,由于客观环境发生了预料不到的变化,不再适应新形势的需要。

(3)选择恰当的纠偏措施。针对产生偏差的主要原因,制订改进工作或调整计划。

由于对客观环境的认识能力提高,或者客观环境本身发生了重大变化而引起的纠偏需要,可能会导致对原先计划与决策的局部甚至全局的否定,从而要求对项目实施的方向和内容进行重大调整。这种调整有时被称为"追踪决策",即"当原有决策的实施表明将危及决策目标的实现时,对目标或决策方案所进行的一种根本性修正"。

追踪决策是相对于初始决策而言的。初始决策是所选定的方案尚未付诸实施,没有投入任何资源,客观对象与环境还没有受到人的决策的影响或干扰,因此是以零为起点的决策。

(四)有效控制的原则

1. 适时控制原则

及时纠偏,要求管理人员及时掌握能够反映偏差产生及其严重程度的信息。如果等到偏差已经非常明晰,且对项目实施造成了不可挽回的影响后,反映偏差的信息才形成,那么,即使这种信息是非常系统、绝对客观、完全正确的,也不可能对纠正偏差带来任何指导作用。

适时控制就是在"正确的时间"进行控制。项目实施过程中产生的偏差必须及时采取措施进行纠正才能避免偏差的扩大,以及防止对项目乃至机构不利影响的扩散。及时纠偏要求管理人员及时掌握能够反映偏差产生及其严重程度的信息。也就是说要根据现状进行预测,在偏差未发生之前,就注意到其发生的可能性并预先采取必要的防范措施,防止偏差的产生。但是在由于受某种组织无法抗拒的力量导致必定发生偏差时,如政策的调整执行、环境的变化,就要求这一控制,能够指导项目组预先采取措施,消除或者遏制偏差产生后可能对组织或项目造成的不利影响。

2. 适度控制原则

适度控制是指控制的范围、程度和频度要恰到好处。虽然任何组织都需要控制,但控制系统的大小各异。不管管理者应当怎样控制,它必须与涉及的工作相适合并且是经济的。具体运用时要注意以下几方面:

(1)防止控制过多或控制不足。适度的控制原则应满足两个方面要求,即既能满足对组织活动监督和检查的需要,又能防止与组织成员发生激烈的冲突。一方面,要认识到,过多的控制会扼杀组织中成员的积极性、主动性和创造性,会抑制他们的首创精神,从而影响个人能力的发展和工作热情的提高,最终影响组织或项目的效率。另一方面,也要认识到,控制不足将使组织活动不能有序地进行,不能保证各部门活动进度和比例的协调,造成资源的浪费。此外,过少的控制还可能使组织中的个人无视组织要求,我行我素,甚至利用在组织中的便利、地位谋求个人利益,从而导致组织的涣散和崩溃。

(2)处理好全面控制与重点控制的关系。任何组织都不可能对每一个部门、每一个环节的每一个人在每一个时刻的工作情况进行全面的控制。适度的控制要在建立控制系统之时,找出影响项目实施的关键环节和关键因素,并据此在相关环节上设立预警系统或控制点,进行重点控制。

(3) 考虑到控制的成本。任何控制都需要一定的费用,如衡量工作成绩,分析偏差产生的原因,以及为了纠正偏差而采取的措施,都需支付一定的费用;同时,任何控制,由于纠正了组织活动中存在的偏差,都会带来一定的收益。一项控制,只有当它带来的收益超出其所需的成本时,才是值得的。

3. 客观控制原则

客观控制是指控制的标准、方法与过程应尽量脱离主观性,建立在科学、客观的基础之上。客观控制原则主要适用于机构员工的绩效、项目获得达成的结果以及机构计划目标的完成情况。只有通过客观、合理、简明的控制标准,才能给机构人员和社会公众以说服力,同时保证较好地衡量工作绩效,从而避免机构管理者的主观印象和个人偏见。而且客观的评价对于调动机构人员包括志愿者、实习生的积极性,树立社会服务机构的公信力具有很好的效果。但是,我们必须注意,对于绩效的衡量和项目、计划的评估要尽可能地采取易于操作、简单明了的方式进行,这样有利于提高控制的效果。

4. 弹性控制原则

弹性控制是指控制行为能够适应组织内部条件与外部环境的变化,具有灵活性。弹性控制通常与控制的标准有关,有时也与控制系统的设计有关;通常组织目标并不是单一的,而是多重目标的组合。

在项目实施过程中经常可能遇到某种突发的、无力抗拒的变化,如环境突变、计划疏忽、计划变更、计划失败等,这些变化使项目目标与现实条件严重背离。有效的控制系统应在这种情况下仍有足够的灵活性去保持对运行过程的管理控制,也就是说,应该具有一定的弹性。

事实上,弹性控制最好是通过弹性的计划和弹性的衡量标准来实现。在制订计划时,充分考虑到项目实施过程中的不可预见性及其影响因素,使某些标准在一个可接受的范围内变化取值。

三、项目督导

社会工作服务项目督导是为了有效控制项目实施的质量,保证项目按预定计划顺利实施而进行的监督、引导工作的总称。

督导贯穿于社会工作服务项目执行的整个过程,主要是由机构内外的资深社会工作者对项目实施进行定期和持续的监督、指导,确保服务质量的一种社会工作行政活动。根据督导者的来源,督导可分为内部督导、外聘督导和外派督导。内部督导是由社会服务机构聘请机构内部人员担任督导工作;外聘督导是由社会服务机构聘请机构外部人员担任督导工作;外派督导是由地区社会工作协会、社会服务机构的上级主管部门或是出资方遴选和确定督导者,参与社会工作服务项目的督导。

社会工作督导内容及其技巧等详见本书第六章。

第三节　社会工作服务项目总结阶段

总结阶段的任务主要是项目实施后的一些收尾工作,如撰写总结报告、接受委托方组织的第三方评估、将项目实施的有关材料进行归档等。

一、撰写总结报告

撰写总结报告,其目的一是满足项目完结后接受项目委托方评估的需要,项目的总结报告是重要的评估材料,能够比较详尽地呈现项目实施情况;二是有助于项目组乃至社会工作服务机构总结经验、查遗补缺,尤其是便于一些创新成果通过总结报告加以交流和经验推广。

1. 总结报告的一般结构

规范的总结报告往往有比较固定的格式,包括字体字号等,虽然没有明文规定,但一般约定俗成的都会参照文件的格式执行。就社会工作服务项目来说,目前没有统一的结构及格式要求,但总结报告一般包含以下几方面的内容:

(1) 服务项目的基本信息。项目概况的说明,主要包括项目实施背景,项目购买方和承接方,项目服务的内容和范围介绍。

(2) 项目人员配备以及组织架构图。一般情况下,投资额度较大、服务范围较广、人员投入较多的项目会有组织架构图。项目人员配备重点是要展示项目人员的结构、学历、职业资格等情况。

(3) 项目实施情况。一般包含五个方面的内容,分别是需求评估及发现的问题、服务目标及计划、服务完成进展情况、服务专业性、服务日常运营情况,在服务完成进展情况中包含量化的服务指标完成情况及服务的成效。

(4) 机构与项目相关方的合作情况。包括合作方的简要介绍、建立起来的联系制度及其内容、沟通协调情况以及资源联动情况等。

(5) 项目资金的收支情况。主要是项目资金的支出情况,尤其是要对资金使用变动情况重点说明。

(6) 自评情况。要实事求是地就项目实施情况进行总结,包括创新点、好的做法、可推广的经验,以及不足或者需要进一步改进的地方。

(7) 附件。主要是支撑总结报告的相关材料和表格,如具体的服务方案、服务对象满意度问卷或访谈提纲督导时数汇总表、培训时数汇总表、典型案例等。

2. 总结报告的撰写原则

(1) 实事求是原则。要客观、全面、准确地反映社会工作服务项目执行的准备、实施、收尾等各个阶段的工作。报告不能夸大成绩、忽略客观存在的不足和问题,要如实地反映事实,尽可能地用真实的数据、详实的案例来辅助说明。

(2) 条理清晰原则。报告该如何写、要包含哪些内容、呈现哪些特色做法和亮点,在写报告时要对这些方面进行思考,报告的条理要分明,不能杂乱不清,要确定好报告的结构和框架。要善于总结和凝练,不能只是简单的平铺叙述。

(3) 言简意赅原则。总结报告的语言不仅要精确,还要精练。精练的语言,不仅能精准明确地表情达意,而且能收到事半功倍的效果。不要为了凑字数,就一件事或一句话,翻来覆去地说或写,要统筹报告中数字和案例的运用。

（4）重点突出原则。报告要有鲜明的针对性,抓住重点和难点问题。报告的篇幅不能头重脚轻,要将项目实施的特色做法、主要成效、不足之处及改进措施突显出来,一些背景之类的内容可适当压缩篇幅。

二、材料整理归档

项目实施完结后,相关材料应及时整理归档,归档的目的在于今后的利用,所以材料归档一定要规范。

（一）基本原则

（1）凡与项目执行有关以及在项目实施的过程中直接形成的具有保存价值的文字、图表、声像等载体材料均应归档。

（2）项目档案实行集中统一管理,确保完整、准确、系统和安全,便于开发利用。

（3）项目档案是机构管理的重要组成部分,原则上应实行项目执行工作和建档工作"四同步"管理,即：下达计划任务与提出归档要求同步；检查计划进度与检查项目文件材料形成情况同步；验收、鉴定服务成果与验收、鉴定项目档案材料同步；上报登记、评审项目实施成果与档案部门出具服务项目归档情况的证明材料同步。

（4）项目档案应有专人管理并配备相应的档案工具和设备。

（二）归档范围

项目执行各个阶段形成的不同载体的文件材料,特别是实施阶段形成的作为研究结果依据的原始材料。

（三）归档要求

（1）归档的项目文件材料必须字迹工整、格式统一、图样清晰、签字手续完备。

（2）卷内密不可分的文件材料按正件在前,附件在后；印件在前,定稿在后；批复在前,请示在后的顺序要求排列。

（3）卷内材料一律拆掉金属物,分别用线装订,对破损的文件材料应进行修补。

（4）按顺序编排页号,无论单面或双面,只要有书写文字,均应一面编写一个页号,页号位置在非装订线一侧的下角。

（5）电子公文、数码照片等类别材料的归档应按照国家档案归档有关规定执行。

（四）归档时间

项目材料原则上应在项目实施结束后的一个月内一次性归档。

三、结项评估

项目结束后,项目组首先要对项目实施的全过程进行总结和自我评估,形成总结报告后接受项目委托方评估。

社会工作服务项目的评估,按照服务环节可划分为需求评估、方案评估、过程评估和结果评估；按照评估主体可分为机构组织的评估、购买方组织的评估。

社会工作服务项目评估内容详见第六章。

社工项目评估材料怎么准备？[①]

一个项目的成功与否在于社工团队平时的努力与积累,但是项目评估却往往会是检验项目成果的试金石。政府购买社工服务项目评估一般以一年为一个周期,常分为中期评估和末期评估。把握好评估时间节点并做好评估工作准备至关重要。

就我个人而言,我一般会提前一个月有规划地准备评估材料。项目评估材料在我看来主要是5个"1+",即由项目自评报告、项目自评分表、项目财务报表、项目文书材料、项目汇报PPT等组成,可以根据项目实际需要进行调整。

一份项目自评报告

撰写并提交一份专业的项目自评报告,项目自评报告模板依据项目购买方组织评估的性质与要求来确定。项目自评报告总体包括项目基本信息、实施情况、项目成效、经验总结与下一步计划等,其中重点在于项目实施情况与成效的提炼总结。

过去我们习惯于用社工三大直接服务方法与间接的志愿者管理、社工督导等来阐述项目实施情况,但目前随着知识的更新,依据服务群体问题及需求而罗列出的项目服务内容模块化往往更能呈现社工服务的专业性,毕竟社工项目服务是有逻辑和内在联系的。

同时,在项目成效上,我们不仅仅关注指标量的完成,也有项目实施对服务群体带来的改变与社会影响力等。

一份项目自评分表

项目自评分表怎么做,首先看自己机构所在地区是否有相关的政府购买社工项目评估实施办法或行业指导标准。

在厦门,我所学习并了解到的,针对项目中期评估,项目自评分表主要由专业服务与项目管理两个部分组成。项目末期评估的自评分表由专业服务、项目管理与服务成效三个部分组成。

中期评估关注服务群体需求调研、关系建立与针对需求而开展的服务情况。末期评估更加关注项目服务带来的成效改变和社会影响。

一份项目自评分表的作用不仅可以作为项目文书材料整理的依据,同时也是检验项目运作的有效方法。在项目评估前,我们要学会对照检查,做到自我内部评估才能更好地做好项目外部评估。

在必要情况下,我们可以征求购买方同意,参照通用的项目自评分表并根据项目资金与合同签订要求指标来进行修改,以便符合项目自身评估的实际需要。

一份项目财务报表

结合我自己的经历,财务报表一般由机构财务人员提供,社工主要是提前做好沟通。但是也有的购买方在项目财务报表的基础上还需要提供服务指标量的完成明细。对于这样的情况,在项目平时开展过程中,根据不同项目模块的指标量来建立项目服务数据库就

---

① 材料来源于 http://www.shehuigongzuozhe.net/shehuigonzuoxiangmu/guoneixiangmu/7737.html。

很有必要,特别是集合入户探访与个案管理量大,项目又经常性面临阶段性汇报与多人团队的项目。

数据即是证据,将平时一点一滴服务累积起来就是成果,这一点我在参与"大爱之行"的城市流动人口项目里就深有体会。

对不同服务内容产生的项目服务人数、服务时数与受益人次用 Excel 表格的方式进行记录并汇总,在平时多做一些零碎的工作,可以让自己在项目成效评估上的指标完成情况统计与数据直观呈现上更加高效与便捷。

一套项目文书材料

撰写文书材料贯穿我们项目管理的始终,因此,我所提出的项目文书材料其实是在迎接项目评估前来进行查缺补漏。

对于项目文书材料,新入门社工要培养模块化的思维,有模板化的习惯。在一个新项目开始前期,针对合同与方案来设计符合自己项目需要的文书材料模板与归纳整理策略,而这组合起来相当于一个项目包。

我目前常罗列为服务档案、社区活动、个案工作、小组活动、志愿者管理与社工督导等模块,同时根据每个模块来设计所需要的表格。例如社区活动的相关表格包括活动计划表、评估表,志愿者管理包括志愿者登记表、志愿者服务记录表。

一份项目汇报 PPT

依据项目评估汇报时长制作一份图文结合,既有文字又有数据的项目汇报 PPT,项目 PPT 一般由项目背景与需求分析、项目设计执行、项目成效与经验总结及下一步计划等组成。

整个项目汇报 PPT 阐述按照不同的权重来进行,重点关注实施执行情况与成效呈现。项目汇报 PPT 可以以项目自评报告为基础,但是不要将自评报告的材料照搬照抄。

对于办公软件的菜鸟而言,可以通过网站找模板,先搭建汇报框架再来细化内容。PPT 往往是辅助汇报的工具,因而制作汇报 PPT 时要以汇报要点提示来入手。

文字多的可以分点,还可以用图表来呈现,文字的颜色要结合 PPT 背景及风格来设置,有需要重点突出的文字可以字号加大并颜色加深。

"一读二看三弄懂"

最后,跟大家分享做好项目评估材料准备工作的"一读二看三弄懂"口诀。

首先,要读懂政策。在我们日常工作中要随时关注政策文件与行业动态,关于项目购买、评估等相关指导文件或行业标准要仔细研读。政策性的文件比较枯燥,但是与社工项目相关的政策往往会与我们息息相关。

其次,要看懂合同。看明白合同里的指标与要求。合同作为重要文件,一般会由机构负责人管理,有时候会碰到很多社工不清楚项目合同指标,一到评估才看合同。建议可以由项目主要负责人员复印一份合同作为项目进度完成情况的复查。

最后,要弄懂规则。理解项目购买方的语言体系,以及他们对于项目服务人群的政策支持、部门体系下的现有服务与评估工作的性质及要求。性质与要求不一样直接影响评估规则,进而我们在准备评估材料与汇报时要把握的要点也就不一样,因此弄懂评估规则很重要。

项目所有工作完成之后,应召开一次总结工作会议,全面梳理项目实施情况以及可以固化的经验和需要改进的地方。同时,对项目实施工作有关人员按照表现进行奖惩,奖励可以以精神鼓励为主、物质奖励为辅。

1. 社会工作服务项目执行的原则有哪些?
2. 如何制订有效的服务方案?
3. 社会工作项目控制的过程包括哪些环节?如何进行有效的控制?
4. 社会工作服务机构的财务预算中经常使用的方法有哪些?
5. 社工服务项目总结报告的结构一般有哪些?如何撰写?
6. 如何才能规范归档项目材料?

第五章　社会工作服务项目管理

社会工作服务项目人员管理的基本内容，项目财务管理的相关制度和流程，社会工作服务项目的时间节点要求，社会工作服务项目质量管理的标准依据，验收工作的流程及标准。社会工作服务项目运作面临的风险类型及其有效管理，风险防控的技术手段和工作重点。

培养学生社工服务项目管理的综合能力；掌握人员管理、财务管理、目标管理、过程管理、时间管理、质量管理、风险管理等方面的技术规范和管理要求；能够在实际工作中熟练运用各个要素管理的基本方法和技巧，熟悉项目管理的要素、流程和技术标准，能够进行实务操作。

社会工作服务项目管理就是在遵循社会工作专业价值的前提下，项目执行团队运用管理学、行政学等学科知识、原则、方法，为达成服务项目目标所进行的一系列有关协调、沟通、调整和运作的管理过程。其内容包括对项目涉及的空间范围、时间跨度、成本核算、质量成效、人力资源投入、沟通协调、风险防控、物资采购、利益相关者等要素的管理，以及对这些要素之间关系的整合优化。

社会工作服务项目管理将管理学理论运用于社会工作实务，通过有效的管理以实现效率、效益和专业的整合统一，有利于为服务对象提供优质高效的服务。社会工作服务项目管理一方面使得政府购买服务项目得到有效监管；另一方面，项目管理的科学实施有利于为社会工作机构的专业化发展提供重要的技术支持和理论支撑，能够促进社会工作服务逐步实现系统化、科学化、规范化。

美国项目管理协会出版的《项目管理知识体系指南》对项目管理的内容、要素、领域等问题均进行了较为详细的规范，直到现在仍是许多社会工作机构进行项目管理的重要参考，该书将项目管理概括为九大知识领域，具体包括范围空间、时间跨度、成本管理、组织与人力资源统筹、沟通与信息传输、质量把控、风险规避、物资采购、综合业务等。本篇基于实务经验和现实国情对项目管理的九大知识领域予以有效整合和匹配优化，并适度进行属地化、本土化改造，重点围绕人员、财务、目标、过程环节、时间、质量、风险这七个方面展开论述。

第一节 社会工作服务项目人员管理

一、社会工作服务项目人员管理的内涵及对象

(一) 社会工作服务项目人员管理的内涵

任何一个社会工作服务项目都离不开吸纳具体的人力去执行和完成,而在其过程中也必然会涉及并影响不同的利益关联人。作为一家社会工作机构(或 NGO、NPO 组织),特别是在社会工作服务项目操作过程中,如何充分发挥服务团队的价值和作用,往往需要机构领导者、项目管理者做好员工管理,使每个人的优势都能够得到激发和挖掘。

社会工作服务项目人员管理是指通过组织、选拔、外联等手段选择最适合项目服务活动的人力资源,将被选中的人员配置到项目服务的各个岗位上,在具体服务过程中对他们进行适时监督、考核和激励,以充分发挥他们的潜能,促使项目服务的效果能够达到最优。具体来说,从内容方面来看包含有人员的招募、培训、选聘、激励、考核、团队建设等;从构成上来看包含有对机构、团队内部人员的管理以及对外部志愿者的管理。任何社会工作服务项目的开展都需要提升人力资源管理的效率,匹配合适的人员到恰当的职务岗位上,需要事先开展人力资源的统筹规划,注重培养有能力的项目负责人、服务实施者、绩效考评者等;其次要建立完善、科学的激励考评机制,以激发服务项目各个岗位上工作人员的工作热情和投入度;同时还需要理顺不同人员之间的权责利关系,积极构建协调沟通机制,以形成工作合力,实现高效、有序化的服务供给。

(二) 社会工作服务项目人员管理的基本对象

社会工作服务项目的运作需要以项目团队的方式介入,通过纵向的职位设置和人员分工以及横向的人员匹配关联来形成工作合力,从而帮助服务对象满足自身的多元需求。同时也要不断激发、满足参与人员的成就感和专业感。广义上来说,社会工作服务项目人员管理的实质就是项目活动中各种人际关系的处理,包括纵向层级性质的项目负责人、项目执行人、项目督导、一线工作人员之间的关联关系,以及横向层面项目出资人、志愿者队伍、项目团队等主体之间的关联关系。狭义上的社会工作服务项目人员管理特指项目团队内部领导对下级组织及其人员构成所开展的选拔、调整、考核、激励等各种行为的统称。无论社会工作专业服务团队是采取职能式、直线式亦或是直线职能式还是其他组织形式,其实质和关键在于通过合理的岗位权责利关联推动组织员工的不断成长,从而提升社会工作专业服务组织的社会适应力和影响力并不断优化组织内部的管理机制(如图 5-1 所示)。

能否达到社会工作专业服务组织目标的最优化,从人员管理的角度来看有以下几个方面的评判标准:

第一,要合理分配工作量和工作任务,工作量和工作任务要切合组织员工的素质禀赋,做到适才而用。同时必须确保员工有不断提升发展的空间和渠道。为了做到人适其岗,需要事前进行员工和岗位分析。要为每个岗位配置最为合适的员工,同时也要为员工选择恰当的工作岗位。每个员工的能力、性格、秉性均有不同,每个岗位对员工的素质要求也不同,要想做到匹配关联,只有事先做好分析工作并合理匹配、关联优化,才能充分发挥各类人才的最大作用,保证遴选到恰当的人员,从而最终确保工作任务的顺利完成。

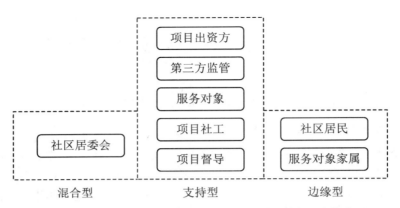

图 5-1　社会工作服务项目人员管理利益关联指涉多元主体关系

第二,合理激励,激发潜能。在充分考量工作表现、任务达成、质量确保、工作绩效考核的基础上通过工资差异以显示机构对其工作状态的认可,是建立高质量激励机制的重要内容。社会工作服务项目的运行实践需要通过合理激励、综合激励等方式方法以提升员工的成就感和归属感,才能最终形成服务项目的吸引力并有效提升社工机构的感召力和影响力。

第三,理顺横向、纵向关联主体以及员工之间的权责利关系。通过信息化整合、岗位分析等技术手段,明确员工的权责利,并以此作为衡量工作绩效的标准且实时予以综合考评。

第四,不断提升工作人员的基本素养,积极构建培育其可持续发展的空间和平台。通过培训、督导、评估、考核等手段不断提升员工对组织和社会工作专业服务的认同感。

社会工作服务项目具体运作的参与人员主要涉及三类,即实习员工、全职员工和志愿者。他们在整个服务项目中扮演不同的角色,承担不同的职责,发挥不同的作用和功能。本章节以下所阐述的人员管理中的"人员"主要是指全职员工,关于实习员工和志愿者管理的管理方式与全职员工有相似之处,但也有其特殊的管理方式,本章节不一一赘述。

二、社会工作服务项目人员管理的基本内容

社会工作服务项目人员管理的基本内容应包括人员的招募与选拔、岗位设置与分析、岗前督导、在岗管理、离岗管理、团队建设、员工授权与激励等。其中,需要特别提出的是对于项目执行人员的督导或培养应始终贯穿整个服务项目。工作人员履职及其服务效率、效益的客观情况是检验社会工作服务项目人员管理优劣的显性指标。

(一) 人员招募、选拔与调配

1. 人员招募、选拔与调配的内涵

人员招募、选拔又称人员招聘,是指组织、机构通过各种形式、途径及时寻找、吸引并鼓励符合组织岗位要求的人,到本组织具体岗位中任职和工作的过程,是确保组织有效运作、稳步发展、拓展空间的一个重要环节。社会工作服务项目人员招募是指社会工作机构基于服务对象需求和组织现实,运用岗位分析和组织分析,科学确定特定岗位人员需求,并基于基本素养、能力特质、入职条件等标准公开向社会发布用人需求并通过组织化选聘方式确定合格任职人员的过程。人员招聘是企业、专业组织等机构为了弥补岗位空缺、提升服务质量、拓展业务而进行的一系列涉及人力资源管理、调配、优化活动的总称。它是组织机构人

力资源管理的首要环节,是实现人力资源管理有效性、延续性的重要保证。没有人员招募工作也就没有后续的考核、激励、拓展等工作。从广义的招募流程来看,人员招聘包括招聘准备、组织实施和招聘绩效评估三个阶段;狭义的招聘流程即指招聘的实施阶段,其中主要包括招募、筛选(或称选拔、选择、挑选、甄选)、录用三个具体步骤。从招聘面向的角度来看分为外聘、内部选拔与调配两种方式。

社会工作专业人员的招募、选拔与调配,是关系到项目执行质量和效益的第一因素。各用人部门应根据社会工作服务项目总的目标计划、工作任务总量情况等要素,在充分研判业务性质基础上,结合本部门发展的分目标计划、工作内容、部门业务总量、人员分工和最新的人员配置情况等,确定本部门人力资源需求计划,进而向社会工作机构专门部门提出用人需求。组织部门在接到用人需求时要结合工作任务确定是否招聘人员,并研判有无从内部进行调配的可能。而当前许多社会工作专业机构普遍面临"招人难,人难留"的困境,这与招聘环节没有能够很好地处理机构任务目标和应聘者目标期待之间的关系存在着直接关系。能否招募成功取决于机构和应聘社工的双向期待,因为双方都存在信息规避的自利选择。为提升两者之间的联结,展开充分的沟通和对话就显得尤为重要。双方在沟通阶段离不开以下几个重要话题:

(1) 机构价值观与个人价值观的一致性。每一个专业的社会工作机构都会拥有自身的核心价值观,当求职者的个人价值观与机构价值观相吻合或基本吻合时,双方才能进行下一阶段的深入对话。

(2) 机构目标与个人目标的契合性。社会工作组织的目标往往比较宏观,而个人目标相对微观,因此也需要机构人力资源管理者在招募阶段关注并衡量个人目标是否与机构目标相契合,以及在机构发展或项目执行期内是否能够满足求职者的个人目标。

(3) 个人能力素养和岗位需求之间的匹配性。社会工作机构及项目执行团队在招聘人才时,必须坚持因岗选人,因岗位职责匹配设定人员能力构成和素质要求。

2. 人员招募、选拔与调配的考查要素

面对众多的应聘者,招聘单位必须依据科学的筛选标准进行取舍,通过面试、考试、技能测试等诸多手段进行招募、选拔与调配。社会工作机构通常会根据岗位需求、技术要求、专业素养等具体规范对应聘者进行必要的筛选。其中比较常见的人员招募、选拔与调配的考查要素有招聘对象的胜任能力、知识素养、专业技能、工作阅历、价值信念等。

(1) ASK 与胜任能力[①]

社会工作机构在招募新入职员工时通常采用 ASK 法(即态度、技能和知识)这一选拔方式;而近年来,求职者的胜任能力也是众多社会组织人力资源管理者在招募阶段考查的要素之一,因为员工能否适应工作直接关系到服务目标的达成、服务绩效的兑现,关系到能否高质量回应服务对象的现实需求。社会工作专业机构通常会根据社会工作机构的人力资源储备情况,以及社会工作服务项目的实际需要,考量求职者是否符合应聘条件并适时决定是否录用。

① ASK 三维筛选法。"A"指态度(attitude),包含个人职业操守、品德、工作责任、学习态度、与人相处方式、为服务对象改善生活的理念等。"S"指技能(skills),指具备工作所需的技能和解决问题的能力,如个案接案的具体步骤和方法、活动策划能力等。"K"指知识

---

① 项目臭皮匠. 项目百子柜:一本社工写给同行者的工具书[M]. 北京:中国社会出版社,2016:12.

(knowledge)，指具备工作所需的理论和知识，如服务对象群体的基本知识、各种社会心理理论等。

ASK可用于识别求职者是否符合某岗位。而三者之中，态度最为重要，起决定作用。

② 胜任能力。所谓胜任能力是指个人深层次的特征，能够完成或者是超水平地完成某项工作的能力。一般而言，胜任能力可包含五个维度的考察对象：技巧（完成某项工作任务的技巧和能力）、知识（服务层面的知识水平）、自我概念（个人的自我形成、态度、价值观等）、特质（对待事情的常态反应、身体特征）、动机（想要达到某行为或者目标的驱动力）。

每个社会工作机构在招募人员时都倾向于选择那些符合机构要求、匹配项目需要、具备胜任能力的工作人员。在这里没有统一的选择标准，需要机构和项目自身结合实际和需求，慎重考量求职者是否具有符合岗位的能力和潜质。

（2）价值需求测评

价值需求分析主要通过对应聘者敏感需求、未来三年走势、思考模式、规范化管理指数、优势特征、目前状态等内隐性气质特点进行分析，以综合评判应聘者应聘机构岗位的目的、能够适应岗位工作的可能性。其可以清晰、科学地反映出社会工作机构在人力资源配置方面存在的瓶颈，能够充分、客观地评判机构的运行状态和潜在的需求倾向，能分析应聘者的价值需求、目标定位是否与所申请的项目岗位相吻合，通过分析评判匹配度以降低人员招聘的主观性、随意性，提升人员招聘的针对性和客观性。

通过测评能够判断应聘者的个人发展方向是否与服务组织的业务发展相适应，理论上来说吻合度高的应聘者应该优先考虑被录用。价值需求分析测评可以帮助社会工作服务机构科学分析应聘人员各个方面的素质和潜能，从而能够有效评判人员的岗位适应度和匹配度。

（3）其他素养要求

社会工作服务项目运作基于团队整合介入的方式来运行，因而特别强调团队成员之间的合作关联。招募对象的适应能力、沟通能力、协调能力等亦是社会工作服务项目运作十分关注的员工能力要素。

（二）人员岗位设置

岗位设置就是根据项目运作实际工作需要，结合组织内部的职责分工，科学、系统地进行角色职位的合理配置与岗位设计。大多数社会工作组织在招募新人员时，往往以岗位设置作为招募的前提条件。破解"找人难"的困境在于依据求职者自身的能力与需求，将合适的人员分配在恰当的岗位上，即采取"先招人再定岗"的方式。这种操作逻辑在实际招募人选时也并不矛盾。岗位设置应以组织中的岗位为对象，科学地进行岗位设置、岗位分析、岗位描述和岗位评估，以确定社会工作机构的岗位结构，实现因岗择人、因需设职的组织活动目标，并通过在人与岗的互动中具体实现人与岗、人与人之间的最优配合。在具体操作时应遵循以下原则：

（1）最低数量原则。此原则是指以最少的职位数量来承担项目运作的现实需要，在兑现服务质量的前提下实现经济投入的最小化，确保各个岗位能够最高效、最经济地发挥作用，兑现功能设置。

（2）最优化配置关联原则。无论是纵向隶属的职位与职位之间，还是横向的职位与职位之间都应该实现最有效的组合关联。整个组织中每一个岗位的责权是对等的，且必须严格保障每一个岗位都具备与其责任相称的权力。责权匹配关联是发挥组织成员能力、激发内在积极性的必要条件和保障。减少阻隔、优化沟通并推动组织层级的扁平化,有利于提升沟通互动的绩效和效率。

(3) 有序沟通原则。每个服务机构内在的增设职位被设置后,它应在组织机构里与原有的岗位形成顺畅无阻的互动关联,它和上下左右的其他职位之间的关系、沟通的渠道应该非常协调。不能因为岗位的设置使内部的阻隔、障碍增加形成能量损耗。

(4) 目标-任务原则。岗位设置及其职责设定必须以机构所具体执行的战略目标和任务为主要依据。岗位设置是为项目目标服务的,它是完成具体工作任务的手段。岗位设置及其数量供给应根据服务项目需要完成的目标、任务量等要素来进行综合设定,既要保证完成组织所设定的功能定位,又要保证组织运作的高效与灵活。

(三) 人员岗前督导

当求职者正式加入机构或项目团队后,第一要务就是接受岗前督导培训。其目的在于让新入职员工在较短时间内了解机构运营状况及项目发展概况,快速适应新的工作岗位和环境,积极融入团队集体。在培训中,不仅要及时地把项目运作、机构管理、服务对象关联的新信息、新方法、新理念和新程序等知识性要素介绍给员工,还要不断更新员工的现有技能储备,从能力、价值等维度给予必要的提升帮扶。岗前督导是机构对新入职员工的系统培训,是新员工在组织中确定自己职业生涯、发展规划的起点,意味着新员工必须接受组织特定的理念、价值观念和行为方式,主动适应新组织的要求和目标,不断内化学习新的工作准则,并形成有效的工作行为。通过规范自身的行动策略以配合适应组织的发展。人员岗前督导是审核前期招聘、选拔工作执行情况和活动质量的重要手段和途径。

通常的岗前督导包括但不限于以下几个重要环节:了解项目的框架和背景、熟悉项目目标与执行方式、落实岗位职责与分工、知晓团队间的合作关系、明确项目管理层级等。通过岗前督导能够为新员工提供教育性、支持性、专业性服务,能够建立员工归属感,明确社会工作机构的目的和目标,让员工熟悉自己的岗位职责。

(四) 人员在岗管理

社会工作服务的在岗管理是岗前督导及项目执行过程中督导和培训工作的延续,其目的在于保障项目被有序、合理、规范的落地执行,以期做到项目服务任务"责任到人"。

通常大多数服务项目的在岗管理工作主要由作为责任主体的团队领导者负责,对于团队领导者(管理者)而言其重要的工作职责包括:

1. 制定匹配的管理制度

在项目前期,管理者需制定出成套管理制度,要求团队严格遵守执行,以保障项目有序进行。诸如社会工作实务通用守则、项目财务管理制度、项目人事管理制度、项目服务操作流程等。通过制度规范强化对工作人员日常行为的引导和规制,并确保权责利的统一与协调。

2. 明确团队成员的分工

合理的项目分工是项目推进的有力保障。项目管理者可根据团队成员的能力特点,将项目工作任务进行细化,责任到人,以便抓住关键节点。

3. 公共关系的维护

"公共关系包括三大要素。主体是社会组织,客体是利益相关方,沟通要素是'传播'。"[1]

---

[1] 周如南,陈敏仪.社会组织公共关系[M].2版.北京:中国社会出版社,2016:4.

当前,我国社会工作服务项目大都以政府购买服务为主,故自项目执行起至项目结项前就始终存在几种重要的关系需要协调和维护,如购买方与承接方、承接方与当地政府项目落地单位、承接方与服务对象群体(家庭)等。必须通过必要的教育性、行政性督导,强化培育工作人员与不同利益关系人互动协调的能力,以掌握必要的沟通技巧从而维持良序有效的沟通。

社会组织公共关系的目标在于塑造良好的组织形象,促进社会公众的参与并获得正向反馈,获取更多的社会资源支持。因此,在社会工作服务项目具体运作过程中,团队成员要始终维护好与服务项目相关人的公共关系,以获得潜在、可持续的社会资源的支持和关注。

4. 定期督导与培训

在不少于 1 年的项目执行期内,项目服务团队成员会在特定时期内产生疲惫、懈怠等心理特质,而产生这种现象的原因复杂多样,如部分团队成员面临服务无法继续开展而出现的逃避心理,反复的文字整理工作所带来的枯燥感,团队间在执行中出现的工作分歧与矛盾关系等。必须通过周期性的督导和培训以提升团队成员的成就感和获得感,回应服务团队工作面临的各种问题和困惑。

5. 绩效评估

在社会工作服务项目的人员管理中,绩效评估是管理的关键环节之一,其目的在于通过奖励、薪资调整、职务升迁等激励措施,满足员工在个人事业发展期的不同需求,激发员工的工作积极性,促进服务项目在人事安排环节上形成合理的工作激励机制和模式。

通常社会工作服务项目中人员的绩效评估内容,包括服务工作的落实情况、工作进度状况、服务有效性、工作的态度和能力等。考核的办法根据机构自身状况制定,无统一标准。绩效评估的考核者主要包括:上下级管理者;同工间(同级);下级;自我评估;利益相关方(受益方为主)等。

在社会工作服务项目执行期内,需要项目团队的管理者定期组织开展专题督导与培训,加强团队整体的凝聚力和向心力,强化服务团队的能力和水平,提升服务项目的执行进度和质量,同时也为机构内部储备、提拔优秀的专业型社会工作服务和管理人才奠定基础。

(五)人员离岗管理

在社会工作服务项目执行期间,因主客观等各方面原因而导致社会工作者离岗时,作为团队的管理者应做好离岗管理工作,以减少因人员离岗而给社会工作服务项目带来的潜在影响和冲击,以保障项目进度持续推进。

社会工作服务项目的离岗管理工作,主要包括两个方面的内容,其一,处理好离岗员工与服务项目及机构的关系;其二,安抚在岗员工因人员离岗而产生的非理性情绪。

1. 处理离岗员工与服务项目及机构的关系

当项目团队成员离岗时,一般都会提前向项目管理者、机构管理者告知并阐明离岗的具体原因。无论何种原因,作为机构管理者、项目管理者在原则上都应该尊重离岗员工的自主选择,并以最妥善的方式处理彼此之间存续的交接工作关系。在正式离职前,双方需要协商办理特定的离职程序性工作,才能解除劳务关系,可以依照《劳动法》《劳动合同法》来作为处理员工离职问题的基本规范和参照,但由于社会工作服务项目本身在服务面向、运作机制等方面的特殊性,又有一些特殊事项必须引起社会工作服务项目组织管理工作者的关注。主要体现为:

(1)服务内容的保密与遵守。在离岗员工事先开展服务项目期间,不可避免地会接触与服务项目相关的诸多需保密的隐私内容,诸如服务对象群体的资料、身份等有效信息。因此,机构(项目)可根据自身情况与离岗员工签订离岗保密协议,要求离职人员不得外泄与服务相关的隐私信息,保障服务对象等利益相关方的权益。

(2)项目运作、后续服务工作上的业务交接。在员工选择离岗前,除紧急原因离职外,机构一般都会提前招募新入职员工作为服务项目执行团队的补充,对其提供服务工作相关的实务培训,并与准离岗员工在服务项目工作上完成交接,以确保社会工作服务项目的正常推进。

(3)劳务关系的解除。机构(项目)管理者在完成上述步骤后,将正式进行彼此劳务关系的解除工作。双方可依据《劳动法》《劳动合同法》等有关规定,并在保障离岗员工与机构(项目)彼此利益的前提下,合理协商解除劳务关系并妥善处理各种利益关联。

(4)离岗后的员工关系维护。大多数社会工作服务机构(项目)的管理者往往认为自身与离岗员工之间已经不存在任何直接关系,因此就不再需要花费精力维护离岗后的关系。事实上,离岗后的员工对机构(项目)而言依然很重要,是机构公共关系的重要组成部分之一,是塑造机构品牌、形象、口碑等的重要力量之一,因此也需要机构(项目)管理者加以重视,维护好彼此的关系,而且良好关系的建立也会给机构带来其他可用的社会资源。

2. 安抚在岗员工的非理性情绪

员工的离职是社会工作机构(项目)最不愿遇到的状况之一。整个团队在经过服务人员的招募与选拔、人才督导与培养等多重工作环节后,团队已然花费了大量的人力、物力、财力等投入,离职不仅是机构和项目执行团队的损失,也往往在团队内部形成一些非理性的情绪(包括小集体内讨论员工离职的非主观原因、因员工离职容易形成的集体离职的负面情绪等),影响团队整体的工作面貌和精神状态。

安抚在岗员工的非理性情绪,与社会工作者在处理专业小组工作服务过程中,遇到小组某成员突然离开时需要及时处理其他小组成员的情绪问题有异曲同工之处。

机构管理者、服务管理者也应及时、妥善处理在岗员工的非理性情绪,必要时可以组织开展专题项目会议,打消不必要的顾虑和猜测,提升团队的凝聚力,提高团队人员的工作积极性,恢复往常的工作面貌和精神状态,以期尽可能地降低因员工离岗而带来的负面影响。

(六)项目团队建设

1. 项目团队建设的含义

社会工作服务项目人员团队是为实现一定的社会目标而聚集到一起的人员集合,这一组合按照团队模式开展分工合作以追求达成项目目标,是确保项目目标有效兑现而吸纳各种人力资源的聚集体。团队建设是指为了实现团队绩效而进行的一系列结构优化设计,以及采取的各种人员激励等团队优化举措的总称。团队成员常会因为价值观不同、待人接物的方式方法不同、思考问题解决问题的策略不同等而导致相互之间可能存在沟通交流的障碍和阻隔,可能会因为内耗而降低整体效率,因而团队建设在项目运作中就显得尤为重要。在社会工作服务项目的具体运行操作过程中,需要积极形成一种整合力,以构建一个良好的团队管理组织。一个团队的协调沟通是通畅衔接还是人心涣散,将直接决定整个服务项目的成败、资源损耗和效益达成情况。团队建设的核心要素主要有凝聚力、合作机制、团队氛围、团队士气等。

2. 项目团队建设的意义

团队建设的好坏、团队能否实现帕累托最优、沟通协调机制建设绩效如何等，均直接关系到这个社会工作机构的运行拓展和规范化建设，同时也直接决定机构的后继发展是否有持续力，团队运作绩效的发挥情况也是这个组织凝聚力、战斗力、整合力的具体体现。团队建设直接关系到社会工作服务项目的运行绩效，关系到团队中各个主体的成长和发展。团队建设有利于团队精神的培养，关系到目标达成的绩效与效益；能够引导服务团队成员生发共同的使命感、归属感和认同感；能够发挥积极的激励、控制和导向作用。团队建设的实际情况直接关系到服务团队的绩效发挥和组织目标的达成。

3. 团队的类型和构成要素

社会工作服务项目团队一般包括三个层次的主体：项目团队的核心层、半核心层和边缘层。核心层，是指具体的面对面在一起从事项目服务实质工作的群体，是一线工作策划实施人员，如一线服务项目社工；半核心层，是指与核心层有着紧密联系的，通过资源、政策、经费、管理等直接为核心层的工作提供服务支持的项目团队成员，如同级社工、专业督导等；边缘层，对项目核心层和半核心层成员有影响，能够提供必要信息、资源支持但与项目工作没有直接联系的其他人员，如民政系统工作人员等。按照团队组建的目的以及成员之间的隶属关系，可以将其划分为三种类型：问题解决型团队、自我管理团队、多功能团队。不管如何划分，团队组织一般具有以下这些基本要素：

（1）共同的价值目标追求。这是项目团队的基本特点和首要属性。项目目标是凝聚成员的标杆和总纲。我们可以将目标操作化为具体的子目标并由具体的部门、专门的工作人员分别予以有效对接和回应，但无论如何操作，这些子目标均须导向共同的总目标，即完成工作任务、提升机构发展质量并服务案主。对一个具体服务项目来说，为使项目团队工作有成效、能够最大化满足和保障服务对象的权力，就必须有一个统一明确的共同目标和整合机制，并且对要实现的具体目标进行明确的主体落实，以实现每一位团队成员都有共同的思考和明确的责任担当。

（2）合理的角色分工。即在一个团队里面要对每一位具体的参与主体有明确合理的分工并推动开展工作协作，每位成员都要明确自己的角色、责任、权利与义务，以避免角色不清、角色混乱、角色冲突等分工不合理可能带来的各种阻隔和内耗。

（3）高度的凝聚力和整合力。凝聚力是指成员在项目活动过程中的团结模式，并由此而生成的相互吸引力，表现为整个团队的向心力。具体体现为这个团队的整合力。团队成员之间构架的整合模式无论是系统整合还是社会整合都是维持团队正常运作的关键点。所有成员之间的相互吸引力、整合力能够确保团队运行的前进方向。项目服务团队成员之间的吸引力越强，队员之间就越容易生成更强的凝聚性。

（4）团队成员存在相互之间的制度信任。信任是团队运行成功与否的一个必要因素，也是降低团队内部交易成本的重要手段。但这种信任不是人际之间的非正式联结所构成的信任，而是建立在正式制度基础上的信任关联。一个团队的整合情况、战斗力大小受到团队内部成员之间相互信任程度的直接影响。在一个具有较高凝聚力的服务团队中，成员之间会形成相互关心、彼此配合的常态工作路径。高效团队承认彼此之间存在的差异，并信任他人所做的工作，一方面能够形成高效整合的工作机制和框架，另一方面这也是避免冲突、规避内部损耗的重要前提。

（5）成员相互之间的有效沟通和衔接。有效的沟通，能营造团队互动、开放、协作、坦诚的工作氛围和工作环境,使得团队成员能够在一个友好的环境中相互学习、相互沟通,以发挥更高的工作效率从而有利于推动团队的整合发展,创造一个和谐共赢的团体,并进一步促进团队的高度凝聚力的生发和构建。

4. 项目团队建设的目标

团队建设的总体目标概括起来主要有以下几点:

(1) 服务项目有清晰明确的目标并能够在成员之间达成共识。高效的团队中每一位成员都对要达到的目标体系及其架构有清楚的理解认识,并坚信这一目标的实现包含有重大的意义和价值,并将其作为自身工作行动的风向标。具体目标激励着不同岗位的团队成员都能够把个人目标升华为群体目标并导向整体目标,按照层级、步骤确保子目标达成对整体目标的贡献。在有效的项目服务团队中,每位成员都愿意为团队整体目标的实现做出自己的承诺,清楚地知道组织机构、项目服务希望他们做的具体工作,并且十分明确他们怎样共同工作、有效沟通才能实现组织目标。

(2) 成员之间的相互信任。成员间相互信任是有效团队的显著特征,同时也是有效进行成本管理的重要途径,体现在每位团队成员对团队中的其他人的品行、能力、品质等都确信不疑。我们在日常空间构建人际关系互动的实践中往往能够体会到,相互信任这件事是相当脆弱的,亟待制度和机制保障,需要不断维护并消除流动性所带来的冲击和不确定性。从现实层面讲它需要团队中的每一个人花大量的时间、精力去培养这种信任关系,而信任往往缺乏回报性,信任他人并不一定能够换来他人的信任,不信任却只能导致彼此之间的不信任进一步加剧。维持群体内的相互信任无论是对于项目成员而言还是整个团队而言都发挥着极其重要的作用,所以需要引起管理层的高度重视和细心呵护。

(3) 相关技能的培训和整合。高效的团队是由一群有能力的成员组成的,且在能力储备上要具有高度的整合性和关联性才能发挥最大作用。就个体而言,虽然他们具备实现目标所必须的技术和能力,但更为关键的是彼此之间要有良好合作的个人品质和意愿,从而才能确保出色地完成各项服务任务,其中后者尤为重要,但却常被组织领导忽视。有精湛技术能力的专业人员并不一定就有处理群体内人际关系的高超技巧,为此就需要从技术、素养等方面综合介入,以实现一方面充分发挥其专业能力,另一方面构建团结合作的工作氛围的目标。

(4) 一致的履职承诺。高效运作的服务团队成员一般都会对团队表现出高度的忠诚和履职承诺。为了能使团队项目获得成功,团队成员个体愿意去做任何有利于团队发展的事情,我们把这种对组织的忠诚和奉献称作一致承诺。对成功团队运作案例的研究发现,团队成员是否对他们隶属的组织具有认同感,是否把自己属于该群体的身份看作自我鞭策的重要方面,直接关系到项目服务的日常运作和绩效发挥。因此,承诺一致的行为特征表现为甘于为群体目标的实现而奉献并表现出对组织、项目目标的认同精神,同时也体现为愿意为实现这一目标而调动和发挥自己最大的潜能和所拥有的资源。

(5) 良好的沟通协商机制。成员之间的互动通常要借助语言和符号,为保证沟通的有效性,必须确保所借助的工具具有合理性、真诚性、表达性等特质。毋庸置疑,沟通顺畅有效是高效团队运作、活动开展所必须具备的属性。群体成员通过畅通高效的渠道能够相互交流信息、表达意见,通过各种言语和非言语交流能够消除误解,提升合作效率。此外,管理层与团队成员之间健康的信息反馈、信息传输也是良好沟通的重要特征,上下级之间的通达沟通有助于管理者指导团队成员的具体行动,有助于消除误解,确保信息、任务等项目运作中涉及的各种要素在项目团队中有效、有序流转，从而有助于整体效益的综合发挥。

（6）高效的领导和艺术表达。有能力的领导者能够让团队成员跟随自己共同完成项目任务目标，甚至在危难时期亦能够紧紧地团结在领导周边通过共同努力渡过艰难时期，其原因在于他们能为团队指明前途所在，具有个人的克里斯玛人格魅力和感召力。他们能够通过艺术化的表达向成员阐明项目运作的各个目标，能够清晰表达进一步变革的可能性，能够有效提升团队成员的自信心和团体感，同时帮助他们更充分地了解挖掘自己的潜力。优秀领导者个人感召力的获取不一定非得依靠指示或强力控制，高效团队项目的领导者往往扮演的是陪伴者、支持者、教育者的角色。他们通常会为团队成员提供指导和支持，但并不试图去控制、操纵。领导者可以通过实事求是的工作方法，综合运用重人式、重事式等领导方式，合理使用授权艺术、用人艺术、处事艺术等领导艺术调动团队成员的工作热情，共同致力于项目服务目标的达成。

（7）内部和外部的支持系统健全完善。构建形成高效团队的最后一个必需条件是它的支持环境必须优良健全，必须不断优化提高其外部支持系统，同时不断强化内生性维护系统的健全优质。从内部条件来看，团队应拥有一个合理的内部管理结构，以便形成经验与阅历的互补关系、专业知识与能力的互补关系、品德与能力的互补关系。必须通过理顺关系形成合力状态以提升项目成员的综合能力，如团结合作的能力、科学决策的能力等。这包括采取适当的培训、搭建一套易于理解的并可用以评估员工总体服务绩效的测量指标系统。恰当的要素基础结构应能够支持并强化成员行为，有利于形成团结氛围，以推动项目服务达到高绩效水平。从外部条件来看，管理层应当通过各种途径以构建整合联结机制，以便为团队提供完成工作所必需的各种资源。

5. 项目团队的冲突管理

我们在追求项目目标的过程中应尽量避免冲突，要实现这一过程和价值目标，团队管理者在项目运作中应注意以下几方面问题的处理：

（1）在进行项目团队组建匹配时，特别是进行项目负责人的人员配备时，应当尽可能挑选情商高、工作能力强的专业人员。在进行社会工作服务项目人员配置、团队组建时，可以采用情商量表来测量筛选合适的人选；或者在资源有限、无法替代的条件下，通过咨询、培训、学习等多种形式不断提高项目团队成员特别是项目负责人的情商，不断提升他们的领导艺术和能力水平，通过心理学、社会学等学科的专门训练以增强他们的情绪控制能力，减少情绪冲突的发生。

（2）构建异质性项目团队，实现优势匹配互补。研究表明，人员构成异质性程度较高的高层管理团队基于成员阅历、理念等方面的互补性，与异质性程度较低的团队相比更能作出具有创新、高质量的决策。尤其是在解决那些复杂且没有任何可借鉴方法的问题时所具有的优势就更加突出和显著，由具有不同知识技能、教育背景和理论观点的人所构成的服务团队，整合恰当、匹配合适后往往能发挥很高的工作效率，并达成高质量的服务及绩效。

（3）创建学习型组织、提升服务效果。通过创建学习型组织，为社会组织人员进行冲突管理方面的知识培训，强化冲突理论研究和辅导，合理开展情绪疏导并配备专业组织机构，推进创造性学习，从而培养团队成员处理冲突的能力，提升组织整合力。

（4）大力培育社会组织成员的归属感和认同感。社会组织在挑选项目人员组成项目服务团队时，除了考虑技术、任务落实等因素外，还可用行为量表来测量工作人员的性格特点，筛选出合适的人选并进行合理匹配。通过建立"以整体利益为重"的文化氛围和组织关系，客观评价冲突的功能，并适时进行对立情绪、矛盾点问题的梳理沟通以消除冲突的不利影响和可能危害，构建团结、认同、协调的组织文化。

项目团队冲突问题的解决是服务项目运行实践中永恒的话题，作为项目团队核心的项目负责人必须将项目团队的冲突看作工作进程中的必然现象，必须在冲突中查知到可能存在的机遇和潜力，通过对冲突性质的分析和定位，合理运用冲突管理技巧，将冲突背后的问题作为推动组织发展的有利契机。组织负责人可以正确地应用多种多样的冲突处理方法，建立并维持团结紧密的项目团队。

三、社会工作服务项目人员管理的方法与技巧

彼得·德鲁克曾说过："管理的真谛在于它是一个关于人的学问"。社会工作专业人才是社会工作服务项目（社会工作机构）最宝贵的资源，而对人的管理亦是一切管理的核心。[①]

纵观社会工作服务项目人员管理与机构人员管理在本质上是一致的，彼此之间有许多共通之处，但涉及具体的服务项目与机构管理本身也有各自的管理特性，需要管理者加以区分对待。

本节结合多年从事社会工作服务项目的经验，以"案例＋分析"的方式，重点介绍几个关于项目人员管理的方法和技巧，希望能为一线的项目管理者提供一些管理思路，共同探讨并解开服务过程中人事管理的难题。

情景1：今年刚从安徽省某高校社会工作专业毕业的小明（在校时是班级的班长、校学生会骨干，有一定的志愿服务经历），现计划寻找一份与社会工作服务相关的工作，期望能从事与社区社会工作相关的服务。他正处于毕业期，对自己的个人职业规划还不清晰，心里想着先工作一段时间再做具体打算。

情景2：日前，安徽省安庆市某社会工作机构刚承接了本市政府购买服务项目，开展"三社联动"服务。因机构人手不足，已在某网站发布了社会工作者人员招聘信息，该机构希望寻找一位社会工作专业毕业、具备一定管理能力的社会工作者，能稳定工作2年以上。

小明向该机构投送一份简历，作为服务管理者在收到简历后，你该如何抉择？

讨论：如何与求职者开展求职面谈？如何判断求职者是否满足项目和机构的需求？如何向求职者表达项目和机构的未来期望？

1. 机构是团队，不是一个家庭

在互联网时代背景下，求职者面临多方面的选择，同时也时刻面临来自社会不同层面的压力、诱惑和困惑。因此，作为机构或服务团队管理者而言，我们无法期望以一次面试的机会就能找到终生制的员工。故而在招聘员工前，需要人事管理者降低期望值，试着以"淘金"的心态对待员工招聘整个过程。

面谈与对话，是招聘中最重要的环节。双方通过对话的形式阐明各自需求，并以期寻找

---

① 王名.非营利组织管理概论[M].2版.北京：中国人民大学出版社，2012：3.

一种符合各自要求的平衡点。机构管理者或项目管理者在招募的谈话期间,大多数社会工作机构的人力资源管理者会向对方表达一种"机构是一个家庭"的观念,而事实上"机构是团队,不是一个家庭"。在"家庭"的概念里父母是不能开除自己孩子的,而作为企业或者非营利组织,开除或者人员离岗的事情时有发生。故在家庭式组织内成长的员工,当遭遇开除或离岗的情况时易产生被伤害和背叛的心理。①

"机构是团队",即机构在招聘期间希望寻找一种适合当前组织运营状况需要、符合组织价值观的员工。团队即意味着在未来的工作期间,成员彼此之间是合作关系,不是亲人关系。因此,员工在求职时以"加入团队"的心态与服务管理者对话,会在自己的内心深处产生一种自我存在感,也容易知道自己的优缺点,便于双方在对话沟通中判断双方是否符合彼此的价值观和期望要求等,也有利于社会工作机构人事招聘工作的顺利推进,并能成功选聘一位合适的团队新成员。

案 例

情景1:2017年,某社会工作机构在开展老年社会服务过程中,服务团队在工作期间经常遇到一些困惑,成员不知道自己能做些什么?哪些事情能做,哪些事情不能做?

情景2:服务管理者们(机构管理者)在安排完月度工作计划后,团队的工作效率总是很低,计划需要完成的工作也无法及时完成。团队总是抱怨上级管理太宽,自己没权限,而管理者总是抱怨团队成员不遵循管理制度。

双方陷入当前的管理困境,作为项目管理者,你在遇到这样的局面时该如何抉择?

讨论:该机构陷入当前困境的最大问题是服务中的授权问题吗?

2. 有效授权,激发团队活力

授权,是社会工作机构在人力资源管理过程中非常重要的一种管理机制。授权是对机构管理者的一种挑战,如何充分相信成员的能力,放心地将工作任务交给他,应遵循相应的原则。

(1) 有效授权的重要原则②

① 授权既要授责任,也要授权力。在社会工作服务管理中,作为管理者既要向下属授予服务的责任,同时也要授予成员相应的权力,要让成员感受到自己的创始人(主人翁)心态和意识。

② 将授权作为服务绩效评估的一部分。社会工作服务管理者对于人员的督导和培养,其目的是让成员在团队中得到快速成长,敢于担负起工作的责任,因此需要将授权作为服务绩效评估的一个指标,让成员获得工作的满足感。

③ 注意差别化授权。人员在不同的岗位扮演不同的角色,员工之间也存在一定的客观差别,而作为管理者也应该清晰地认识到员工之间的差别。因此,授权时要注意差别化,不可无条件授权,更不能强制性授权。

④ 授权须谨慎。作为社会工作服务的管理者,绝不能什么事情都要授权。在某些特殊情况下不宜授权。诸如,对待服务群体较为敏感的事件时,遇到服务风险较高时等。

---

① 霍夫曼.联盟:互联网时代的人才变革[M].路蒙佳,译.北京:中信出版社,2015:2.
② 王名.非营利组织管理概论[M].2版.北京:中国人民大学出版社,2012:3.

（2）授权的关键环节

有效授权的目的在于激发服务团队的活力。一般而言有效授权需要关注几个关键环节，分别是明确工作任务、界定权限范围、沟通与反馈、出现问题时的处理。

① 明确工作任务。授权最关键的一步，就是管理者需要明确授权的对象和授权的任务。当服务管理者将服务任务授权给团队成员时，应结合成员自身岗位、能力范围、性格特点等因素，授权于适合的员工，而不是随意授权。授权的任务涉及与服务相关的工作内容，具体的执行方式由授权对象自己决定，管理者在过程中起监督作用。

② 界定权限范围。在当授权对象明确自己的授权任务后，管理者和授权对象需要明确授权权限范围。授权并不意味着管理者不再管理，而是将权力下放且有约束性。授权权限的范围往往依据服务项目要求、岗位的工作性质、授权对象接受的能力而定。既不能权限过大，也不能权限过小，需要管理者充分把握其中的度，做到合理授权，才能有效推动项目发展。

③ 沟通与反馈。沟通与反馈对于社会工作服务项目执行乃至社会工作机构本身而言都是必不可少的环节。人与人的沟通是否有效，往往决定了整个项目的推进。因此，在管理者授权后，还需要对授权对象进行必要的观察，防止权力滥用；同时也要警惕管控过度，造成彼此之间的信任度降低，导致授权失效。

④ 出现问题时的处理。在社会工作服务项目推进过程中，授权对象即便获得了一定的权限，也不意味着授权对象在行动中就万事顺利，也会在过程中碰到诸多困境和难题，需要向上级管理者寻求支持。此时，很多项目管理者会产生授权误区，认为授权无效并对其推翻，由管理者自己亲自处理，其结果必然会导致授权对象没有在授权的前提下获得新的成长。

因此，当管理者遇到团队成员（授权对象）向自己提出问题时，并不一定非得亲自解决，可以引导授权对象先自己主动思考问题，实在无法解决时，才在管理者的带领下协助其克服，这样能够促进成员的成长并对组织产生更大的信任。

总之，社会工作的本质是做人的工作，社会工作服务项目人员管理是一个复杂的过程，也是社会工作服务项目和社会工作机构发展的关键环节，因而需要管理者进行动态管理和调整。

第二节　社会工作服务项目财务管理

财务管理对社会工作服务项目公信力、非营利组织的高质量发展起着至关重要的作用，一方面它有利于社会组织体现和兑现机构服务宗旨、提升服务绩效从而获取专业认同和权威以及社会认可度；另一方面有利于促进提升机构运作效率、促进外展联谊、获取服务公信力、保证机构的可持续发展。通过财务管理可以向项目发包方、社会公众展示规范性运作并建构合法性权威，从而有利于兑现组织的服务宗旨并履行其对社会、服务对象的责任。财务管理通过规范运作、程序监管确保资金使用的科学性和合理性，以兑现服务指标任务。

社会工作服务项目的财务管理包括四个层面的内容，分别是收入来源及会计核算、狭义的财务运行管理、财务预算、外部审计。其中会计是财务管理的基础，主要记录组织在过去既定时间段内所发生的各种事宜所产生生发的财务收支情况，从管理业务上来看包含财务记录和财务报告两方面内容。狭义的财务运行管理，具体包括成本分析、财务运行管理、服务项目财务与机构财务的对接分析等，它们共同构成社会工作服务项目财务管理的核心。财务预算是社会工作服务项目财务管理的计划环节，可以帮助争取项目运行的低投入和高效率产出，一般而言包含加强项目成本的预测、分析，并制定具体可行的成本降低措施等。外部审计是指项目资助方委托独立机构对其资助的社会服务项目的资金管理和使用进行审查并出具报告的活动。

一、社会工作服务项目财务管理的内涵和内容

（一）财务管理的内涵

财务管理是在机构一定的项目服务整体目标指导下，关于项目资产的入账、出纳、会计、购置（投资）、资本的融通（筹资）和服务开展中现金支付的流量情况（营运资金）以及员工绩效考核等方面内容的管理。它是组织开展服务活动和业务所涉及到的财务活动的总称，通过处理分析组织财务关系，有利于考量组织专业服务目标的达成情况及其效益发挥。一般而言，一个组织的财务活动主要包括以下五方面内容：筹资活动、资金的营运活动、投资活动、利润分配活动、服务项目资金与机构现有资金的对接。

（二）社会工作服务项目财务管理的内容

社会工作服务项目财务管理是指社会工作服务承接主体上级主管部门对社会组织自身以及社会工作服务承接主体管理层对其内部各级主体在资金筹措、使用与规划等方面所采取的经济管理工作。其本质在于通过审核、评估来评判资金费用从何而来、使用如何以及效益如何等问题。

财务管理是项目服务管理的一个重要组成部分，它是根据《社会团体登记管理条例》《民办非企业单位登记管理暂行条例》《民间非营利组织会计制度》《关于事业单位社会团体征收企业所得税有关问题的通知》及《关于对社会团体的会费收入不征收营业税的通知》等法律条文、国家有关法律法规规定，按照财务管理的基本原则，对机构运作、项目服务开展所涉及财务活动进行统筹协调并处理各种财务关系、具体开展财务实践的经济管理工作。

社会工作服务项目的责任主体主要是具有独立法人资格的各类社会工作机构，无论是从内部管理还是外部联结的角度看，强化财务管理对于提升社会组织公信力、提高服务效益、保障服务对象权益均发挥着十分突出的作用。财务管理是影响社会组织能否健康发展以及提升资金有效利用率的关键因素，稳定、科学的财务管理能为社会组织开展项目服务提供基本保障，只有在高水平、高效率的财务管理和财务流程下，才能保证社会组织持续性地健康发展。

二、社会工作服务项目财务管理的功能

财务管理是否科学规范、是否严格公正对于社会组织的内部建设、外部资源联结以及对具体服务项目的执行效率提升和组织机构的稳步发展都具有重要意义，是机构运行、项目管理的重要环节之一。社会工作服务项目运作的财务管理，有助于其对外树立良好形象以便于获取信任度和资源筹措潜力，以及提高项目运作和执行的公信力；有助于兑现社会组织开展具体项目运作所设定的宗旨、任务和目标。具体来说，其主要功能可概括为如下几点：

1. 诠释项目服务所蕴涵的根本宗旨

一个具体社会工作服务项目的收入和支出情况可以通过现金流直接被显现和反映出来,预算和决算的比照能够直接体现出其服务活动效果达成的实际情况是否兑现了项目申请、立项时期所预设的服务宗旨。

2. 强化监督,提高项目内部质量建设

一个社会组织、一项服务项目的财务运行状况如何,直接反映着该组织的目标追求以及工作人员的价值定位;直接体现着组织机构的性质和科学化管理水平。强化财务管理有利于维护资金安全,有利于提高机构的社会公信力。

3. 提高效率,优化效能

效率是组织的生命和长期发展的根基。好的财务管理系统和财务状况,一方面能够确保内部管理的科学性以实现对项目运作各个要素及环节运作的支持,能够确保权责利的一致性和资源的稳定投入;另一方面能够获取外在主体的信赖,不断提升自身的公信力。

4. 提高公信力,提升权威认可度

科学高效的财务管理能使组织在社会中获得民众的信任感,有利于丰富组织的社会支持网络,有利于吸引更多的捐赠人和志愿者向组织提供资金、物资等支持。

5. 监督组织运作,预防危机风险

财务管理记录反映了组织的日常运作情况和项目执行情况。通过对财务情况的监督以及对财务报表的审核,可以全面系统地评判分析组织服务的实际开展和业务活动。财务管理的公开透明便于优化内部监督和外部监督,有利于预防并化解各种运行风险。

三、社会工作服务项目财务管理的目标设定

社会组织运行服务项目的价值追求和企业经营目标具有本质上的不同,社会工作专业组织运行项目的目标是实现其宗旨并有效地帮助社会弱势群体,而不是追逐高额利润。对于社会组织来说,其开展社会服务项目的首要目标设定是通过项目运作,积极发挥社会功能,从而使组织能够获得社会的认可,通过不可替代性功能发挥,以践行自身对公众、社会的责任担当。社会组织通过承接项目展现功能定位,以促进社会的公平正义,发挥解决危难、缓解困难并促进社会建设的目标定位。

总体而言,社会工作服务项目财务管理的目标有:

(1) 加强原始凭证管理,做到制度化、规范化。

(2) 根据审核无误的原始凭证编制记账凭证,提升项目服务运行的科学性。

(3) 加强项目成本的预测、分析,并制定具体可行的成本控制措施,提升资金的使用效能。

(4) 推动构建具有健全性、科学性属性的财务支出构成和管理制度规范。

四、社会工作服务项目财务管理的领域

社会工作服务项目财务管理包括四个领域的内容,分别为收入来源及会计核算、专业性的财务管理、财务预算以及外部审计,下面将分别具体介绍。

(一) 收入来源及会计核算

1. 收入来源

社会工作服务项目的收入来源有发起人出资、企业赞助、其他公益组织资助、个人赞助

和志愿服务、社会福利事业管理机构公益项目拨付、政府财政公益项目拨付、承接政府购买服务项目专项经费、其他来源等。项目资金使用必须坚持合法性、预算管理、专账核算、专款专用、经济合理等基本原则以确保其规范性和法制性。通过健全内部管理制度、资金使用审批制度以规范项目执行,提升项目执行效率。

通过收入、支出、固定资产等要素的核算能够不断强化对项目的资金管理,以便形成项目服务的公信力和社会影响力,从而最终便于社会工作专业机构组织的内涵式发展。

2. 会计核算

会计核算是反映社会工作服务项目收入与费用之间配比关系的计量方法和手段,主要用于反映社会服务项目所消耗经费的来源及其内部构成关系,以便为社会组织领导进行科学决策提供必要的信息支持,具体包含财务会计和管理会计两方面内容。财务会计又称对外报告会计,通常以公报的形式对外开放,其基本目的是为组织的外部捐赠人及相关利益团体提供信息,以便他们研判资金的使用情况是否符合捐赠人的目标设定。管理会计又称对内报告会计,其主要功能定位是为内部管理决策提供信息支持,一般不对外公开,但社会服务项目因其所具有的公益性,承接主体一般会主动公开。

3. 社会工作服务项目财务记录与财务报告

(1) 财务记录。财务记录是会计活动的基本内容,通过会计活动能够审慎、监督实际项目服务活动的业务开展,从文本方面来看主要包括原始凭证日记账、过账材料和对账材料、结账凭证等管理文件。

(2) 财务报告。财务报告是反映非营利组织内部财务状况、业务活动开展情况和现金流量情况等组织运行状态的书面文件。非营利组织的内部管理者与外部相关者主要通过财务报告来了解组织的运行状况和效率。按照报告期间的长短,财务会计报告可分为中期报告和年度报告两种类型。在短于既定会计年度的期间编制的报告称为中期报告;以整个会计年度为基础编制的财务会计报告则称为年度报告。财务会计报告由报表、报表附注和情况说明书三部分组成。其中,会计报表为最常见的财务文本,其主要有资产负债表、业务活动表和现金流量表三种类型。

(二) 专业性的财务管理

专业性的财务管理又称狭义的财务管理,是指根据财务资料、财务报告等会计文本分析组织的经济行为情况,包括成本分析、投资管理和财务分析三方面内容。它们之间彼此关联共同构成狭义社会组织财务管理的核心要义。

1. 成本分析

成本分析是非营利组织具体服务项目执行团队开展并有效落实全部规定性业务活动的基础,在明确的成本分析与科学预判的前提下,服务组织团队才能进一步确定物质采购、项目指标细化、服务落实、策略选择等后续事宜。成本分析是否科学直接决定着服务团队能否降低项目运行成本,直接决定着能否提高服务效率从而更好地惠及广大群众对象。成本分析涉及以下具体内容:

(1) 项目服务指涉的对象及其数量总额。具体指所有接受服务团队服务的受益者人数,同时还要考量每个服务对象所接受的服务总额。

(2) 服务种类。指具体计算每一个工作人员所要提供的服务种类和服务类型。即是物质性的服务还是精神性的服务;是一次性服务还是持续性服务等。

(3) 服务数量。计算工作人员所要完成的服务数量,即有多少服务对象需要被关注,需要给予物质、精神等各方面的帮扶。

（4）服务时间和跨度。计算受益者所获得的服务总时间。一般来说时间跨度越大，所要提供的资源总量就越大。

此外，邀请专家、督导、社工等进行项目支持所产生的劳务费用以及支付给社会志愿者参与项目所支出的各种补贴；员工的保险、交通补助等都应被纳入成本之中进行统一核算。

2. 投资管理

为使组织能够稳定和可持续地发展，社会组织对余留的资金也要进行适度的经营操作。所谓投资管理是指社会组织如何基于营运资金、固定资产及年度节余去进行投资以达成资产增值目标所采取的各种活动总称。但由于社会工作服务项目资金非营利性的本质属性，社会服务项目资金的投资管理应当遵循以下基本原则：一是突出管理的安全低风险，以确保资金安全为最大目标，投资项目包括货币基金、国债等低风险性质的金融产品；二是要确保能够获取稳健的投资回报率，以确保资金的保值和增值；三是保证基金的流通灵活性，能够适时根据组织业务活动的开展适时变现。要求在具体操作中综合考量组织业务发展、活动开展便宜性、资本增值等因素，并进行均衡把握。

3. 财务分析

与经营性企业主体相比，社会组织、基金会等非营利组织更容易受到宏观经济萧条、捐赠渠道和数量骤降等特殊事件的影响，因此社会组织、社会服务项目团队需要根据宏观形势的变化适时快速做出回应以确保资金的稳定性。经常开展社会服务项目运行情况的财务分析和构成研究，运用专业方法、科学指标解读财务报表等财务管理文本是非营利组织的管理人员必须具备的基本素养和能力储备的必要条件，唯有此才能适时掌握社会组织运行、项目服务推进的开展状况，从而为社会组织后续科学的管理和决策提供基础和支撑。

财务分析通常以四种常用的参数指标来反映组织的运行状况：

（1）比率指标，即两组数据之间的比值，以百分比或数值比的形式呈现，用以说明各种数据之间的比重关系。

（2）动态趋势，表现为以时间为横轴的资金使用、各个财务数据的波形趋势。

（3）百分比，即部分占总体的比重数量，通常以圆形图、条形图的方式加以呈现。

（4）差异指标，用以揭示项目服务实际费用支出与预期费用预算之间的差异情况，表现为完成度、差异度。

（三）财务预算

1. 财务预算的内涵

财务预算是财务管理的首要环节，通过预算可以很好地匹配关联社会组织发展、项目服务运作的基本蓝图和节奏。财务预算以事先预判的方式对组织的资金进行合理分配，以确保社会组织的良性发展。预算是指主体对未来事件发生所产生的支出的事先预测，是对财务、时间等资本的统筹安排，它存在于我们日常生活的方方面面。对社会工作服务项目运作来说，科学合理的预算安排和统筹协调往往能够发挥四个方面的功能，一是便于社会组织对存有的资源进行合理分配；二是能够明确社会组织未来筹资的重点方向和重点工作；三是通过数据比对能够为社会组织管理者开展社会服务策略研发的科学决策提供依据；四是能够为开展项目运作评估、综合考评项目绩效奠定基础。

财务预算涉及的内容主要有社会服务支出、固定资产购置支出、项目执行费用等。社会服务支出是指直接用于受益对象和开展社会服务活动的支出，包括开展服务支出和发放款物支出。其中社会服务费用包含培训费、劳务费、专业社工服务人员工资、交通费、发放款物支出。项目执行费用包含会议费、印刷宣传费以及其他费用等。表5-1是某市某区阳光公益服务中心某一项目服务的支出情况,其较为清晰地反映了财务支出情况。

表5-1 财务预算表(以某市某区阳光公益服务中心项目为例) 单位:元

运营机构名称	运营机构数	人员总数	收入总额	支出总额	主营业务成本	人员工资支出	税费	管理费用
某市某区阳光公益服务中心	1	9	222 500	222 498.96	51 360	133 800	14 952	22 386.96

2. 合理性财务预算的标准

制定科学合理的财务预算对于社会工作服务项目的正常运作非常重要。项目团队管理者对此负有重大责任。一个项目团队制定出的"预算"安排是否合理科学(good budget),通常可用以下三个指标参数加以评判和考核:

(1) 社会组织财务状况的稳定度和持续性。要确保财务预算能够得到有效执行,必须确保社会组织的内部运作管理、外部生态环境,以及项目运作领导层人事格局等要素及其关联的相对稳定,否则即使做出科学的预算也难以确保能够得到有效的贯彻与执行。在现实操作和项目服务的实际过程中,考虑到情况的变动性以及社会生活的复杂性,可以适度增加预算的弹性空间以确保执行的灵动性。项目预算必须设有特殊项目条款以备不时之需,但在最终管理中应严格按照程序操作。

(2) 积极搭建良好的会计管理系统和项目执行团队。好的会计管理系统和执行要求账目清楚、科学合理归类,能够做到专人负责,严格执行成本空间。现实层面要求社会组织会计工作人员能够熟悉社会服务的各种方案,明细社会组织服务项目的经费来源、筹资渠道、服务总量、质量标准、服务计量单位等基本信息。为精简机构规模、节约执行经费、压缩运行成本、提高服务质量,对社会组织财务会计岗位工作者的任命和授权,可以由机构行政事务部门统一负责并接受理事会的监督管理。

(3) 预算要纳入社会组织总体性的计划和决策之中,确保预算安排的整合性。必须确保预算安排具有权威性、可行性和可操作性,能够得到贯彻执行。建议组织在设定操作方案、承接服务项目时邀请财务主管参与到具体事项的讨论之中。

3. 预算影响因素及操作流程

预算安排必须同时兼顾项目的直接成本和间接成本,以便提升资金对机构和服务项目的支撑度。通过整合匹配和合理设置能够有效压缩成本负担。若机构在同一时间内承接多个服务项目,则间接成本可按照比例均衡性地分摊下去。同时,在成本管理上要预留一定的自由度以适应环境变化所带来的冲击和挑战。

从程序上看,只有经过充分讨论修正后的财务预算方案,才能被落实执行。财务预算设计时需要平衡考虑的因素如图5-2所示。

财务预算过程包括以下五个步骤:财务预算准备、方案确认、方案执行、执行情况期中报表和未来预测。准备阶段的主要工作在于选定并确定采用何种预算方法(参考上一年度的预算),核心要素在于决定由谁来编制预算。确认阶段的主要工作是将预算初稿交由相关人员讨论修改,以便形成确定稿并最终交由理事会确认贯彻执行。预算被理事会确认颁布后,社会组织各个部门按照预算决定和进度等开展具体服务活动的过程,即执行。检验一套预算方案是否能对社会组织的运作产生影响,是否能贯彻社会组织目标定位,一种理想的检验方法就是积极应用贯彻期中报表制度。期中报表应对照原先制订的财务预算来科学编制,通过数据采集和分析对预算和实际发生情况之间存在的差异加以比较分析和审阅,以便适时做出相应的调整和完善。组织在审阅期中报表时,还应审视预判机构未来的运行实际和可能面临的挑战并做好预案,这一过程即为预测,这是预算循环体系的最后一个环节。

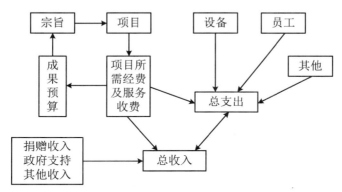

图 5-2　财务预算涉及因素

(四) 外部审计

1. 外部审计的内涵

外部审计是指通过注册会计师等外部专业人士对社会工作服务项目执行情况给出审计意见书,并以此来评判项目执行效率的工作路径和方法。相关法律规定非营利组织在出现这些情况时应主动申请进行财务审计:理事会换届;组织名称变更;法定代表人、秘书长、财务、负责人、专项基金或专门委员会负责人变更;年度检查。

2. 外部审计的功能

外部审计一方面可以帮助完善内部财务管理,推动项目科学管理的生成;另一方面可以向出资方出示并宣誓资金的使用情况和服务活动的开展情况,从而有利于进一步提高非营利组织的公信力。社会服务审计的内容包含项目管理制度的建立及执行情况、预算编制及执行情况、项目实施情况、资金使用情况、项目会计核算情况和项目档案管理情况。通过资料审核和财务审核可以评判项目的实际执行情况和效率发挥状态。

五、社会工作服务项目经费筹资

(一) 社会工作服务项目经费筹资的内涵

社会工作服务项目经费筹资是指根据非营利组织的运行特点以及社会工作项目服务活动对资金、经费、物资等资源的现实需求,通过各种可能的合法渠道依法依规筹措社会组织赖以生存、优化发展,以及推行服务项目运作所必需的资金,从而确保非营利组织顺利完成某一社会使命的行为集合。

(二) 社会工作服务项目经费筹资的目标

稳定的资金来源是社会工作服务机构存活并确保服务质量与可持续发展的重要保障。但我国当前的社会工作服务机构普遍存在两种情况:一是过度依赖政府购买服务资金,使得机构自主创新的动力和空间不足;二是过度依赖基金会资助,项目周期短,无法确保服务的深入研发。我国当前的社会工作机构普遍存在着筹资能力弱、筹资水平低、筹资对象单一、缺乏持续性和稳定性的问题,这些都影响着社会工作向高水平专业服务的发展。

对于筹资,通常只涉及解决项目的经费问题,但对于服务项目来说,筹资除了筹钱之外,还可以起到良好的推广作用,表现为:一可协助机构与拥有共同理念的支持者建立相互依赖的关系,共享资源,帮助有需要的人士;二可加深公众人士对机构的认识,吸引支持者,发展成志愿者网络,扩大对机构的支持。因此,在构思筹资策略时,我们需要同时关注:如何与支持者进行更多地互动,如何顺势推广宣传机构的使命和服务。

(三) 社会工作服务项目经费筹资的渠道

非营利性质的社会组织承接政府购买服务活动,通常需要大量的人力、物力支持,除去自身积淀的存量资源外,还需要项目服务团队通过各种方式筹集资金。只有充沛的资金保障到位,才能保障项目服务的高质量。比较常见的筹资渠道和资金来源有:

1. 政府财政

政府财政资金通常以购买服务、转移支付等形式具体呈现,是非营利组织资金筹集的重要来源途径。政府的财政支出资金来源于社会性税收,即通过税收这一方式无偿取得,但其最终使命仍是服务于社会大众。

2. 社会组织

社会组织自有资金也是社会工作服务项目资金来源的重要渠道。通常而言,在社会组织这一范畴内,除去非营利组织外,还包含有其他组织形式如基金会、民办非企业单位等。现实层面各级检察机关、审判机关等公权力机构也可以通过拨付专项经费并通过政府购买的形式支持非营利组织的发展。

3. 服务对象

社会工作服务项目指涉的服务对象在接受项目服务的同时也会反哺并提供一定的资金,从而形成非营利组织项目运作获取资金的重要来源。社会组织具体业务的开展所提供的供给产品可以是有偿服务,也可以是无偿服务。

4. 社会大众

社会大众是社会组织筹集经费和社会支持的重要来源,每个社会公民都有义务通过自愿提供服务、资金等方式支持社会公益活动,协助社会服务项目有序开展。社会大众可以根据自身的时间资本、技术储备、收入状况、兴趣爱好等自愿地以各种形式向社会组织提供支持,以形成对社会组织服务项目开展的支持,通过变现、适当性经营可以筹集社会组织开展具体服务活动所需要的资金。我国许多社会组织其主要的资金均来源于社会大众的自愿捐赠和彩票销售收入。

5. 金融机构

非营利组织还可以通过向银行等金融机构负债、申请贷款等筹集项目服务活动开展所需要的资金和物资。针对资金缺失和货币流通不畅等问题时,可以申请借款以获取项目经费以确保项目执行的延续性。金融机构通过慈善捐赠、承担社会责任亦能够积攒一定资金,这些均可以用来支持社会工作服务项目的开展。但这种方式不能作为社会组织筹集资金的主流方式。

6. 国外相关组织

非营利组织研发社会服务项目除了从国内各种社会组织、社会大众获取资金、物资支持外,还可以通过积极联结,从国外社会组织、国际组织处筹集资金并获取相关支持。对于全球治理性质的专门社会组织以及立志提供公益支持、国际援助的其他组织及其联合体,我们要积极申请加入并通过项目合作的方式寻求其对中国社会工作服务事业的支持,前提是资金支持不能附带政治条件,时刻坚持国家的主体地位。每一个国际资助组织都有其独特宗旨和固定的援助方向,我们可以研判其与中国社会建设所追求价值之间的吻合性,在维护国家主权的前提下,通过适度调整、积极构建谋划以使自身符合其标准,并向其提出申请以获取必要的资金支持。

(四) 社会工作服务项目经费筹资的原则

资金对于非营利组织来说是其得以维系生命的基础,非营利组织筹集资金应当坚持成本最小化的原则推动筹资业务开展,即以最低的资金成本筹集到足额的资金供应才能使其得以健康持续地发展下去。应当积极主动地应用经济学的基本原理,合理进行筹集策略的研发和实践。

1. 时机适当原则

时机适当原则是指项目服务团队要在恰当的时机和条件下开展项目运作的资金筹措工作。要对筹资有利的内外部各种环境因素及其组合有明确的认识,明白时机会随时间、空间场域的变化而适时发生变化,时机选择必须坚持及时、必要、可行等基本规范,策略生成应当主动匹配适应外部环境状态以具体确定筹资的技巧和方法。

2. 数量、规模适宜原则

非营利组织要想有效推进项目服务开展、提升服务质量,应坚持以定筹的基本原则进行统一布局,既不能因筹资不足而影响组织活动的正常开展,也不能因资金筹措过剩而造成不必要的浪费,要坚持数量规模适宜的原则以避免效率损耗给社会组织公信力所造成的损害冲击。

3. 经济性原则

要确保以最小的投入筹措到尽可能多的资金额。筹资成本是衡量筹资决策是否科学恰当的主要标准之一。筹措活动的开展客观上需要投入一定的人力、物力资源,在这一层面上可以应用经济学意义上的成本控制加以规范引导。在社会组织筹集的项目服务资金总额中,根据捐助者的意图和筹集形式,有些资金可以被无偿使用,不需要提供财务报表,有些资金的使用则需要向资金捐助者提供清晰可信的使用记录,从而生发出成本问题。

4. 风险可控原则

非营利组织应以组织规模、内部构成的科学研判为基础,依据所能承担、控制的风险程度来制订筹资方略,必须预先研判组织运营可能面临的各种风险,均衡研判资本储备、人才储备对风险发生的抵抗力。

5. 资金配套原则

在筹措资金的过程中,必须通盘考量不同性质资金的匹配关联问题。合理整合政府购买服务资金、捐助资金、自有资金之间的匹配关系,整合资金使用以发挥最大效益。

(五) 社会工作服务项目经费筹资的方式

社会工作服务项目运作筹资前,需要考虑的一个主要问题就是采用何种筹资途径。在社会工作领域中比较常见的筹资途径有以下几种:

1. 投标

投标是以中标为目标、向招标人递交投标文件的行为。目前,大部分社工服务项目的经费都来源于政府及其职能部门的公开招标项目。

2. 商业赞助

商业赞助指由商业机构出资支持项目的赞助行为。

3. 项目创投

项目创投主要指通过竞投形式获得赞助,主要由政府、基金会、慈善会等推动,如中国慈善公益项目大赛,也有些是由社会服务机构在内部举办,以鼓励服务创新。

4. 众筹

众筹是指通过网络平台提案、以群众为筹资对象的筹资行为,目前规模较大的众筹平台有腾讯公益的乐捐、淘宝众筹、众筹网、轻松筹等。

5. 特别活动

特别活动指通过举办活动,在过程中募捐,如联劝公益的"一个鸡蛋的暴走",通过参加者参与徒步活动,筹资以资助各项儿童服务。

6. 收费服务

收费服务是由服务提供者向服务对象提供并收取相应费用额的服务。

第三节 社会工作服务项目目标管理

一、目标及目标管理

(一)目标

目标是对活动预期结果的主观设想,是在头脑中形成的一种有关未来状况的主观意识形态,也是活动所追求的预期目的,目标设定能够为活动开展指明方向,具有维系组织各个方面关系、各个要素关联性的作用,同时还直接发挥着决定组织方向的作用。

按时间的长短跨度区分,目标通常可以分为三类:短期目标、中期目标和长期目标。短期目标是指期望在 1 年内达到的目标,短期目标通常全面又具体,具有现实化的可操作性。中期目标通常是指期望在 2~5 年时间内达到任务并进行考核的一些目标。长期目标是指期望在 5~10 年或更长的时间内达到的一些目标。按照内容划分,目标可以划分为过程性目标和结果性目标。

(二)目标管理

目标管理是由团体和组织内最高层领导首先制定一定时期内整个组织期望达到的总目标,然后由各部门和全体成员根据总目标的要求,层层操作,通过制定各自的分目标,并积极主动地设法实现这些目标的一整套管理方法的总称。也就是设定目标、分解目标并构建目标体系的过程。任何一个组织团体通过系统化层层制定目标并强调对目标成果达成与否的评定,都可以改进组织整体的工作效率并有利于提升职工的满意程度、激励员工的工作热情。目标管理是检验任务达成、投入产出比值关联的关键指标。目标管理的目的是通过目标的激励来调动广大员工的积极性,从而最终保证实现组织运作、项目服务所追求的总目标。其核心是明确和重视成果的评定,特征是以目标作为各项管理活动的指南,并以实现目标的成果来评定具体工作人员贡献的大小。

这一概念最先是由美国管理学家德鲁克于 20 世纪 50 年代提出,在他看来目标管理是

"管理中的管理"。管理者应该通过目标体系实现对下级的科学管理,当组织最高层管理者确定了组织总目标后,必须对其进行有效分解和操作以构建科学的指标体系,将总目标转变成各个部门以及各个人的分目标,管理者再根据各个具体分目标的完成情况对下级进行考核、评价和奖惩,并以此推断评估总体目标的实现程度。德鲁克目标管理理论的核心诉求主要集中在两个方面:一方面强调完成目标,实现工作成果,注重结果达成;另一方面重视人的作用,强调员工应当自主参与到目标体系的制定、实施、控制、检查和评价等各个环节中,追求程序参与和开放。

二、社会工作服务项目目标管理的内涵

社会工作服务项目目标管理,是指在项目利益关联者的积极参与下,自上而下地确定工作目标,并在具体业务推进过程中通过检查、评估等技术手段保证目标达成的各种活动的统称。

社会工作服务项目目标管理在内核上强调鼓励动员全体利益相关者参加制定项目服务目标并保证目标实现,尤其强调社会工作机构团队中的上级与下级一起商定服务项目的共同目标,并将其具体化展开至组织中的各个部门、各个层次、各个成员之中。通过目标细化将项目运营与组织内每个单位、部门、层次、成员的责任和成果都相互密切地联系起来,以便在目标执行过程中根据目标指标决定上下各级主体的责任范围,以推动上级管理者进行权限下放,下级实现自我管理的目标。在成果评定过程中,严格以这些目标体系作为员工绩效评价和奖励的参考标准,推动实行自我评定和上级评定相结合的绩效考核机制,并最终构建一个具有全方位、全过程、多层次属性的目标管理体系和运行框架,不断在提高上级领导能力的同时激发下级员工工作投入的积极性,从而最终保证组织整体目标的实现和高效率达成。

三、社会工作服务项目目标管理的构成及特质

目标和目的在汉语词汇中比较接近,且都有一定的指向性,所以很多人并不能清楚地区分两者,在实际应用场景中也经常混淆。目标是需要通过努力、有步骤地去实现的;而目的相对来说更加具有概括性,往往加入了自己的动机,比较抽象。

(一)目的、目标的层次

一般而言,目的在外延上要比目标宽泛,目标是对目的的具体化;目标需通过具体的活动去不断达成。

根据不同的划分标准,可对目标进行不同的分类。一是纵向维度上的总目标、具体目标、任务目标和工作包;二是时间历程维度上的成果目标和过程目标;三是范围空间维度上的社区层面目标和个人层面目标。

(二)目标的特点

1. 主观性

目标是对活动预期结果的主观设想,是在头脑中形成的一种有关未来情景的主观意识形态。目标的设定不可避免地会带有一定的主观色彩。

2. 方向性

目标是活动的预期目的,为活动指明方向。从时间、空间等方面规范、引导各个组织成

3. 现实性

目标的价值性、可操作性构成了目标的现实性。从实现目标可以满足期望的程度来看，可将目标划分为理想目标、满意目标、勉强目标和不得已目标。

4. 社会性

目标因受社会政治、经济制度、文化传统、意识形态等方面因素的制约，从内容、关联等方面来看，不可避免地会带有社会嵌入的性质。

5. 实践性

目标具有为实践活动指明方向的作用，只有通过实践活动才能实现目标。

四、社会工作服务项目目标管理的阶段

目标管理的具体做法通常分为三个阶段：第一阶段为目标的设置确立阶段；第二阶段为实现目标过程的管理阶段；第三阶段为测定与评估阶段。具体要处理好目标辨识确认、目标书写、目标层次检视与体系构建、目标知晓度检视、目标序列排列、目标达成确定等领域的问题。

1. 目标的设置

这是目标管理最重要的阶段，可以细分为以下几个步骤：

（1）高层管理人员预定目标并适时通过讨论不断加以完善，这是一个暂时的、可以改变的目标预案。从生成的方式上来看，可以是先由上级提出，再同下级讨论；也可以先由下级提出，再经由上级批准。

（2）目标操作化、指标化，并经由讨论确定组织结构和职责分工。目标管理理论实践要求每一个分目标都要有确定的责任主体，以便做到权责利的协调统一。因此预定目标之后，需要重新审查现有组织结构，根据新的目标体系分解要求并不断进行组织构成的优化调整，以匹配生发相互之间的工作关联。

（3）确立下级的分目标。分目标要具体量化，便于考核；要按轻重缓急排序；既要有挑战性，又要有实现可能。每个员工和部门的分目标要与其他的分目标协调一致，共同支持本单位和组织目标的实现。

2. 实现目标过程的管理

目标管理重视结果，强调各个成员、各方要素的自主、自治和自觉，突出各个环节之间的相互匹配和关联。为兑现目标任务需要组织进行定期检查、通报进度、沟通协调以确保目标的达成。

3. 总结和评估

预定的期限届满后，要对目标达成情况进行沟通汇报，需要不断总结经验、优化模式，适度进行成本分析和效益分析。同时还要通过内部评估、外部评估不断提升项目运行绩效的公信力和权威性。

第四节　社会工作服务项目过程管理

社会工作服务项目的过程管理，是项目管理者从流程出发，对项目运行过程进行有效掌

控和细节管理,从而实现项目既定目标的一个动态管理过程。

一、项目过程与项目过程管理概念区分

(一) 项目过程

广义上的社会工作服务项目,一般都经过四个主要流程即项目方案设计、项目计划、项目执行及项目结项。这里的每一个环节都是社会工作服务项目的重要组成部分,环环相扣,每个环节处理的好坏都直接导向项目成效是否达到预期的目标。

1. 项目方案设计

项目方案设计主要包括项目(地)背景、服务对象群体、项目实施方案、项目预算、项目评估与结项等。

2. 项目计划

项目计划指项目具体的操作流程,主要包括项目时间计划安排(年/月/周/日等重要时间节点安排)、项目执行方法(社会工作三大专业方法)、项目人员安排、项目预算安排等。

3. 项目执行

项目执行通常的思考模式是5W1H法,指项目有何意义(Why),项目在什么时间点(When),安排什么人(Who),在什么地方(Where),做什么事情(What),如何达到(How)。

4. 项目结项

项目结项指项目的最后环节,将项目执行情况加以总结、分析,社会工作者往往以文字整理、材料整理等方式形成项目报告,其中重点在于总结实务过程的不足之处,分享可推广的服务经验模式,促进团队成员成长和能力的提升。

(二) 项目过程管理

社会工作服务项目的过程管理(如图5-3所示),就是站在项目管理者的角度看待项目的走向,管理者在项目方案设计、计划、执行及结项等各个环节都密切参与、及时纠错、严格控制、做好监督,其目的是促进社会工作服务项目的顺利推进,以期望达到理想的项目目标,为组织赢得更好的服务口碑,获取更多的社会资源的关注和支持。

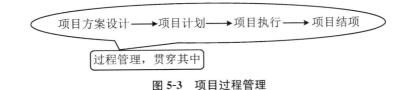

图 5-3 项目过程管理

二、项目过程管理流程

下面将从广义上的社会工作服务项目的四大流程着手,具体阐述如何进行服务项目的过程管理。

(一) 项目方案设计

一般而言,项目方案设计,主要包括以下几个重要环节:项目背景(需求分析)、项目执行方案、项目预算、项目风险预估与应对措施、项目结项等。通常这些要素均在项目日报书中(见表5-2)有着比较清晰的展示。

表 5-2　安徽省某市政府购买服务项目申报书（节选）

一、项目基本信息			
项目名称		项目周期	
项目实施地点		项目受益人数	直接人数 间接人数
项目总预算（万元）		申请金额（万元）	
项目领域	□孵化培育类　□能力建设类　□社会治理类　□专业服务类 □志愿服务类　□其他（请简要说明）		
（项目概述：清晰简练地介绍项目的背景，针对的具体问题，以及通过何种方式实现何种目标，不少于600字）			

二、申报单位详细信息				
单位名称				
单位性质	□民办非企业单位　□基金会　□社会团体			
业务主管单位		登记证号		
发证机关		注册日期		
近两年年检结果 （如无请说明）		参加社会组织 等级评估情况	未参加	
			参加　　　年级	
曾获何种奖励				
银行账号				
联系电话		Email		
微信公众号		微博		
地址				
申报单位（含依托 申报单位） 基本情况 （不少于500字）	（成立时间、地点、业务范围、主要资金来源、机构愿景与使命等）			
执行过的 同类项目	项目名称	起止时间	资助方	资助总额	备注

注：此处"执行过的同类项目"行为6列

单位负责人（法人代表）基本信息		
姓名		联系电话	
邮箱		联系地址	

项目负责人基本信息				
姓名		性别		年龄	
职务		学历及专业			
电话		邮箱			

续表

联系地址	
实施同类项目经历 （不少于 400 字）	

项目团队其他成员							
姓名	职务	性别	年龄	学历及专业	联系电话	是否专职	项目中承担的职责

三、项目详细信息	
项目背景	
受益群体描述 （不少于 400 字）	
需求分析 （不少于 400 字）	
社区接纳程度 （不少于 400 字）	
项目方案	
项目目标 （200 字以内）	
项目实施计划 （不少于 1500 字）	（项目的主要内容、实施地域、受益对象、项目进度安排等）
项目创新性 （不少于 500 字）	（分析本项目与同类项目的区别和本项目的独特意义。包括设计理念、操作模式、参与方式、分析视角等）
风险分析及应对策略 （不少于 600 字）	（分析项目中可能遇到的风险和困难，包括政策、人力、技术等方面，以及应对的解决办法）
项目可持续性 （不少于 600 字）	（该项目是否可能形成有效的、可持续运作的模式，以及创投资金结束后能否争取到其他社会资源的支持）

注：本表格见安庆市民政局官网政府购买专业服务招标文件。

从表 5-2 中,我们可以清晰地看到项目设计的主要框架和核心关键内容,其中包括项目背景(需求分析、受益群体描述)、项目方案(项目目标、进度安排、风险预估与应对措施、项目可持续性等)、项目人员安排与分工、项目预算等。

在社会工作服务项目的过程管理中,第一步即是从项目方案设计和撰写开始的。在该环节,作为项目管理者无论是直接还是间接参与项目设计,都必须做好如下几个层面的管理工作:

1. 核心:需求导向

项目设计的初衷是以需求为出发点,社会工作服务项目的基本目标是满足社会需求,解决社会问题。因此,必须以需求为首要导向,团队成员要做好充分的项目背景分析。

然而,在很多社会工作服务机构选择申报政府购买项目时,在项目设计环节的开始就存在本末倒置现象,有的机构没有做好充分的项目需求调查,甚至有的根本未开展需求调查,仅凭借管理者自己的经验判断,其结果会直接导致服务在落地执行期间遭遇服务需求与活动设置不匹配、服务对象满意度差、服务成效大打折扣等问题。

因此,作为管理者在参与项目设计过程中要把握好服务项目的第一道关——需求调查。管理者和团队成员要做到两点基本要求:① 分析社会问题,找出原因所在;② 立足服务对象,设计精准服务。

2. 关键:目标导向

需求导向是项目的核心,目标导向是服务的关键。对于项目目标的划分,在社会工作实务操作中往往有不同的分类标准。一般在项目设计过程中普遍分为:总目标、具体目标、阶段性目标。一个社会工作服务项目或一家社会工作机构,在项目设计的整体思路上始终离不开目标,即这样做的目的是什么,以及最终应达到何种成效。

对于社会工作服务项目而言,最重要的目标是通过项目设计有效介入并最大程度地满足项目服务对象群体的某种现实需求,同时达到项目购买主体想要实现的某些特定的购买目的。对于社会工作机构而言,在项目设计过程中也可能会需要通过项目后期运作来实现机构或团队本身的某些潜在目的。

目标导向是项目管理者实现有效管理的常用方法之一,也是检验组织内行动者(通常是指项目社工、项目主管或中层管理者)是否达到项目工作阶段性、总体性任务目标的有效手段之一。

3. 分工明确,执行合理

当项目管理者在项目设计前做好了充分的需求调查、制定了详细的总目标后,需要将项目总目标划分为更细致的具体目标;因此,需要项目管理者做好详细的分工,责任到人,需要整个项目团队按照各自的任务要求执行、推进并最终顺利完成项目目标。

合理分工,是衡量一个优秀项目管理者的重要指标,是保障社会工作服务项目顺利实施的关键因素,也是项目团队在项目执行中实现自身价值并获得满足感的重要因素。

4. 防范风险,做足应对

项目风险,是影响社会工作服务项目的进度推进和项目成效的潜在威胁。作为项目管理者,在项目设计环节需要充分考虑项目可能存在的服务风险,并制定详细、可靠的应对措施,尽可能地在项目落地执行时规避风险或减少因风险带来的不必要损失或影响。

（二）项目计划

项目计划，即项目的具体操作流程，一般主要包括项目时间计划安排、项目执行方法、项目人员安排、项目预算安排等。项目计划是否完备，是政府购买社会工作服务项目的重点内容，是衡量社会工作服务机构是否具备承接能力的重要指标，也是判断该项目计划是否成为优秀社会工作服务项目的因素之一。

项目管理者在项目计划环节，需要做好的过程管理重点可以概括为 16 个字，即"把握节点、方法恰当、明确分工、预算合理"。

1. 把握节点

把握节点，是指项目管理者在项目计划安排过程中要清晰地了解项目的关键时间节点。而其中主要包括：

（1）项目期限。项目期限指某个社会工作服务项目限定的执行时间，大多数以年为单位。该部分在社会工作服务机构申报政府购买服务类项目时，具体的招标要求中会有非常清晰明确的规定，要求项目承接方在规定时间内实施服务项目。当然，也有部分特列，比如公益创投类项目，往往是项目承接主体自行设计服务执行期限。

（2）阶段性时间。阶段性时间指在项目明确规定的总体服务期限要求下，项目管理者在项目计划安排过程中可将项目总体时间按月为单位（或季度）划分为三个主要阶段：项目启动阶段、项目实施阶段和项目收尾阶段，使得管理者和执行团队具有一定的阶段性时间概念，便于项目阶段性进度的顺利推进。

（3）周期性时间。这里的周期并非通常所说的概念，而是特指项目管理者在项目时间安排过程中，往往会以周为单位做出具体服务的执行安排。事实上在进行社会工作服务管理时，往往采用周例会法进行团队的时间管理，该方法并非通用模式，仅供读者参考。

社会工作服务机构或项目执行组可在一周内约定具体的某一天（建议定于周一上午，特殊情况除外）开展机构周例会，使得团队能准确把握时间观念，便于项目的逐步推进。周例会，一般都会涉及如下重点内容：

① 工作总结与计划。项目团队成员对上一周项目执行情况做出总结，提炼项目执行经验、分析不足或提出遇到的阶段性困难等，并对本周的工作作出具体安排。

② 回应反馈与问题解决。项目管理者需要根据团队成员反馈的内容给予必要的回应，帮助团队成员制订合理、可行的周计划安排。对于团队成员提出的困难，可根据机构和项目自身能力最大程度地协助团队成员解决困难，增强团队凝聚力，促进团队共同成长。

2. 方法恰当

一般认为，社会工作具有三大工作方法即个案工作、小组工作和社区工作。社会工作服务项目的独特性在于以社会工作理念和价值观为核心，综合运用专业社会工作方法介入服务对象群体，满足项目服务对象需求。如何灵活、恰当地运用社会工作方法介入服务对象群体，是体现社会工作价值和其职业特殊性的关键所在。

值得注意的是，社会工作的三大工作方法并非一定要全部体现在某一个社会工作服务项目内，需要项目团队根据自身专业特长、服务对象的具体问题等因素进行专业分析，事实上某些社会工作服务项目往往也可以仅采取一种方法就能有效应对服务对象的需求和问题。

3. 明确分工

任何社会工作项目都需要专业的社会工作者去执行，决定项目执行成效的关键在于项目管理者需要做好明确的人员分工。而社会工作服务项目的分工，其本质内容是关于项目管理者如何做好人员管理，其中涉及几个关键因素，如授权、团队沟通与反馈等。

明确项目的分工固然是项目计划乃至项目执行的关键，但如何让项目团队在做好分工的基础上按照预定任务要求有效地落地执行，才是人员分工所衍生的深层次管理的根本所在。

一方面，需要项目管理者以管理者角度思考，并在项目管理实务中不断总结经验，以进一步提升管理技能水平，打造出一支优秀的服务团队；另一方面，项目管理者也需要具备很强的同理心，尝试站在执行者角度分析影响项目有序推进的深层次原因，与一线项目社会工作者一起不断进行自我反思，将社会工作提倡的接纳和非批判的专业理念融入项目管理中，进而不断提升社会工作机构项目管理能力。

4. 预算合理

预算通常是指对未来事件的某种预测。顾名思义，项目预算是指项目在执行过程中实际可能产生的所有支出。社会工作服务项目的财务预算，一般包括员工薪酬与福利支出、社会服务活动支出、设施与设备等固定资产支出、项目管理费用。

项目预算的本质是项目的财务管理，它是实现社会工作机构可持续性发展的必要条件。同样，对于具体的社会工作服务项目而言也具有重要意义，不仅有助于项目团队内部工作效率的提高和运作成本的降低，还有助于社会工作机构树立较好的社会形象，提升自身的公信力。

社会工作服务项目如何进行合理的项目预算，需要项目管理者（财务管理者）具备科学的预算方法。一方面可根据以往社会服务经验或参考其他社会工作服务项目预算编制方法进行项目预算的制定；另一方面在项目特定的预算要求范围内，依据有关预算编制政策、市场价格等规定制定具体的项目预算。

项目预算设置是否合理，会直接影响项目团队开展某个具体活动的服务效果，也会影响到整个项目执行的实际成效。因此，项目管理者（财务管理者）需要制定相应的财务管理制度，防范项目运作过程中可能产生的风险，提高项目（机构）的财务管理水平。

（三）项目执行

项目执行即项目具体实施环节，是将项目设计与计划等蓝图设想落实到某个具体的服务行动中，是将社会工作的服务理念、工作方法加以实践的过程，也是社会工作服务项目最核心的内容。

社会工作服务项目执行，原则上依托于服务项目最初的方案设计，但不可避免地会在具体的实务中受到诸多内外因素的影响，导致服务项目与方案设计存在一定的偏差。因此，作为项目管理者就需要开展实时的过程管理工作以尽可能减少其中的偏差，降低项目的潜在风险，保持项目进度的有序、正常推进。

项目过程管理在项目执行阶段需要开展的管理工作非常复杂，其中涉及诸多项目管理的核心要素且彼此有一定的交叉，包括项目执行中的人员管理、财务管理、风险管理、时间管理、质量管理等。社会工作服务项目的管理者、一线社会工作者常采用的管理模式是5W1H法。

1. 5W1H 法的涵义

5W1H 法，在社会工作服务项目中具体指项目(活动)开展的目的和意义(Why)，在什么时间(When)，安排谁(Who)，在什么地点(Where)，开展什么活动(What)，用何种方法(How)，下面将一一具体介绍。

（1）Why：服务的目标、意义与效果。涉及社会工作服务项目的目标宗旨以及可能产生的社会影响和价值。对于项目管理者而言需要深入了解并掌握项目的目标管理、成效管理。

（2）When：服务时间。可以具体到单个服务活动的开展，也可以延伸至项目服务的期限，其核心在于管理者和一线社会工作者需要充分关注项目的关键时间节点。

（3）Who：人员安排。社会工作服务项目的人员安排，不仅指直接从事服务项目的管理者和一线社会工作者，同时还应该包括因项目执行需要招募的服务志愿者、项目实习生、项目受益方、其他社会主体等相关人员。

（4）Where：服务地点。从社会工作服务项目角度来看，广义上的地点不仅包括项目实施地点，还涵盖项目具体活动的执行地点，可以是社工服务站、社区、广场或教室等。

（5）What：服务活动。这是社会工作服务项目执行阶段的主要内容，原则上需与服务方案的设计一一对应。

（6）How：工作方法。以社会工作三大工作方法为基础，并结合实际情况需要，采用恰当的服务手法，同时作为管理者需要加强方法总结和提炼，探索一种本土化的可供借鉴的服务模式。

2. 5W1H 法的运用

在社会工作服务项目的执行过程中，无论是项目的管理者，还是一线社会工作者，都应当熟悉掌握通用的 5W1H 法管理思路，并在具体的服务中加强灵活运用，具体而言：

（1）一线社会工作者：从微观角度出发，试图以单个的服务活动入手，通过采用 5W1H 法可以更好地制定服务项目的周/月计划，并从中进行自我分析和总结，提升一线实务的效率和服务能力。

（2）项目管理者：从宏观角度出发，进一步管理和把控整体项目的运行和推进。通过运用 5W1H 法不仅能及时纠正服务活动可能存在的偏差，同时也有利于更好地进行项目管理，提高项目团队整体的参与意识和凝聚力。

（四）项目结项

项目结项，意味着社会工作服务项目的设计指标量、服务目标已基本达成。在结项阶段，一般政府购买社会工作服务类项目会要求项目承接方开展项目自我评估，并接受第三方评估。因此，项目结项指项目执行团队撤离服务点，不再向服务对象提供服务，达到项目评估要求并顺利完成项目服务资料的全部交接的一种动态过程。

项目结项管理，对于社会工作服务项目而言也是不容忽视的重要组成部分。有的社会工作机构不太重视项目结项，主观上错误地认为项目执行期限到了，项目就顺利结束了。然而，作为最后环节的项目结项也有诸多问题和重要节点需要项目管理者、一线社会工作者加以重视并认真对待。

1. 服务结案≠项目结项

服务结案，指在社会工作服务项目运作进程中因某种原因发生导致社会工作者不再为服务对象提供相关服务的状态。当然，导致服务结案的原因有很多，诸如服务对象的需求和问题已经解决而结案，服务对象因客观原因不再需要服务或出现服务转介而结案，有的则是因为达到服务期限,服务主体无法继续提供服务而结案。因此,服务结案不等于项目结项。两者存在一定的联系,而不是等同关系,但当项目结项时往往就意味着服务的结案。

作为服务管理者,在项目结项阶段,也需要做好相关的管理工作,如提前告诉项目团队、项目服务对象,项目何时会结项,以便于团队和服务对象做好结项前的准备工作;此外,一线社会工作者需要安抚好服务对象因项目结项可能产生的负面情绪,并解释结项原因,避免服务对象在自助能力上出现倒退行为。

2. 服务资料的整理与保存

社会工作服务项目除了日常的活动开展以外,及时撰写服务文档资料也是服务工作的重要组成部分。对于很多一线社会工作者而言,因日常服务活动的疲惫感、倦怠感,在撰写诸多的服务资料时往往会产生很多的负面消极情绪,"社工等于写工"的话题一度在行业内引起广泛争论。

服务资料,是指与社会工作服务项目相关的所有资料,一般包括服务过程中产生的文字材料、图片、视频及音像资料等。服务资料的整理,就是系统化、条理性地将所有服务资料进行归类存档以备项目评估使用,有的交由服务承接方自行保存,有的则需要转交至项目购买方保存。

作为项目管理者,一方面需要及时安抚团队内产生的负面消极情绪,另一方面更应该及时让团队掌握服务资料整理的方法,以减轻项目结项时文档整理的压力。服务资料整理的基本方法有:

(1)多设文件夹。一般按"项目管理资料"(项目申报—项目人员管理—项目财务管理)—"项目服务文档"(项目活动资料—项目宣传资料—项目评估资料)两大类多项的方法建立文件夹,并将服务资料逐一对应存放。

(2)序号命名方便查找。项目活动资料纷繁众多,诸如某个小组工作的某节活动,某个服务对象的某次家访资料等,建议以序号命名如"1-xx小组 x 节活动计划书",方便后期查找与完善。

(3)统一模板,规范美观。项目服务资料除特殊规定外,一般没有规定的统一模板,如字体、字号、段落格式等要求,但管理者可以在项目执行前期适当要求社会工作者按照机构通常的资料管理模式,设置内部的模板格式,以求规范和美观,也便于后期评估时服务资料的打印与装订。

3. 结项评估与服务总结

社会工作服务项目结项时,通常项目购买方会采用"项目自我评估+第三方评估"的方式对项目执行成效进行评定,以判断项目承接主体是否完成服务内容、达到了一定的服务成效。而服务总结是项目评估的重要内容之一,包括项目实施以来存在的不足及项目实务的经验总结。

一般结项评估的第三方评估,往往以"项目承接方自述(总结报告)+实地走访(服务对象访谈调查)"两种方式为主。事实上,项目结项评估的服务总结部分对于项目结项尤为关键。据了解,国内大多数社会工作服务机构,一般都普遍重视服务项目的计划与执行部分,都能够较好地发挥社会工作专业价值,并及时顺利完成项目设定的服务指标,然而在项目结项阶段却缺乏一定的服务总结和概括能力。这种现象不利于机构形成特有的服务品牌效应,也不利于机构更好地发展与壮大。

作为项目管理者,需要深入思考如何从具体的服务执行中抽象概括出某种服务经验和服务模式。项目评估是一种动态过程，它渗透在整体项目执行中，甚至渗透到每一次活动的具体开展。因此，管理者在日常的动态过程管理中，要通过项目督导与培训等方式，进一步提高服务团队的专业性，进而提升服务总结能力，为下一个社会工作服务项目的设计、计划和执行打下坚实的基础。

综上所述，社会工作服务项目的过程管理是一个动态、持续、闭环式的管理过程，不仅融入于项目设计、计划、执行与结项等各个环节，也与具体的社会工作服务管理存在交叉现象，需要强化彼此之间的融会贯通性、匹配性。

第五节　社会工作服务项目时间管理

一、时间管理的价值

（一）时间管理的内涵

生命周期理论认为人生是由不同阶段与不同任务组合而成的，阶段与任务需要通过不同的角色扮演来达成。各种角色藉由不同的事件来诠释，而"事件"又是由时间串接而成并发生相互关联的关系从而共同指向既定的目标。每一个阶段的时间都是固定的，一旦这个阶段的任务没有在固定的时间内完成，那么就会占用下一阶段的工作时间；相反如果这个阶段的任务在固定的时间内完成或者提前完成，就会给下一阶段的任务留有足够的时间。所以时间管理就是"人生事件"的管理。合理地安排项目时间是项目管理中的一项关键内容，它的目的是保证按时完成项目、合理分配资源、发挥最佳工作效率。

所谓时间管理，是指对时间进行有效的计划和控制，以达到减少消耗、增加效益并提高资源使用效率的目的，其实质在于通过确立资源保障体系以缩短时间跨度。或者是确保在既定的时间内高标准完成各项服务指标，以最大化满足服务对象的需求，从而创造最大化的综合效益。时间管理又称为项目进度管理或项目工期管理，是为确保项目按时完工所开展的一系列管理活动与过程的总称。项目时间管理是项目管理的重要组成部分，是项目能否取得成功的关键因素。项目时间管理由一些过程组成，这些过程是为按时完成项目所必需的，从理论上来看，项目时间管理包含活动排序和时间估算、计划编制、进度控制、资源调配等方面的内容。具体来说包含以下内容：

（1）活动定义——确认一些特定的工作。同时要匹配关联项目整体目标安排和任务达成。

（2）活动排序——明确各活动间的相互联系性。

（3）活动时间估计——估计各活动所需时间。

（4）进度安排——分析活动间排序，活动所需时间和资源以作出项目进度计划。

（5）进度控制——控制项目进度变化。

比较常见的时间管理方法有关键路径法、计划评审技术、甘特图和里程碑分析法等。

（二）时间管理的意义

项目时间管理有着重大的理论意义和实践价值，其涉及的项目过程要素和指标非常广泛。项目时间管理的各个过程之间相互作用、相互影响，良好的时间过程分析不仅可以有效控制项目进度，还可以提高项目的最终交付成果和客户满意度。项目时间管理是项目管理各个方面要素中一项十分重要的关键内容,时间管理的目的在于合理分配资源,以发挥组织最佳工作效率并确保组织能够按时完成项目规定的各项任务。

时间管理不是说我们要像机器一样每时每刻都在工作,也不是说我们必须机械地把所有事情都做完,而是要通过时间管理探讨如何能更有效、更科学地运用时间,使时间使用更为合理化、系统化、体系化。时间管理的目的除了要决定你该做些什么事情、什么时间做何种事情之外,另一个很重要的目的在于决定什么事情不应该做、什么事情不需要做等问题。

时间管理不是完全地掌控时间、掌控每一件事情,而是降低变动性,确保每一阶段的任务能够按时完成,所以计划和计划的执行很关键。时间管理最重要的功能是通过事先规划,作为一种提醒与指引,使得行为快速达成目的。

二、时间管理要素

1. 强烈的时间观念和自觉

所谓时间观念就是指项目服务运作者要有管理、运用时间的自觉性和主动性。时间观念的强弱,决定了管理者能否灵活、有效、科学地利用时间,并把科学合理利用时间和提高服务效率紧密结合起来,能够用于评判项目管理主体是否真正了解时间的价值和作用。社会工作服务机构一般都是非营利性组织,以社会责任为己任,所以不管是机构的管理者还是项目执行者,必须要有自觉进行时间管理的理念,同时还要有强烈的事业心,对时间要有极强的紧迫感。每个项目的执行运作都会包含有一个生命周期的延展性问题,都会包含有明确的开始启动和结束验收的时间。在这一过程中都会内隐性地包含推动项目执行下去所必须的一切活动和要素,这些活动在时间上的先后顺序、不同活动之间的承接关系和相互联结,乃至每个活动完成的时间跨度都需要得到严格的控制和精确引导,否则很难保证项目能够按时完成。

2. 清晰的时间成本效益观念

所谓时间成本效益,是指某项工作取得的实际效果与完成该项工作所耗用的时间、资源等要素之间的比例关系,以及时间跨度背后所调动整合的各种资源的投入产出关系。现代科学管理理论特别重视成本效益,认为一定量的投入,必须获得尽可能多的产出才能保障项目的公信力,才能吸引各种主体后续的持续性投入。时间管理也是这样,必须考虑成本效益,也就是说,做某项工作时在保证质量的前提下所耗费的时间越少、时间跨度越小,时间成本效益就越高。社会工作服务项目的策划与具体执行,必须要考虑包括时间成本在内的所有各种成本的执行情况,要看所花费的成本能提供服务的数量有多少,单位服务所消耗的时间如何。尤其是社会服务类项目很多本身就是以时间消耗为服务指标的,如陪伴等,所以时间性要素的管控就显得尤为重要和突出。

3. 时刻牢记时效观念

所谓时效观念,就是不要错过时机,抓住机遇。对于现代管理来说,永远是机不可失,时不再来的,要尽可能管理好时间,提高项目的效能。

4. 定量控制自己时间的能力

管理者对时间的系统管理,主要表现在如何科学定量地支出自己的时间并进行合理配置,要按科学时间管理的具体要求做到合理分配时间,通过时间匹配不断提高工作以及服务活动开展的效率。

5. 区分关键和一般事情的能力

如何协调平衡管理人员时间上的有限性与面临的大量工作之间的关系，始终是项目服务管理必须要面对的一个问题，要处理好这一矛盾就必然会要求管理人员能够把自己所控制的时间进行合理规划，以确保能够全部用到关键的地方和节点问题上，做到"好钢用在刀刃上"。

6. 节约、灵活运用匹配时间的技巧，并能够统筹各级人员的时间安排

项目管理者要学会和掌握各种节约时间的技巧和艺术，要主动科学地进行时间管理；学会运用授权、考评等措施调动下级人员主动分担自己的一部分工作；学会运用配置、集中、分割等有效管理时间的具体方法。

7. 完成工作的熟练技能

完成工作的熟练技能是科学利用时间的基础也是节约时间的重要策略，技术储备和有效规制是管理人员缩短完成工作的时间，提升工作的可靠性、效率性并合理运用和调度时间的基础依据，是社会工作服务项目运作减少时间消耗的手段。

三、时间管理的一般原则

1. 用精力最充沛的时间干最重要的工作

"一年之计在于春"，其意义就在于说明时间节点的重要性，根据工作的性质要给予不同阶段的时间安排，保证不同节点时间安排的合理性。

2. 消费时间要有计划性，要标准化、定量化

时间是有限的，时间成本是影响工作效率的重要因素之一。社会工作服务项目的实施要追求效率，因此要有计划地安排和管理时间，要结合工作的重要性和难易程度合理细分时间。

3. 保持时间上的弹性

时间大致可分为两类，一类是可以控制的时间，即可预测单位时间内能够完成的工作任务，或者完成工作任务需要的大致时间；另一类是不可控制的时间，即受限于外部环境而不能保证在固定的时间内完成工作任务。因此要根据工作的性质和难易程度，对于不可控制的时间要保持合理弹性。

4. 反省浪费的时间

在整个服务项目的策划以及执行过程中，部分时间的不可控制或者可控的时间内没有完成既定的工作任务，都需要反省，其根本目的在于找到根源，提高时间的有效使用率。

5. 保持时间利用的相对连续性

集中利用时间，确保时间的相对整合性，以保证在相对集中的时间内统一处理某一问题，这样做有利于降低内部管理的时间损耗，是合理利用时间确保服务质量的关键。因为组织运作一旦被中断就要经过相当长的一段时间来组织和匹配，才能使精神和思维重新集中起来。

6. 一般工作"案例化"，固定工作"标准化"

时间是有限的，因此在处理工作时要分清主次，对于一般性的工作和程序化比较强的工作，按照固定程序来做可节省大量时间；而对于重要工作和一些新情况则需要投入大量的时间去思考、谋划和推进。

7. 严禁事必躬亲

人的精力和时间是有限的,要学会"弹钢琴",做到放权和分权,将最宝贵的时间和最充沛的精力放到最有效的工作中来。一旦事必躬亲,将会导致低效率。

8. 坚持从现在做起的信念

《论语·阳货》中记载"时不我待,只争朝夕"。工作任务的推进,根据情况可多管齐下、齐头并进,不仅要学会"弹钢琴"还要弹得好。一旦确定工作任务和工作目标,即可整体推进。

四、帕累托法则及其运用

(一)帕累托法则的基本内涵

帕累托法则,学界称为二八定律,也叫巴莱特定律,被广泛应用于社会学、行政管理、企业管理学等学科领域的理论研究和实务工作,此法则是由意大利经济学家帕累托提出的。帕累托法则认为事件的原因和结果、资源投入和效率产出、主体努力和客观报酬之间本来就存在着无法解释清楚的不平衡性、不确定性,很难在现实工作中明确相关因果关系。现实生活中实际的投入和努力所产生的时间效果通常可以分为两种不同的类型,即多数付出往往只能造成少许的影响和效果;反而是积淀在多数努力基础上的少数叠加,能造成主要的、重大的影响和效果。

帕累托法则主张:一个小的诱因、投入和努力,通常可以产生无法预见的大结果、大产出或大酬劳,而这通常不在实施者主观的约定范围之内。就字面意义来看,即指你所有完成的工作里80%的成果,来自你所付出的20%。因此,对所有实际的目标,我们80%的努力——也就是大部分付出的努力,只与成果有一点点的关系。这种情况看似有违常理,却非常普遍。所以,帕累托法则指出我们必须高度关注原因和结果、投入和产出,以及努力和报酬之间存在的不平衡性,必须客观分析这种不平衡所带来的不利影响,及各种要素、各种努力的贡献。帕累托法则为这个不平衡现象提供了一个非常好的衡量标准以便于我们进行客观公正的原因追溯。80%的产出,来自20%的投入,所以必须保障资金投入的延续性和充沛性;80%的结果,归结于20%的起因,所以必须重视每个要素的影响、注重每个细节的影响力;80%的成绩,归功于20%的努力,所以必须发挥每一个主体的积极性、能动性。

帕累托法则在时间管理方面的启示主要体现为:在一个人的时间和精力都非常有限的客观制约下,要想真正"做好每一件事情"几乎是不可能的,所以在项目服务运作中我们要学会合理分配相对稀缺的时间和精力。要想面面俱到还不如重点突破,把80%的资源花在能出关键效益20%的方面,这20%的方面又能带动其余80%的发展。利用帕累托法则,我们可以将大多数时间投入到能带来更高回报的项目或者工作上,使生产效率得到显著提高,工作量大大降低,这样单位时间内产生的效益才会明显增强。

人们常说"时间就是效率"。在现代社会,随着经济社会的发展,社会分工越来越精细,人们的需求也越来越多样化,而这些需求往往都需要通过社会化的途径得以满足,即通过专业化的社会组织实施,提供各种类型的社会服务。社会工作服务项目的实施,主要还是依托于各种正规的社会工作服务机构,而这些社会工作服务机构赖以生存和发展的基础就是提供以质量和效率为核心的项目服务。而社会工作服务项目的时间管理,则意味着社会工作服务从接案到结案整个服务过程中的时间如何管理,在保证服务质量的前提下如何提高服务效率。

（二）运用帕累托法则的三个步骤

1. 确认要达成的目标

每个社会工作服务项目都有一定的目标，如儿童社会工作服务项目是以社会工作专业的价值为指导和科学的理论为基础，充分运用社会工作的专业方法和技巧对儿童开展助人及自助服务，促进儿童健康成长；如残疾人社会工作服务项目是社会工作者运用社会工作方法帮助残疾人补偿自身缺陷，克服各种环境障碍，重新回归社会生活。

2. 确认达成目标的关键活动

社会工作实务通用过程模式理论认为无论是个案工作还是小组工作，是学校社会工作还是医务社会工作，从流程和环节方面来看一般都包括接案、预估、计划、介入（实施）、评估、结案等六个环节，每一个环节都有自己的作用以及重点工作，但每一个环节的作用又都是不同的，所付出的时间和精力也是不同的。

3. 重新安排时间，将更多时间投入在关键活动上

也就是说我们首先要确认项目开展要达成的目标，尤其是区分阶段目标和最终目标，而所有的时间安排、活动开展都要以最终目标为导向。在确定了目标后，就要考虑开展什么样的活动、采取什么样的措施才能实现既定目标，还要考虑在这些活动中哪些是达成目标的关键活动，相应时间和精力分配要向关键活动有所倾斜。

（三）运用帕累托法则的三个问题

（1）请问您是否清楚组织要达成的目标？

（2）请问您是否清楚在您达成目标下有哪些重要且关键的活动？

（3）请问您如何调整并重新安排您的时间，将更多时间投入在关键活动上？

案 例

小萍，女，18岁，在怀孕6个月时被母亲发现，痛哭流涕到居委会求助。居委会工作人员了解到，小萍出生在一个不幸的家庭，父亲在她8岁时因盗窃被捕入狱，母亲与她相依为命，家里的经济来源是母亲在超市里做营业员的微薄收入。小萍渐渐长大，看到其他同学家里父母都在身边，而自己回到家里时不仅需要独自做饭，而且妈妈回到家里时也累得不愿多说话，因此她感到很孤独，慢慢地与社会上的异性有了来往，最后导致怀孕。在居委会推荐下，小萍母女来寻求社工帮助。

在这一服务项目中，接案时通过与居委会和小萍母亲的接触，了解到小萍面临的困境是她该如何解决目前迫切需要解决的怀孕问题，以及如何树立正确的生活观，应该说这就是项目实施要达成的目标。

知道目标之后，就是确定采取哪些活动来达成目标：

（1）与小萍面谈，了解她的怀孕经过和目前的思想状况，消除她的恐惧感。

（2）与小萍母亲沟通，了解母亲对小萍怀孕的处理意见，让母亲帮助小萍渡过难关。

（3）通过与小萍和她母亲的面谈，按优先顺序列出怀孕的解决办法。

（4）对小萍进行心理疏导，减轻她的压力，帮助她树立正确的生活观。

（5）疏导小萍母亲多关注女儿的成长，使小萍增强生活信心。

从以上采取的行动看，都是围绕解决当前的怀孕困境和重塑未来生活信心进行的。相对来说，解决当前的困境更是当务之急，而重塑未来生活信心、树立正确的生活观则是长效机制。所以应当根据任务进展情况，合理调整和安排时间。

从社会工作实务通用过程来看，介入是重点，直接影响到项目实施的效果，但是从接案、预估、计划到评估、结案环节也很重要，也会影响到项目实施的效果，所以从项目实施效果看，应尽可能地安排好每个环节的时间节点和任务，确保整个服务过程的质量，以最小的成本达到预期甚至更好的服务效果。

五、时间安排的优先顺序

客观上说，时间是固定的，而我们所能做且必须要做的就是合理分配和使用时间，提高时间的使用效率。当今社会是个多元开放的社会，也是竞争日趋激烈的社会，在很多领域效率是主导，社会工作项目的策划与实施也不例外。专业社会工作机构，其生存和发展主要是通过项目的策划和执行，在追求社会效益的同时实现经济利益，从而实现其组织目标。运用时间管理的优先顺序，可以帮助社会工作服务机构及工作人员将多数时间花在高度优先处理的项目上，使效能提升。

（一）ABCD 工作法

时间管理理论的核心内容和要点是突出事情的重要性、急切性排序，并根据是否要及时被处理的紧急程度，将各种社会工作服务项目运作事务划为 A、B、C、D 四个类别和紧迫度，即 ABCD 工作法。这种方法是由美国著名管理学家科维提出并加以充分论述的一种有关时间管理技巧的理论，在理论上又被称作"时间'四象限'法"。如图 5-4 所示。

图 5-4 四象限法分类

在图 5-4 中字母分别表示：

A：应该排在第一位并在第一时间去完成，值得主体为它花费大量的时间和精力。

B：计划好什么时候开始做，并分析其在整个流程中的节点和位置问题，应该事先花费大量的时间进行预判和梳理。

C：马上就做，但应在尽可能短的时间内完成，以确保工作的流畅和节点关联。

D：尽量控制做这类工作的时间，避免因为过度关注这一方面问题而给整个项目服务的开展带来冲击，应该在完成了所有重要的事情后再做且不可投入大量时间，并在提前、滞后等突发性时间调整中处于边缘性的地位。

这一方法在运作中拟定事件优先顺序时通常会集中考虑哪些事件可以被安排，哪些事件我们可以掌握，优先专注于可以掌握的项目，并由此对事件进行重要程度、紧急程度的交互分类，并以此生成项目时间管理图（见图 5-5）。

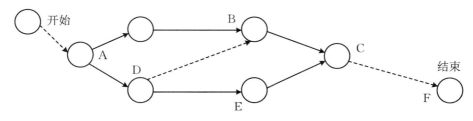

图 5-5　项目时间管理图

（二）时间表编制法

时间表是管理时间的一种手段,用以清晰地标注项目开展的情况、存在的问题,从而为后续工作的研发布局奠定基础。

时间表的编制方法有以下这些基本规范：

(1) 根据需求确定编制时间的周期。
(2) 收集并列出该阶段所有的工作、活动或任务。
(3) 发现活动有矛盾时,主动与负责人协商,及时调整。
(4) 按照时间顺序将任务排列清晰。
(5) 绘制表格,标明日期、时间和适合的行、列项目。
(6) 用简明扼要的文字将信息填入表格,包括内容、地点。

时间表的分类大体有以下六类：

(1) 全年时间表。
(2) 季度预订时间表。
(3) 每月预订时间表。
(4) 每周预订时间表。
(5) 每日时间表。
(6) 单项重要工作事项时间表。

（三）甘特图

甘特图（如图 5-6 所示）由美国人亨利·甘特开发,他用横道表示活动,并表明活动的开始和结束日期,显示出活动的预期持续时间。它相对易读,便于理解和把握,常用于向高层

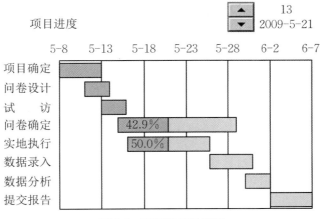

图 5-6　项目进度甘特图

管理者汇报情况和业务开展情况。项目管理者由此可以非常便利地弄清每一项任务(项目)还剩下哪些工作要做,并可据此评估服务工作在时间节点上是提前还是滞后了,抑或由此评判项目是否在正常进行。

(四)项目时间管理表格

项目时间管理表格比较常见的范式有项目中期执行情况汇总表(表5-3)和项目终期检查表。通过相应管理表格能够有效监督项目执行情况、存在问题以便为进度管理和绩效评估提供依据。

表5-3 "＊＊社工行动"项目中期执行情况汇总表

项目承接机构:(盖章)　　　　　项目执行时段: 　年　月　～　　年　月

项目社工:
(姓名及人数)

	所在辖区	目标服务对象人数(户数及人数)	确定服务对象人数(户数及人数)	说明
1. 服务对象对接情况				
	合计			

	活动区域	活动名称	开展次数	实际服务对象参加人数	
2. 小组活动开展情况					
	总计				

	活动区域	活动名称及次(节)数	活动时段或总时长	服务对象参加人数	
3. 社区活动开展情况					
	总计				

续表

4. 志愿服务开展情况	服务区域	服务内容	开展次数	目标服务对象	实际服务对象
5. 个案工作	活动区域	活动名称	开展次数	实际服务对象参加人数	
	总计				

注：表格由苏州众合社会工作事务所提供。

第六节　社会工作服务项目质量管理

一、质量管理与社会工作服务项目质量管理

随着社会建设的不断发展和组织之间相互竞争的日益加剧，质量管理越来越成为所有组织进行内部管理的重点领域和环节。一个组织应具有怎样的组织文化和质量意识，才可以保证其能够主动积极地向顾客提供高质量、高水准的产品和服务呢？质量管理的理念正引起全球革命，不仅适用于企业管理，在公共管理等领域也被广泛使用。美国质量管理学家朱兰教授认为质量就是产品使用时能够满足用户需要的程度。《质量管理体系基础和术语》一书将质量界定为物品所拥有的一组固有特性，能够满足服务对象要求的程度和吻合性。而质量管理是为确保项目质量目标要求而开展的项目管理活动的总称，包括质量计划、质量控制和质量改进等方面要素，也就是围绕着规定的质量标准使质量形成过程保持受控状态，质量控制职能的核心在于预防。

社会工作服务项目质量管理是指在确定质量方针、质量原则、质量目标设定和职责分工的前提下，在质量体系中通过质量规划、质量控制、质量保证和质量改进等技巧，由项目管理者实施的旨在提高服务绩效的所有管理活动和职能行为的总称。社会服务项目主要是针对人群的服务，在质量控制过程中，不仅注重结果控制，更注重全过程的社会公信力即社会信誉控制。

项目质量管理的一般通用过程在环节要素上具有高度的相似性，但对于不同领域的项目服务，其管理运作在具体细节上又有着显著的差别，社会工作服务项目兼具无形性和有形性、服务对象的参与性、较难储存性、服务过程的多变性等特征，因而给质量管理带来了不小的挑战，需要对现有理论进行创造性改造以匹配社会工作服务项目的现实运行。社会工作服务项目质量管理的内涵包括三个层面的内容：一是对社会工作专业服务本身而言，服务过程是否符合社会工作专业伦理、专业价值对项目活动开展的具体要求，是否在恰当的时机有效地使用了专业技术和方法并妥善处理了各种伦理关系；二是对服务对象而言，服务项目的开展是否满足了服务对象明确表达的和潜在存续的各种需求，且其满足的程度如何；三是对服务项目运作总体特征的衡量评价，需要通过具体的指标和组织形式反映、评判项目服务的

二、社会工作服务项目质量管理的环节要素

（一）质量规划

首先要制定质量方针，社会服务项目总是本着使公众、捐赠者和服务对象满意的质量方针，针对特定人群进行质量规划设计。

1. 服务质量

服务质量是指项目服务活动开展在有效回应、满足顾客需要方面所具备的各种特性的总和。这是服务对象对服务活动开展目标设定所达要求的集中体现，它标志着服务开展的价值大小。服务质量控制过程中，不仅注重结果控制，更注重全过程的社会公信力，涉及项目服务的社会公正性、需求满足优先性、服务技术水平等领域和方面。

由于服务质量是相对于用户的需求表达和满足而言的，因而并不存在一种绝对的衡量标准。通常人们将服务对象对项目服务的质量要求归为六个方面，并以此来作为衡量质量的评判标准。这六个方面分别是：

（1）性能和状态。即某种服务所应发挥的效能和作用，实际达成的数量状况和业务水平。

（2）可靠性。项目服务产品质量的稳定性，通常以信度和效度检测的方式加以呈现。

（3）安全性。指服务在提供的过程中、在具体的运作中，对服务对象、环境及社会的外部性或危害程度，如项目服务有没有冲击现有的社会秩序，有没有推动社会安全系数的提升等。

（4）经济性。项目服务的投入和产出之间的比例关系。

（5）适应性。指服务适应环境变化的能力，项目在运作中不断提升调整的能力和水平。

（6）时间性。指社会服务机构在规定的时间内满足服务对象、服务需求的准确性和切合性。

2. 工作质量

工作质量是为了保证和提高服务质量所做的所有工作的质量，如社会服务项目的策划、组织、提供服务、绩效的评估与改进等工作的质量。体现在社会工作服务项目运作的方方面面并涉及所有要素的运行情况。

社会公益服务项目质量管理的影响因素主要有人、资金、时间、服务方法和服务政策环境等。每个因素又会因为相互关联而受到其他因素的影响。想要获得更高的服务质量水平，只能通过在管理过程中对这些要素进行合理控制、优化匹配，使之处于较稳定平衡的状态，才能达成最终的质量目标。

（二）全面质量管理

全面质量管理是以质量为中心，建立在组织内部全体员工都积极参与基础上的一种管理理念和管理方法。其目的在于通过广泛参与以达到服务项目运作乃至机构运作的长期成功。全面质量管理具有以下方面的特质：

1. 对全面质量的管理

全面质量管理针对的是全面质量。它不仅要对服务质量进行管理，也要对工作质量进行管理；不仅要对服务性能进行管理，也要对经济性、时间性、舒适性、满意度等要素进

行管理；不仅要对人进行管理，也要对物进行管理。全面质量管理是整个社会服务机构管理的重心。

2. 全过程的管理

为使服务对象得到满意的服务，不仅要对服务的形成过程进行质量管理，还要对此以外的各项工作的各个环节包括流程以及方法技术的运用等进行质量管理。

3. 全员参与的管理

服务质量涉及社会服务机构内的各个部门和每名成员，他们的工作都直接或间接地影响着服务的质量。因而，为了获得期望的质量，必须要求机构内所有部门、成员都参与质量管理，不断改进和提高质量水平。全体员工的参与是全面质量管理的一大特色。在实践中，由员工组成的质量控制小组在全面质量管理中发挥着至关重要的作用。

4. 科学的管理

全面质量管理是现代管理的一种模式。它使用以统计方法为主的科学方法，并将其与新型的服务模式和管理技术结合起来。当然，全面质量管理并不排斥其他管理模式。在实践中，要将其与其他管理模式结合起来。

（三）质量保障

质量保障，主要目的是取得足够的信任以表明机构能够满足不同利益关联者对社会工作服务项目执行的质量要求。为提升质量水平，其所能够开展的活动主要涉及：测定评估服务对象的质量要求、设定质量管理的方针和目标、制定定性定量的质量评估标准体系、最终确保质量目标的实现。

1. 质量管理的 PDCA 循环

质量管理是一套规范的管理模式。美国管理学家戴明在研究和指导日本企业进行质量管理时曾提出名为"PDCA 循环"的工作程序，包括：① 计划；② 实施；③ 检查；④ 处理。

以上四个方面构成质量管理工作的一个周期，形成循环的工作圈，如下图 5-7 所示。

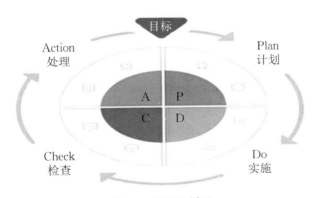

图 5-7　PDCA 循环

对于一次 PDCA 循环而言，在循环的处理阶段，应将该次质量管理的成功经验和教训加以总结，以形成更为标准和科学的工作程序。只有如此，质量管理工作才会每经过一次循环就提高一个阶段，后面的每一个环节都高于此前一个环节，但又能环环相扣。如图 5-8 所示。

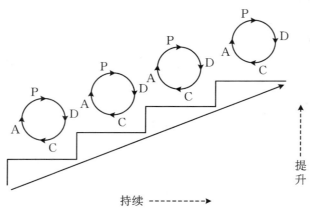

图 5-8　多次 PDCA 循环

对于整个机构而言，其中的任何部门或任何工作阶段，都存在着全面质量管理的 PDCA 循环。每一个循环都存在计划、实施、检查和处理阶段，形成一环扣一环，环环相扣的局面。

2. 社会服务机构质量保障的 PDCA 循环

PDCA 循环是社会服务机构开展质量管理工作的典型程序设置。对机构而言，PDCA 循环可细分为八个步骤：① 问题的认定；② 分析产生问题的原因；③ 找出最大的原因；④ 制订计划；⑤ 执行计划；⑥ 调查效果；⑦ 巩固成绩；⑧ 提出尚未解决的问题。

需要注意的是在项目实施的不同阶段，质量控制的重点是不同的：项目决策阶段的质量控制主要在项目可行性研究和项目决策上，应当提出项目质量的总体要求，提出符合项目所有者的、与项目其他目标和环境相协调的质量要求和标准；而项目设计阶段质量控制的重点在于设计的适合性与可行性。

三、社会工作服务项目质量控制的主要影响因素

社会工作服务质量的形成受到社会工作者的专业技能和认知、服务质量规范、服务传送过程、服务信息传递和服务对象感知五个方面因素的影响，可以通过质量计划、质量保证和质量控制的过程抑制这些因素消极作用的发挥，质量管理的过程能够有效改善项目存在的质量偏差问题，提高社会工作服务项目的质量。

1. 社会工作者的专业技能和认知

社工的专业技能和认知因素直接关系到项目服务的质量。如果在项目初期进行的需求评估中，社工的个人能力和专业水准不能胜任评估工作，无法有效获取准确信息，将直接影响社工提供服务的质量。同时，在社会工作实务过程中对服务对象需求的评估不仅限于接案的初始阶段，还贯穿于服务过程的始终，唯有较高的专业知识和技能才能准确分析出服务对象的需要，为其提供合适的服务内容。

2. 服务质量规范的差距

服务质量规范的差距是指所制定的服务质量规范没有准确反映出社工对服务对象需求的评估。对服务质量规范的制定，不仅要根据服务对象的需要，还要结合出资方、机构督导以及一线社工的意见，在不制约社工灵活性的同时保证社工按照服务规范操作。

3. 服务传送的差距

服务传送的差距是指服务在生产和提供过程中表现出来的质量水平，没有达到所制定

的服务规范的要求。质量规范制定的过于复杂或具体，一线社工不认同这些质量规范，服务的生产过程管理不完善，一线社工与服务对象、志愿者、督导及机构管理者之间缺乏协作等都会造成这种服务传送的差距。

4. 宣传信息的差距

宣传信息的差距是指机构关于项目服务质量信息的宣传与实际提供的服务质量不一致。造成这种差距的原因主要在于宣传时夸大了服务质量，或者做出了难以兑现的承诺，在实际操作过程中难以实现，使得服务宣传与服务对象的实际体验有差距。

5. 服务质量感知差距

服务质量感知差距是由前四种差距引起的，是指服务对象体验和感受到的服务质量未能符合自己对服务质量的预期。

四、社会工作服务项目质量提升的主要措施

社会工作的质量提升是指为使服务对象及利益相关者确信服务的质量而采取的有计划有组织的活动，其目的是使服务对象和利益相关者确信服务能够满足质量的要求。主要的措施与手段有以下几个方面的内容：

1. 建立项目服务质量标准

建立项目服务质量标准必须以服务对象需求为核心、兼顾其他利益相关者的需求；必须以项目过程质量为核心、兼顾结果质量；必须强调项目管理者的作用；必须综合服务对象、出资者、机构以及其他利益相关方的质量要求；必须坚持定性与定量标准相统一。

2. 建立社会工作服务项目质量保证体系

建立社会工作服务项目质量保证体系，强化目标控制保证、理论技术保证、组织保证和思想保证。目标控制保证：从项目范围、进度、费用、质量、风险等方面保证服务过程和结果符合项目质量标准。理论和技术保证：理论为指导，阐述有效发挥作用的项目影响形成机制和作用原理；对新技术和新方法持开放态度，综合运用各项专业技术和方法。组织保证：建立一个权责清晰，分工明确的组织体系；预防与检查相结合，形成一个有明确职责、权限、互相协调和互相促进的有机整体。思想保证：向全体项目团队成员贯彻全面质量管理的思想、方法和技术以及预防意识，使项目成员树立质量意识。

3. 建立专业督导和学习机制

建立专业督导和学习机制，使社工在服务过程中持续不断获得情感、技术支持，保证社工在服务过程中能够有效地获得解决问题的新办法，这样在面对复杂的服务对象及其环境系统时才能有效地满足服务对象的需要，才能提供高质量的服务。

4. 建立全过程需求评估＋反馈的工作机制

服务对象的需求是相对固定不变的，但服务对象的个性化需要是随着时间、环境的变化而变化的，一种需要的满足可能会引起其他需要的出现或消退，需要的表现程度也需要通过社工与服务对象的深入互动才能了解。这种个性化需要持续多变的特征就要求在服务过程中建立全过程需要评估和反馈的工作方法。

5. 建立持续改进机制

质量改进的"PDCA循环"是一个持续改进机制，通过计划—实施—检查—处理的循环过程建立专业规范并进行管理方法的持续改进，使得服务过程不断贴近专业标准的要求，持续提高管理过程的效率和科学性。

第七节　社会工作服务项目风险管理

任何行业在其运行和发展过程中都会遇到各种各样的风险,社会工作服务项目也不例外。社会工作机构在社会工作服务项目管理中既有可能面临自身内部成员带来的挑战和风险,也有可能面临来自服务对象群体、合作伙伴、社会环境等方面带来的风险和挑战。小到一次活动的开展,大到涉及服务对象隐私和权益保护以及整个项目的执行,都需要社会工作机构的管理者事先预判其中的服务风险和安全保障问题。

一、风险与风险管理

(一) 风险

所谓风险是指可能会出现的问题,这种问题会带来积极或消极的后果。比如,一场业余篮球比赛可能会突然遭遇球员受伤(消极后果),但也可能会赢得一场精彩的胜利(积极后果)。

不同学者对风险的种类有不同的划分标准,以下将重点介绍两种与社会工作服务项目比较相关的分类方法。

一般风险分类:
(1) 成本:资金不到位、通货膨胀等。
(2) 人员:人员流失、招募困难等。
(3) 进度:导致影响指标完成的潜在问题。
(4) 政治:新政策出台、政策更改等。
(5) 天气:季节性气候、极端天气等。

与运营有关的风险分类:
(1) 场地:空间不足、空间不开放、破损等。
(2) 设备:设备损坏、原料被盗或缺乏等。
(3) 资讯科技:落后的通信设备、系统被攻击、低效的软件等。
(4) 信息沟通:信息管理不当、内部或外部沟通不畅、信息流通不畅等。

(二) 风险管理

风险管理是对项目风险从识别到分析乃至采取应对措施这一过程及所用技巧的统称,是一种全面的管理职能,目的是对某一项目运行的全过程所面临的风险进行评价和处理。它包括将积极因素所产生的影响最大化并将消极因素产生的影响最小化两个方面内容。社会工作服务项目的风险管理是一个动态的过程,贯穿项目的启动、策划和实施阶段。

风险管理一般可分为四个环节:即识别风险、分析风险、制定应对措施及定期评估风险(如图5-9所示)。
(1) 识别风险:识别出项目可能出现的风险。
(2) 分析风险:对于风险出现的可能性及带来的影响力进行分析。
(3) 制定应对措施:根据分析结果,对风险的可能性和影响力,制定相应措施,分别为回避、转移、减轻和接受。

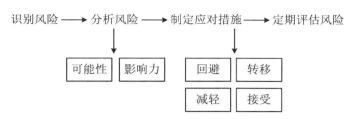

图 5-9 风险管理流程图

（4）定期评估风险：完成以上的风险评估环节后，还需要定期监测已发现的风险，随时评估新风险。

（三）社会工作服务项目面临的风险

在社会工作服务项目运行的各个环节均有可能遇到形式多样的各种风险，需要运用资金、人员等多种要素的投入予以应对。无论如何，了解和掌握常见的风险形式并做好预判无疑是整个风险防控的关键。社会工作服务项目运作比较常见的风险有逆向选择和道德风险。逆向选择意味着政府没有选出最合适的社会组织从事公共服务生产活动；道德风险则意味着在委托方对代理方控制力减弱，监管机制不健全的情况下，社会组织可能变成逐利机构，政府也可能因缺乏约束而走向寻租。

二、社会工作服务项目风险管理的操作步骤

社会工作机构的管理者或项目管理者在项目正式实施前，就应当事先将项目执行期内可能发生的问题做好识别，并分析其可能对项目执行带来的影响，提前做好应对措施，这是保障项目有序推进的最基本的方法。社会工作服务项目在运行中可能面临的风险有哪些？作为项目管理者又该如何应对？本处将通过某社工机构的某服务项目案例分析，归纳一般社会工作服务项目面临的风险类型。风险管理的操作步骤都有规律可循，可以分为制订风险管理计划、风险分析、风险决策、风险处理四部分：

1. 制订风险管理计划

计划制订环节是风险管理的第一步，此环节有两大任务：明确风险管理的目标和确定风险管理的部门、人员及责任。

2. 风险分析

风险分析包括风险识别及风险评估两部分。风险识别就是找出风险因素，并分析成因及造成的影响的过程。风险评估是根据识别出的风险，预测风险造成损失的概率和损失的程度，并据此对风险的相对重要性和轻重缓急进行排序。

3. 风险决策

风险决策环节要根据不同的风险因素选择适合的风险管理技术，即决定采取何种措施规避风险、自留还是将风险转移。

4. 风险处理

风险处理环节就是实施风险管理，并对风险管理的效果进行评价。由于主客观因素的不断变化，最初的风险管理决策可能在执行中遭遇困难和新的风险，因此需要适时调整以适应新形式。这一反馈环节激活了整个风险管理系统，使风险管理成为一个灵活动态的过程。

三、社会工作服务项目的风险类型及应对措施

案 例

背景1：位于安徽省安庆市岳西县的某村，是一个典型的山区贫困村，有1400多户、10个村民组、4000多人。该村地处皖西南大别山偏远山区，道路崎岖，交通不便，当地村民家庭相对贫困，以贩卖茶叶和打临时工为主要收入来源，文化程度也相对较低。茶叶是当地的特色产业，但并没有形成规模化，其原因在于一方面当地茶农普遍缺乏科学的种植方法；另一方面，在茶叶销路上也存在明显的缺陷。

背景2：安庆市某社会工作机构计划以该村作为项目实施地，准备申报国家级社工服务项目对该村开展专业的社会工作服务，期望能给当地带来生计发展的希望和信心。

机构社工小A刚入职机构半年，毕业于省内某高校的社会工作专业，机构管理层因为手头事情比较多，一时无法抽身，准备让小A负责撰写该项目的申报书，同时希望在项目中标后小A能实地前往驻点开展社会工作服务。

讨论：小A接到机构领导层指派的任务后，依据学过的社会工作专业知识开始对照申报书要求填写。在填报最后一栏"项目风险与应对措施"时，小A陷入了困境，不知道该怎么填写？准备寻求管理层的帮助。

（一）社会工作机构自身的风险

上述案例中，社会工作者小A刚毕业半年时间，是一名社会工作新人，各方面的经验和能力尚且不足，可能无法达到撰写国家级项目申报书的水平。同时，在接受撰写社会工作服务申报书任务时，小A也没有提出要前往该村开展实地调研工作，就直接依据学过的知识撰写申报书，可以看出社会工作者在操作的逻辑上存在严重问题。

机构的管理层没有考虑到小A的胜任能力，直接将涉及机构发展的重要工作授权给下级，缺乏科学性，存在授权失效的风险。

在该案例中，可直接得出社会工作机构自身的团队组成，特别是团队成员的知识水平、实务经验与能力以及领导层的管理方式等都是社会工作服务项目的潜在风险。同时，在团队成员相对专业的前提下，也会出现项目人员因主客观原因流失而造成项目进度难以推进等风险。

（接上案例）小A在撰写"项目风险与应对措施"时遇到难题，准备求助于机构的管理层，假如你是机构的管理层，该如何帮助小A完成该申报书内容的撰写？

机构管理层的思路分析：

（1）该地位于大别山区，道路崎岖，社会工作者在落地执行期间，应该会有一定的困难，采用何种交通工具？骑摩托车开展走访调查，山路有很大的潜在生命安全风险，需要为项目员工购买商业保险。

（2）服务对象都住在山区偏远地带，开展集中性的活动相对困难，人员一时间难以组织，在项目申报时应该考虑到当地的实际情况，大型的社区类活动应当减少，服务开始的时间不宜过早，避免服务对象因驱车前往活动地点而产生其他意外风险。

（3）山区天气变化较大，尤其是在冬季，山区的雪比城区来得早退得晚，积雪也很厚，道路结冰不便于开展活动。在相应的时间安排上也要把当地的实际情况考虑进来，在冬季减少服务活动量，尽量将活动集中在春后期、夏季、秋季等。

（二）社会工作服务的不可抗力性风险

在上述案例中，从机构管理层的思路分析，我们不难看出，可能影响社会工作服务项目的风险包括服务地区的客观环境即自然环境、气候条件等现实性风险因素，这些潜在的风险都具有一定的特性即不可抗力性，无法通过人的行为直接加以改变，只能将风险因素考虑周全，做好防范措施才能减少不必要的损失。

面对社会工作服务项目的不可抗力性风险，服务管理者要结合当地实际情形，不可抱有侥幸的心态，必须严格重视，提前做好风险预判与应对措施，同时也要时刻提醒和告知服务参与者即一线社会工作者在项目执行期要时刻做好风险预估，将安全保障问题始终放在首位。

（三）服务对象管理风险

失独家庭，一直以来都备受社会关注。某市政府部门计划通过政府购买服务的方式，准备对该市失独家庭群体提供专业的社会工作服务，以表达该市政府部门对失独家庭群体的关注。现政府部门通过网站信息发布方式，向全市社会工作机构发起公开招投标。某社会工作机构依据项目书要求参与项目申报，并最终成功中标。

在项目推行期间，该机构项目团队越发觉得服务进度难以推进，特别是服务活动在筹备充分的情况下，参与的人员却特别少。团队管理层也及时召开了内部督导会议，但并未发现机构内部管理上的问题。一线社会工作者小张，通过家庭走访发现，服务对象并非不愿意参加活动，而是内心的自我封闭性较大导致不敢迈出家门。通过一次次的上门走访、开展专项个案介入等服务后，服务对象群体开始慢慢打开心结，尝试着走出家门，走向社会，参与活动的主动性也越来越强。

从上述案例中，我们不难看出该社会工作服务项目的服务对象群体具有一定的特殊性，与一般的服务对象有一定的区别；此外，服务对象问题的产生也有特殊的历史背景，导致个体的心理脆弱性相对较强，大大增加了服务的难度。

社会工作服务中的服务对象管理风险主要表现在服务对象对自我的封闭性、服务对象对服务提供者的排外性、服务对象对服务的排斥性。例如，案例中服务对象在介入初期的心理活动表现为无法接纳自己，不愿意接触陌生人，对社会工作者的排外，从而导致在社会工作者精心准备的服务活动中参与度极低。

四、社会工作服务项目的风险管理路径

综上所述，社会工作服务项目的风险，是社会工作服务活动中容易发生的服务风险，它几乎涉及社会工作服务的各个方面，从服务的计划、执行与实施甚至在结项期都可能存在一定的风险性。作为服务项目的管理者、一线社会工作者，在应对社会工作服务项目的风险时应从以下几个层面着手：

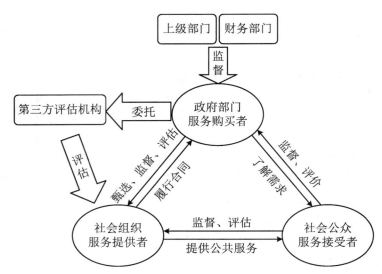

图 5-10 社会工作服务项目风险管理的介入路径图

（一）强化社会工作服务的风险防范意识

社会工作服务项目要始终坚持把"安全"放在首位，并渗透到服务的方方面面，特别是在团队成员内开展风险意识督导工作时，整个团队要时刻相互提醒和监督，在开展每一个社会工作服务项目前，都应该要提前做好安全评估和预警，确保服务风险在服务范围内可控。

（二）提高社会工作服务的风险识别水平

在设计和制订社会工作服务方案时，要以项目目标和服务任务为依据，识别风险。判断项目执行过程中可能存在的风险因素，必须把握两个基本原则：

（1）在社会工作者即将完成某项任务前，思考接下来可能出现什么风险。

（2）在社会工作者将要完成某个目标时，思考接下来可能出现什么风险。

（三）提升社会工作服务的风险应对能力

有效的风险应对措施，是管理社会工作服务风险的本质。风险管理是关系服务项目是否有成效的关键所在。

根据本节前述内容，处理风险有四种基本策略：回避、转移、减轻和接受。在社会工作服务策划前，服务管理者或从事者需要思考风险的等级，当判断风险过高时可采用回避或减轻的策略；当判断风险较低时采用转移或接受策略。比如，在遇到突然恶劣的天气，可能导致活动时间推迟时，社会工作者可采用回避方式即更改服务时间延期举行。

（四）做好社会工作服务的定期风险评估

社会工作服务的风险管理是动态的管理过程，也是持续性的过程。定期开展风险评估即意味着在项目筹备、项目计划、项目实施、项目结案等环节都要开展不同阶段的风险评估工作。当发现风险发生了变化或产生了新的风险时，要启动风险管理机制，对动态风险或新的风险进行介入，持续跟进，确保整个项目的顺利推进，完成项目的服务目标和任务。

 思考题

1. 什么是社会工作服务项目的时间管理?其一般原则有哪些?
2. 什么是社会工作服务项目的财务管理?其内容包括哪些?
3. 社会工作服务项目资金筹集的方式有哪些?
4. 什么是社会工作服务项目的质量管理?质量管理的一般原则有哪些?
5. 什么是社会工作服务项目的人员管理?人员管理的内容包括哪些?
6. 如何处理社会工作服务项目运作进程中发生的人员冲突?
7. 如何做好社会工作服务项目的风险管理?

第六章　社会工作服务项目的督导与评估

社会工作督导的三大功能、对象、类型和内容。社会工作服务项目评估的一般过程、基本原则、内容和一般程序。

培养学生开展社会工作服务项目督导的技巧与方法,掌握社会工作服务项目评估的技巧与方法。能熟练运用社会工作服务项目督导与评估的方法和步骤开展具体的实务运作。

在社会工作服务项目实施过程中,由于一线社工的实务能力参差不齐,且面临着艰巨的成长任务,因此,在成长过程中,督导的配备是必不可少的。评估是了解服务对象、弄清服务对象需求以及检查介入行动是否实现并有效开展介入计划、总结经验、发展社会工作实务知识的过程,贯穿于社会工作实务的整个过程,是社会工作运行活动中的重要环节。

第一节　社会工作服务项目督导概述

一、社会工作督导的含义

社会工作督导是专业训练的一种方法,是由机构内资深的社会工作者,对机构新进入的工作人员、一线初级社会工作者、实习生及志愿者,通过定期和持续的监督、指导,传授专业服务的知识和技术,以提高其专业技巧,进而促进他们成长并确保服务质量的活动。

在社会工作服务项目中,社会工作督导亦是对项目从业人员的专业训练方法,由机构内的资深社会工作者,或者聘请的专业督导,通过定期和持续的监督、指导,为一线社工传授项目服务的知识、技术以及项目运作的要点,以提高其项目运作能力,保证项目服务质量。

二、督导在社会工作中的功能和意义

(一) 督导在社会工作中的功能

社会工作督导具有三大功能,即行政的功能、教育的功能和支持的功能。行政的功能,指要求督导者在被督导者的招募与选择、引导与安置、工作计划与分配、工作监督、回顾与评

估、工作授权与协调等方面担负指导责任。教育的功能,指要求督导者对被督导者完成任务时所需的知识与技能给予指导,协助被督导者实现专业上的发展。支持的功能,是要求督导者向被督导者提供心理和情感上的支持,促使被督导者感到自我的重要性与价值感,让被督导者能积极面对工作、调适心理状态、回应各种挑战。

(二) 督导在社会工作中的意义

具体地说,督导对社会工作发展的意义体现在以下几个方面:

1. 保障服务机构的正常运行

社会工作是通过机构提供专业的服务,社会服务机构无论规模大小,都需要建立科层管理体系,来保证不同部门和个人的工作能够充分地协调和整合。机构通过建立督导制度,赋予督导以行政上的权威和责任,有助于工作的顺利完成。

2. 提高社会工作服务质量

从服务对象角度看,他们通过求助或转介的方式来到机构,希望能够获得高质量的服务。通过建立督导制度,可以保障服务质量的提高,保障服务对象的权益。

3. 促进社会工作者成长

从被督导者的角度看,学校专业知识的教育和短期的职前教育并不能充分满足社会工作者在实务工作中面临的各种需要,只有通过定期、持续的督导过程,才能够让被督导者结合服务经验体会专业知识、方法的运用之道。此外,大多数社会工作者都希望在服务中不断成长,能够更加熟练地开展服务工作,督导和继续教育就是促使组织机构的工作人员获取发展的有效措施。

4. 推动社会工作专业发展

社会工作专业是一个持续发展的专业,社会工作者必须适应这种变化,并提供有效服务来解决社会问题和满足社会需求。只有这样,该专业才能获得社会的肯定和认可。借助严格的督导制度,社会工作者可以获得相关知识和技能方面的训练,更好地胜任工作,从而也能促进社会工作专业的发展。

第二节 社会工作服务项目督导的主体、类型及内容

一、社会工作服务项目的督导者和督导对象

(一) 督导者

执行社会工作督导的督导者,一般都是由机构中资深的社会工作者或高校教师担任,他们一般具有丰富的实践经验,接受过正规的社会工作专业训练(本科毕业或研究生毕业),拥有良好的专业知识和督导技能,尤其是具有对社会、对专业负责的精神。

(二) 督导的对象

社会工作项目督导的主要对象有四种:一是新进入社会工作机构的社会工作者;二是服务年限较短、经验不足的初级社会工作者;三是在社会工作机构实习的社会工作专业学生;四是社会工作机构的非正式人员,主要是志愿者。

二、督导的类型

一般而言,社会工作项目督导的类型分为四种:

(1) 师徒式督导。督导者扮演师傅的角色,提供教育训练。师徒式督导强调学习过程,焦点集中在一般议题;而从专业的角度看,被督导者承担更多的责任。

(2) 训练式督导。被督导者被认为是学生或受教育者,在具体实务服务中,督导者负责部分工作。训练式督导同师徒式督导较为一致的是也强调学习过程,焦点集中在一般议题上;但在专业方面,督导者承担更多的责任。

(3) 管理式督导。督导者是被督导者的上级或主管,具有"上司与下属"的关系。管理式督导强调的是实务工作的完成及其服务质量,焦点集中在特殊议题上;从专业的角度看,督导者承担更多的责任。

(4) 咨询式督导。督导者与被督导者及其工作之间没有直接的关系和责任,是纯粹的咨询角色。咨询式督导同管理式督导较为一致的是强调实务工作的完成及其服务质量,焦点集中在特殊议题上;但从专业的角度看,被督导者要承担更多的责任,也就是说,被督导者根据实务工作的要求,主动寻求帮助和支持更为重要。

三、社会工作服务项目督导的内容

(一) 行政性督导的内容

督导者在社会工作机构中是行政科层结构的连接点,行政性督导工作的主要内容有以下几项:

1. 社会工作者的招募和选择

督导者通过面试选择比较合适的候选人,这不但可以限制成员的差异性,也可以让符合条件的人在实现组织目标时充满认同感和胜任感。

2. 安置和引导工作人员

督导者要对新进人员进行安置和引导,让他们了解自己在机构中的位置,清楚掌握组织的行政环节、政策和制度等相关资讯,帮助他们在机构的人群网络中找到自己的位置。通过督导引导和说明,新进社会工作者可以明确掌握机构信息、岗位职责、工作规范,这有助于社会工作者熟悉机构环境和工作环境,降低不确定性引发的压力,协助其尽快调整状态融入机构。

3. 工作计划和分配

社会工作者一旦被招募、聘用、引导和安置,督导就必须进行计划并安排工作人员所要进行的工作,包括服务个案量的分配,工作完成时间安排与管理,配置人力资源,以及其他资源管理等。督导在进行工作分配时要充分考虑任务量、任务种类、工作人员的能力和其他需求等要素,同时也要考虑分配工作过程中公开说明的程度。

4. 工作授权、协调与沟通

工作授权则是让社会工作者知道自己可以做什么、不可以做什么、可以自主到什么程度以及权限在哪里。督导者需要根据工作的复杂程度、社会工作者的技巧与兴趣、工作量的均衡、机构的氛围等因素综合考虑适当授权。工作授权程序多样:有的督导是提供一连串清楚和详细的指引,有的是提供一般性的准则,而细微之处则是给予工作人员较大的弹性;还有的是采取共同讨论的方式来决定任务应该如何被完成;有些则完全给予工作人员自由且不受特殊限制地允许其自主开展工作。

社会工作督导在社会工作者、机构主管、机构与服务对象之间扮演桥梁的角色。在资源整合过程中，督导的居中协调举足轻重。协调的任务主要是指将所有工作中的片段联系起来，包括联结部门中的成员、部门和部门以及与其他机构的相互协调等。督导者也是行政沟通纽带中的一个连接点，包括向上与行政主管沟通，向下与基层工作人员沟通，因此督导需要具备良好的沟通能力，通过面对面沟通、电话沟通、书写备忘录或报告沟通等渠道和方式，一方面向社会工作者清晰地传达机构政策、工作程序，另一方面将社会工作者的能力限制、疑惑不满及时反映给机构主管。总之，督导的行政地位更多体现为行政控制中心，负责收集、处理和传达来自上级和下级的资讯。

5. 工作监督、总结和评估

监督的任务包括听取工作人员的口头汇报，阅读书面记录和统计报告。督导监督和总结工作成效内容包括是否达到最低要求，分享反馈信息和口头表扬。工作总结是为了确定工作是否按照计划完成，包括检查工作人员配置是否足够，以及分配给工作人员的工作量是否足够。

6. 督导者扮演多种角色

缓冲器角色。督导者必须成为服务对象与被督导者之间、被督导者与社会服务机构之间、机构内部各部门之间的缓冲器。其任务包括：处理服务对象的申述；接受那些不满被督导者的决策而要求与更高层级谈话的服务对象的申请；保护被督导者，使其不必处理服务对象对其错误决策的强烈情绪；保护被督导者，使其不必承受行政管理者不合理的工作量标准而产生的负担等。

倡导者角色。一方面，督导者积极代表被督导者的利益，作为行政中间人，帮助社会服务机构管理者清楚地了解被督导者的利益、问题，提出改善建议；督导者有时也会采取理性的辩论，或是以某种交换形式的谈判来倡导可被接受的建议。另一方面，督导者也积极参与社会服务机构政策的规划工作。督导者从被督导的直接服务工作者那里了解到服务对象和社区的需求，了解到政策不足和缺陷，向上级主管积极传递这些资讯，并负责任地根据这些资讯提出改变机构政策和程序的建议。

机构变迁推动人。督导者的策略性地位决定了其可以作为机构变迁的推动人。督导者一方面积极地影响机构行政管理者进行变迁，另一方面也影响被督导的社会工作者接受这些改变。此外，督导者不仅需要负责机构内部的变迁，也要对社区中的其他机构具有相当的敏感度。在总结、协调和计划工作时，督导者可能会发觉整个社区社会服务系统中缺乏某些服务项目，因此可以向本机构倡导开展社区所需要的服务。

（二）教育性督导的内容

社会工作督导的教育性功能要求督导者不仅要提供被督导者完成工作所需的知识，还要协助社会工作者由"知"转为"做"。督导者通过个别督导或团体会谈，发挥知识、能力、学习与自我觉醒的反馈效能。具体内容包括以下几个方面：

1. 教导有关"服务对象群"的特殊知识

例如，当被督导者不太熟悉老年人服务时，督导者要告诉他老年人在老龄时期会发生价值态度的转换，引导其将那些鄙视、厌恶、绝望等负面印象转化成能表达老年人的优点和自我价值的陈述。

2. 教导"社会服务机构"的知识

面对社会服务机构的多样化，督导者必须教导被督导者一些机构如何组织和行政运作、本机构与其他机构的关系、机构政策如何建立和改变、机构与所处社区的关系等方面的知识。

3. 教导有关"社会问题"的知识

不同的社会服务机构关注不同的社会问题。督导者要告诉被督导者这些问题的原因，国家、社会和社区对特殊社会问题的干预政策，这些特殊问题对人们生活的影响，机构服务与社会问题间的关系等方面的知识。

4. 教导有关"工作过程"的知识

督导者必须教导助人的有关技术，包括社会工作者必须做的事是什么，如果要协助个人、团体、社区有效处理社会问题，社会工作者应该如何行动。督导者也必须教导和解释为什么机构会采用这种特殊的介入方法。

5. 教导有关"工作者本身"的知识

督导者要通过教导让被督导者能够"自我觉醒"，让他自主地思考一些事情，并借此确保被督导者对专业问题的反思不会影响服务对象与社会工作者之间的协助关系。

6. 提供专业性"建议和咨询"

督导者的专业权力与个人魅力对被督导者会产生影响。当督导者扮演被督导者的顾问角色时，督导者就会发挥专家和合法的权力功能，在征求被督导者同意的基础上，提供相应的指导和忠告。

此外，社会工作督导还可以通过教育性督导，有效缓解社会工作者的压力。具体的工作内容：一是教导时间管理技巧。由于社会工作是一个角色过多、负荷较重的职业，加上社会工作者多数是女性，常面临工作与家庭的角色冲突，多功能角色期待的负荷。在减轻社会工作者工作负荷时，督导除了要调整工作量、摸索合理工作分配外，教导时间管理技巧非常必要，通过综合考虑重要性和紧迫性因素，排列服务的优先次序。二是教导沟通技巧。社会工作的沟通技巧在建立专业信赖关系、发展良好工作、协调整合社会资源等助人过程中是一种必备的重要能力，因此督导应适时给被督导者提供同理心技巧、处理冲突技巧、自我肯定表达技巧等方面的培训。三是培养价值伦理抉择能力。督导也应该协助社会工作者厘清自己的价值与专业价值、与其他团队成员存在的价值冲突，并帮助他（她）认识价值伦理判断的先后次序，引导其在服务时作出最适当的选择。四是开展压力管理培训课程。督导应在"在职训练"中安排压力管理训练课程，介绍冥想、放松等技巧，预防社会工作者出现职业倦怠。

（三）支持性督导的内容

由于社会工作的服务性质，被督导者经常承受过重的压力和紧张，容易产生煎熬的情绪危机。

1. 社会工作者最常面临的压力来源

社会工作者最常面临的压力来源包括：一是来自服务对象的压力，包括处理"非自愿服务对象"、服务对象过度依赖、害怕决策可能产生的不良后果、合法需求与正当利益间的冲突、无法将时间公平地分配给每一个服务对象等。二是来自工作的压力，包括工作环境不佳、无力解决某些社会问题的挫折感、工作中专业知识不足、专业独立性不够、实务经验不足等。三是来自机构的行政压力，包括对机构政策和程序的承诺、工作绩效评估、工作量过重、工资待遇问题、科层互动僵化和效率低下、机构动荡、改组及规则改变等。四是来自社会对社会工作认识的压力,包括社会公众对社会工作专业不了解、服务对象对社会工作不了解、社会工作机构的领导和同事对社会工作不了解、其他专业对社会工作专业能力的质疑、社会工作者要不断为专业解释等。

因此,社会工作督导必须发挥其支持性功能,帮助被督导者增强自我功能,平衡和安抚其工作情绪,缓解焦虑,增强其工作信念,提高工作效能,从而呈现出良好的工作状态。

2. 缓解社会工作者的压力感受、提升工作士气的督导原则

缓解社会工作者的压力感受、提升工作士气的督导原则主要有:一是充分把握被督导者的性别、年龄、工作年限、人格特质等特性因素。例如女性社会工作者感受性强,督导要能够同理了解其因工作与家庭角色冲突而产生的情绪反应;年轻的社会工作者可能喜欢挑战、追求自主,中年的社会工作者可能喜欢安定平和;刚入职的年轻社会工作者需要具体的工作说明手册和明确的职责规范;资深的社会工作者可能更需要督导进行工作授权;人格特质方面,社会工作者需要督导有更多倾听、接纳,并引导其接受自我和专业的有限性,同时增加工作的自我效能感,使多数事情可以被有效控制和执行,缓解其不可控制的无力感。二是善于激励和催化,妥善处理冲突紧张的关系。督导需要激励被督导者接受自己,积极建立反馈渠道,培养团队间相互合作的关系,妥善处理人与人、人与机构因为各种原因所导致的紧张关系,提高工作士气,提升服务品质。

3. 支持性督导的工作内容

支持性督导的工作内容主要有四个方面:

(1)疏导情绪。督导者协助被督导者适应和处理服务过程中所产生的挫折、不满、失望、焦虑等各种情绪,增强被督导者的自我调节功能。

(2)给予关怀。督导者通过给予关怀和支持,让被督导者在工作过程中有安全感,并愿意尝试新工作。

(3)发现成效。督导者协助被督导者发现工作成效,并能自我欣赏,激发被督导者的工作情绪和士气,并对机构逐渐产生认同感和归属感。

(4)寻求满足。督导者给予被督导者从事专业的满足感和价值感,促进其对专业的认同,进而愿意持续投身于社会服务工作中。

讨论:社会工作在我国还是一个比较新的行业。一直以来,我国社会工作教育都领先于实务,因此,社会工作专业学生在入职后,会出现许多因实务经验不足而带来的困扰。作为督导,需要陪伴他们尽快完成角色转变,适应岗位需求,让社工得到充分锻炼,以更快、更好的状态投入到社会工作服务中去。如何对新入职社工进行督导?

"江淮社工行动"之"睦邻家园"社区服务项目①督导实例

"江淮社工行动"之"睦邻家园"(大观区)社区服务项目,由安庆市众禾社工服务中心承接,并在安庆市大观区花亭北村实施并顺利结项。在项目执行期间,由安徽省民政厅购

---

① 该项目由安庆市众禾社工服务中心承接并实施(2018年5月~2019年5月)。

买第三方督导机构为该机构提供了为期1年的专业督导支持,包括项目策划与实施督导、专家面对面督导、实地督导等。

现以该项目为例,讨论在项目实施过程中的社会工作督导流程。

(一)确定督导计划书

在项目正式执行前,项目督导与社会工作服务机构进行充分沟通、交流,讨论项目督导总目标和具体目标,确定项目周期内的督导计划,确定一定范围的督导日期、督导主题并形成文字,便于督导工作的具体落实。

例:该机构与第三方督导机构在充分讨论和沟通后形成的督导计划书如下:

1. 督导总目标

(1)确保完成项目既定目标

(2)被督导的社工/机构能力得到提升

2. 具体目标

(1)协助项目组完成各项服务指标

(2)协助项目组掌握项目成效呈现的方法

(3)协助项目组掌握项目管理相关的能力

(4)协助项目执行机构影响力得到提升

3. 督导任务清单(表6-1)

表6-1 督导任务清单

主题	计划完成时间
项目设计	2018.7.1
社区社会组织孵化与培训	2018.7.15
新入职社工能力提升	2018.8.15~2018.9.15
机构财务管理	2018.9.15
合肥参访学习(微公益创投方向)	2018.10.31
项目评估	2018.11.30
项目成效的总结凝练	2019.3.15
项目执行机构的战略性规划	2019.4.15

(二)执行督导计划

1. 督导前:提交督导申请

在确定下一次督导开始前,以督导计划为框架由项目执行机构向督导方提前提交督导申请,包括督导内容、督导时间、被督导人员等,经双方沟通并形成统一意见。

例:图6-1为该机构计划于2018年开展督导工作提交的督导申请表部分内容,其中包括督导申请人、申请督导时间、督导方式、督导人员、受督导内容等。

2. 督导中:接受督导

第三方督导机构通常采用实地督导、以会代督、参访学习等方式开展具体的督导工作,为项目执行机构提供全方面技术支持。

3. 督导后:督导记录

当期督导工作结束后,受督导方及时提交督导反馈,以充分考量督导效果及受督导方学习程度情况,督导记录与反馈内容主要包括督导的具体内容、督导反思、下一步工作计划等。

督导申请表

申请人			
申请督导日期/时间	2018年8月20日	申请督导地点	机构会议室
督导方式/媒介	☐个别督导 ☑集体督导 ☑实地督导 ☐文案指导 ☐面对面 ☐电话 ☐视讯\QQ\微信 ☐其他_____(请注明)		
固定督导人		其他督导人	
申请受督导内容(简述)			
简单明了表述需要解决的问题、所需的支持或所要达到的目的。 　　项目财务管理是项目管理中较为重要的组成部分。做好项目财务管理是项目执行机构、项目参与人员必备的技能之一。机构申请开展有关项目财务管理知识的培训,主要内容包括: 　　1. 什么是项目财务管理,包括哪些方面? 　　2. 项目会计在财务管理中的角色和功能? 　　3. 项目执行团队如何做好项目财务管理?			

图6-1　督导申请表(节选)

(三) 督导总结、评价与反馈

该项目执行期,项目第三方与该机构建立了良好的沟通机制,通过线上和线下督导等不同方式,累计开展了10次一对一督导,2次外出参访学习,线上督导支持达20余次,为该机构提供了长期跟踪式服务,充分保障了"睦邻家园"项目的执行,也有效地提升了项目执行团队专业能力和水平。

第三节　社会工作服务项目评估概述

一、社会工作服务项目评估的含义

社会工作服务项目评估是对社会工作服务项目实务(过程和结果)和事务(行政)等方面进行评价的过程。一般包括项目前期评估、项目中期评估和项目后期评估三个阶段。

项目评估与多方面因素有关。一般来说,项目委托者希望了解项目是否达到预期目标,其影响效果如何,服务机构希望把握项目实施质量优劣情况及其原因,而社会大众希望了解项目的覆盖情况及服务对象的评价。当然,地域性、政治性的信仰和价值观也会影响服务项目评估的效果。

二、社会工作服务项目评估的基本要素

社会工作服务项目评估要纳入整个社会工作系统中,可以从主体、对象、目标、伦理和方法等方面进行阐述。

1. 评估主体

社会工作服务项目评估的主体是指由谁对项目进行评价。根据评估者与项目的关系,评估主体可以分为项目委托者、项目执行者和独立第三方。项目委托者可以是执行机构本系统的上级部门或组织(如政府),也可以是系统外委托方(如基金会或企业社会责任部门)。项目执行者可以是社会工作者,也可以是社会工作服务机构。独立第三方是指与委托方和执行方无直接利益联系的其他机构。其中,实务项目的委托方也是项目评估的最合理的委托者。无论项目评估主体是谁,都应该同时具备三个条件:了解所评项目领域的业务、事务和财务;熟悉社会工作研究方法;具有良好的职业操守和研究伦理。三者中无论缺少哪个条件,均难以实现高质量的评估。

2. 评估对象

社会工作服务项目评估的对象有多种分类方法。以方法划分,评估对象可以有个案社会工作项目、小组社会工作项目、社区社会工作项目等;以人群划分,评估对象可以有老人服务项目、残疾人服务项目、青少年服务项目等;以领域划分,评估对象可以有反贫困项目、社区适应项目、失独家庭项目等;以时段划分,评估对象可以分为项目服务前期评估、项目服务中期评估、项目服务后期评估等。

3. 评估目标

项目评估有内评估和外评估两种形式。内评估是由服务提供者进行的项目评估,目的在于明确服务需求,制定和选择合适的服务方法,检查服务工作的进度,对服务进行总结,提炼服务经验等。外评估的基本目标是检测服务项目的实施或完成情况,对服务进行评价,并提出改进服务的建议。[1] 一般来说,社会工作服务项目评估要达到如下目标:评估社会工作服务项目目标的实现程度、专业服务效果及项目资金的使用情况;总结社会工作服务经验,提炼社会工作服务技巧,提升社会工作服务水平;作为社会工作服务项目结项的依据,以及为项目购买方确定项目执行方继续承担相关社会工作服务项目的资质提供依据。[2]

4. 评估伦理

社会工作服务项目评估既是社会工作实务的组成部分,也是社会工作研究的重要对象。因此社会工作服务项目评估需要遵守社会工作和社会研究的双重伦理。社会工作的伦理主要涉及社会工作的价值观、社会工作的行为守则等;社会研究的伦理主要涉及客观性与诚实性、志愿参与和知情同意、参与者无伤害、匿名和保密、价值中立、评估研究者身份说明、研究结果的公开和分享等。

---

[1] 顾东辉.社会工作评估[M].北京:高等教育出版社,2009:18.
[2] 赵海林.社会服务项目运作实务[M].北京:中国人民大学出版社,2018:79.

5. 评估方法

社会工作服务项目评估的方法大体可以分成两类,即质性评估和量化评估。质性评估包括观察法、访谈法和个案研究等;量化评估包括问卷法、实验法等。具体选择什么方法,要根据项目特征、对象特质、资源状况等因素进行考虑,其目的在于找出问题、总结经验,因此选择评估方法的原则应是简单、可行和实用的。

三、社会工作服务项目评估的基本类型

根据社会工作服务项目开展的一般过程,项目评估可以基本划分为服务前期评估、服务中期评估和服务后期评估三大类。

1. 服务前期评估

服务前期评估有需求评估和方案评估两种。

需求评估是指社会工作者对服务对象情况进行事先详细了解,依据相关理论确定其需求满足情况及其成因,形成一个暂时性评估结论的过程。如社会工作者在问卷调查后发现,居民普遍感到社区的交通线路短缺、环境卫生不佳,从而增加交通线路、改善环境就是居民的生活需求。分析问题及其原因机制,是需求评估的关键。

方案评估是在若干计划中选取一个合适方案。一是在完成需求评估后,应该根据某些指标排列这些需求的优先次序,并确定核心需求和目标;二是把握满足这些需求的可能工作模式,预测各自效果,并形成几个候选方案;三是研究者整合各方利益、行政、财务、时间、工作者特性、职业操守等各种因素,选择某个方案,并形成操作性工作方案。针对性、整体性、具体性、可行性、机动性是良好方案的重要标准。

2. 服务中期评估

服务中期评估就是评价项目执行中相关活动的状况。评估者应该接触服务对象,实时了解其接受服务时的感受、认识、想法等。评估者应该随时检查各种信息以了解方案实施产生的变化。评估者应该收集社会工作者的工作记录,了解其特征和背景,以及与服务对象的接触次数、地点、资源、阶段性目标、新问题等。

社会工作者在提供服务时最好同时成为评估者,从而有利于了解参与者的回应、其他组织的态度、各类资源的变动、执行效果、目标和方法的接受程度等情况,及时有效地改变工作技术,保证服务方案的顺利进行。

3. 服务后期评估

服务后期评估有结果评估(本体评价)和影响评估(影响评价)两种。

结果评估是指比较服务前后服务对象在某些方面的变化,判断项目目标是否实现。如社会工作者对医院义工进行拓展性小组培训以帮助组员了解相关知识、强化其个体能力和团队精神。项目结束时,社会工作者发现,成员对社会工作和志愿服务、价值观、志愿者的功能和角色等方面的了解程度有了很大提高,掌握了把握病人需求的一些方法,学会了探访服务的一些技巧,其自信心、积极性都有所提高,对于与其他成员的互动技术也有了一定把握。由此,可以认为小组工作是有效的。

结果评估还包括对结果质量的判断。如进行效率分析,将结果与服务投入比较,这是向资助者和公众交代的需要。

与结果评估并存,服务后期评估还应进行影响评估。其一,了解项目是否获得了社会效益,如得到其他机构、政府部门、大众媒体的关注,知晓度和美誉度是否上升。其二,了解项

目是否拓展了相关实务,如促成了新实务项目,推动了新机构成立,推进了社会工作的专业化和职业化。其三,了解项目是否推进了场景改变,如吸引社会资源参与,激发社会政策出台等。

由于服务后期评估包括项目本体评估和项目影响评估,所以社会工作者要以提升本体结果为核心,也要关注扩大项目影响。本质上,两种评估都是促进民众福利提升的重要途径。

项目评估是社会工作实务的特色。社会工作服务项目最好在不同阶段进行相应评估,理想的社会工作实务项目需要自始至终的评估过程。

四、社会工作服务项目评估的原则

1. 客观性原则

以客观事实为依据,准确反映社会工作服务项目在投入、运作、产出以及成效方面的实际情况。

2. 专业性原则

注重考察社会工作的专业价值、理论、方法和技巧在服务项目中的运用。

3. 系统性原则

通过层次化结构对指标体系进行结构化分类,确定各类评估指标的权重,全面、综合地反映服务项目的整体情况。

4. 可操作性原则

评估方法符合项目实际,采取定量与定性相结合的方法,易于操作。

五、社会工作服务项目评估团队应具备的条件

1. 人数要求

一般不少于5人的单数组成。

2. 专业人员

取得中、高级社会工作者职业水平证书或受过硕士研究生及以上社会工作专业教育,且具有3年以上相关社会工作实务经验的人员不低于30%。

3. 财务人员

不少于1名熟悉社会组织财务工作、具有中级及以上专业技术职务的财会人员。

第四节　社会工作服务项目评估的内容、方法和程序

对于社会组织而言,规范合理的评估可以给社会组织提供全面的反馈,帮助社会组织决定是否需要改进、扩大或者缩减项目,提高社会服务的效益。

一、社会工作服务项目评估内容

评估内容主要包含项目方案、项目实施、项目管理以及项目成效。

(一)项目方案

对项目方案的评估主要是评估项目的规范性、有效性,具体来说包含:

（1）社会工作服务项目的策划是否专业、规范。

（2）服务计划是否具有逻辑性和可操作性，是否有效回应服务对象需求和项目目标要求。

（3）服务对象界定是否符合项目基本要求。

（4）对需求的调查分析是否准确，需求分析报告结构是否完整，是否能根据需求合理界定项目服务的覆盖范围和目标指向。

（5）预算方案是否体现目标相关性、政策相符性、经济合理性、公益导向性的原则。

（二）项目实施

1. 专业人员配备与使用

在项目实施中，是否能够按照项目方案中的计划配备相应的社会工作及相关专业人员，并在项目实施中发挥相应作用。

在人员使用过程中，是否能够做到分工明确、优势互补、团队协作。

2. 物资配置

在项目实施中，使用的场地、设备、服务设施及相关物资是否能够满足项目运行需求。

3. 专业服务价值理念运用

在项目实施中，能否真正体现社会工作者"以人为本、助人自助"的价值观和"平等、尊重、接纳、保密"等专业原则。

4. 专业服务理论运用

在项目实施中，是否正确运用社会工作专业相关理论。

5. 专业服务方法运用

在项目实施中，是否恰当运用社会工作专业方法和技巧。

（三）项目管理

1. 项目行政管理

是否制定和执行了项目人事管理制度、财务管理制度、物资管理制度及保密制度。

2. 专业规范性管理

是否制定和执行了完善的社会工作专业服务规范和程序；是否全面、原始、真实保存了项目服务档案；是否制定了服务对象权益保障制度。

3. 项目进度管理

项目团队是否根据服务方案制订了总体工作计划和阶段性工作安排；是否制定了服务进度管理制度，并合理安排工作进度。

4. 服务质量体系与督导

是否建立了服务质量评估指标体系；是否建立了专业督导和培训机制；是否建立了意见反馈与投诉处理机制；是否提出了持续改进机制。

5. 风险管理与应急预案

项目执行机构是否对其项目实施过程中存在的风险进行了预估，是否制订了项目应急预案。

6. 项目资金管理

项目资金使用是否符合预算执行方案和财务管理制度。

（四）项目成效

项目实施成效主要包括目标实现程度、满意度、社会效益三个方面的评价维度。

1. 目标实现程度

目标实现程度主要是围绕项目方案来看目标达成度如何：

（1）合同规定的服务目标达成情况。

（2）合同规定的服务数量完成情况。

（3）合同规定的服务对象改善情况。

（4）合同规定的服务组织及其专业团队从项目实施中得到成长发展的情况。

2. 满意度

满意度是指对社会工作服务过程与成效的满意度，即购买方和服务对象对项目执行方工作过程及项目实施效果是否满意及其满意程度。

3. 社会效益

主要是对项目的影响力、可持续性、可推广性进行评估，主要包括：

（1）社会反响——奖惩情况、宣传报道、研究成果。

（2）决策影响——对项目可持续发展的思考与建议被相关部门采纳。

（3）资源整合——社会捐赠与资源链接情况，志愿者参与情况。

二、社会工作服务项目评估方法

常用的评估方法有资料分析法、观察法、问卷法和访谈法。

（一）资料分析法

1. 组织资料分析

包括但不限于组织的基本信息（如组织章程）、与项目有关的组织制度文本（如项目财务管理制度）、组织日常工作记录（如董事会或理事会会议记录）。

2. 项目资料分析

包括但不限于项目计划（如项目标书、项目服务方案）、项目服务档案（如服务记录）、项目人员档案（如项目人员、志愿者档案）、项目财务信息（如项目预算、决算表）、与项目相关的各类管理制度档案（如项目行政管理、专业规范性管理、项目进度管理、服务质量控制、风险管理）。

3. 其他资料分析

包括但不限于项目测评工具（如服务满意度问卷）、项目各类统计文本（如服务满意度调查结果统计）、项目各类工作报告（如项目中期报告、总结报告）。

（二）观察法

通过对每个项目的日常服务或活动过程进行现场观察，来评估其效果。

观察内容包括：服务环境、服务内容、服务方法以及服务的社会工作专业性体现和规范，服务人员与服务对象的互动等。

对于已经结束的服务项目，评估人员可通过观察该组织与评估项目同类的日常服务和活动，从侧面了解项目的服务过程。

（三）问卷法

主要是通过问卷调查的方法，向服务对象调查项目实施满意度及成效，从而达到对项目实施情况进行评估的目的。

问卷调查的关注重点应包括下列内容：依据项目总体目标和服务对象的实际情况，科学设计调查问卷及确定抽样样本；调查收集项目服务对象满意率和项目服务成效等信息。

在问卷调查结束后，对问卷回收情况、问卷填写完整性和内容真实性进行质量复核。

（四）访谈法

主要是通过与项目利害关系人就服务项目实施的满意度及成效进行访谈，从而达到对项目实施情况进行评估的目的。

访谈法包括：

（1）与项目的服务对象及开展项目服务的相关人员，就服务满意率、服务成效以及对项目服务的具体意见进行沟通。

（2）与项目执行方的负责人、项目负责人及工作人员就以下内容进行访谈：① 向执行方的负责人了解在项目运作过程中，有关项目监管、资源整合方面所采取的措施，运作该项目给组织带来的影响以及项目运作中遇到的困难。② 向执行方项目负责人和工作人员了解项目的实际运作情况，包括项目体现社会工作专业价值观、理论和方法的情况，项目完成情况，项目资金使用情况，项目管理制度及落实情况。

（3）与项目购买方代表就项目运作情况的满意度进行访谈。

三、社会工作服务项目评估程序

（一）起草方案

评估执行方应根据评估组织方的要求，起草详细的评估方案。

1. 方案内容

评估方案内容应包括：

（1）目标任务——评估要完成哪些任务、要实现什么样的目标。

（2）基本方法——评估所使用的方法，如资料分析。

（3）进度安排——时间安排如何更加科学合理，有助于大家掌握进度。

（4）人员安排——人员构成情况及分工情况说明。

（5）经费预算——评估费用的支出情况。

（6）风险控制——对于可能影响评估的因素进行分析和防控。

2. 方案确认

评估执行方应将评估方案交评估组织方确认，双方确认同意后签订委托评估协议书。

（二）组织人员和发送通知

1. 组织人员

评估执行方应根据评估方案，组建评估团队，针对项目开展评估培训。

2. 发送通知

评估执行方应至少提前 30 个工作日，书面告知被评估方评估的具体要求、评估标准、操作细则及安排。

（三）实施评估

被评估方应根据评估要求提交自评报告。评估执行方在收到自评报告和相关材料后应及时组织评估。

评估实施过程中，被评估方应根据评估需要，及时向评估执行方提供与项目相关的各类资料。

(四) 出具报告

1. 报告内容

评估报告内容应至少包括：

(1) 评估开展情况——项目的基本情况及相关准备工作介绍。

(2) 项目及执行基本情况——项目实施的各阶段完成工作情况。

(3) 评估结论及建议——包含主要成效、不足之处及下一步改进的地方。

2. 评估结果反馈

评估执行方撰写完成评估报告后，应以评估报告（初稿）的形式，就初步评估结果与被评估方进行沟通，征询被评估方意见。

评估执行方出具正式评估报告并送达评估委托方。

(五) 评估报告运用

1. 项目购买方

(1) 评估报告应作为项目购买方是否继续委托或中断委托项目的决策依据。

(2) 评估报告应作为项目购买方与项目执行方协商对未来项目方案、项目实施、项目管理等进行改善提质的参考依据。

(3) 评估报告宜作为优秀项目评比、资金投入决策等方面的参考依据。

2. 项目执行方

(1) 评估报告应作为项目执行方向项目购买方申请新项目或申请项目延续的参考依据。

(2) 评估报告应作为项目执行方对项目经验的总结和对项目进一步改进的参考依据。

拓展阅读

某洪涝灾害社会工作服务项目评估案例

社会工作服务项目评估是评价和衡量项目机构在项目落地执行、服务对象改变时所采取的应对措施的重要手段。现以安庆市众禾社工服务中心于2016年～2017年度参与执行的某洪涝灾害社会工作服务项目为例，具体展开讨论社会工作评估工作的具体内容。

1. 评估内容

通常，社会工作服务评估包括项目中期和终期两个阶段。

该项目由于执行时间相对较短，项目周期仅为4个月，因此以终期评估为重点。根据民政部下发的绩效评估通知，其中评估的主要内容包括：项目目标完成情况、项目财务使用情况、项目服务对象满意度及服务质量、民政部门监管责任落实情况、社会效益与可持续影响、存在问题及改进建议等。

2. 评估方式

该项目采取的评估方式主要包括2种：自评和第三方评估。

(1) 自评。由项目执行机构填写《项目自评报告》，并对照《绩效评估资料清单》提交纸质版材料。

例:《项目自评报告》《绩效评估资料清单》部分截图见图 6-2、图 6-3。

民政部重大自然灾害与突发事件社会工作服务支援计划

项目自评报告
（模板）

项目名称：_____
执行单位：_____
填报日期：_____

三、方案实施情况

	计划完成（按照方案内容分类填写，明确具体内容及计划工作量）	实际完成（对照方案内容，填写实际完成情况）
项目目标完成情况		
目标未完成原因说明		

	活动名称	主要内容	开展次数	受益人数（次）
已经开展活动情况				

图 6-2 《项目自评报告》部分截图

附件 2

绩效评估所需资料清单

1. 项目执行单位制定的项目管理制度
2. 项目执行单位制定的财务管理制度
3. 本项目收支明细账
4. 本项目记账凭证、支出凭单及原始资料复印件（每个费类均至少提供金额较大的 3 笔支出凭单复印件，单笔 5000 元以上全部提供，且需提供相应记账与支出的原始凭证复印件）
5. 审计报告（如已接受会计师事务所审计的请提供）
6. 服务档案材料：
   (1) 走访记录、个案工作记录、小组工作记录、社区工作记录等服务过程档案（能够体现活动主题、对象、方式、参与人数等信息的材料）
   (2) 入户慰问、心理辅导、防灾减灾知识培训和预防演练等活动开展记录（包括活动计划、受益对象、活动总结等材料）
   (3) 社会工作站点建设情况材料（数量、地点、规模、用途等）
   (4) 服务工作现场影像资料和媒体报道材料
7. 督导工作记录（现场督导照片、督导人员记录等）
8. 服务对象满意度调查问卷（如已开展满意度调查的请提供）
9. 能够反映项目管理、宣传、绩效的其他资料

图 6-3 《绩效评估资料清单》

（2）第三方评估。该项目对2017年开展的各项目机构,第三方评估组织逐一到项目所在地进行实地评估,现场查阅资料、听取项目汇报及服务度满意度调查等。

例:该机构接受项目评估时进行项目汇报的内容截图见图6-4、图6-5。

图 6-4　项目执行思维导图

图 6-5　项目周期总结汇报PPT部分截图

思考题

1. 什么是社会工作督导？有哪些功能？
2. 社会工作项目督导的意义有哪些？社会工作督导的主要对象有哪些？
3. 社会工作督导有哪几种类型？主要内容有哪些？
4. 什么是社会工作服务项目评估？其构成要素有哪些？坚持什么样的原则？
5. 论述社会工作服务项目评估的目标、内容、方法及程序。

参 考 文 献

[1] 项目臭皮匠.项目百子柜[M].北京:中国社会出版社,2017.
[2] 戚安邦.项目管理学[M].2版.北京:科学出版社,2018.
[3] 美国项目管理协会.项目管理知识体系指南[M].6版.电子工业出版社,2018.
[4] 童敏.社会工作专业服务的规划与设计[M].北京:社会科学文献出版社,2011.
[5] 民政部.社会工作服务项目绩效评估指南(MZ/T059—2014)[R],2014.
[6] 童敏.社会工作专业服务的规划与设计[M].北京:社会科学文献出版社,2011.
[7] GINSBERG L H.社会工作评估:原理与方法[M].黄晨曦,译.上海:华东理工大学出版社,2013.
[8] 顾东辉.社会工作评估[M].北京:高等教育出版社,2009.
[9] 赵海林.社会服务项目运作实务[M].北京:中国人民大学出版社,2018.
[10] "大爱之行"全国项目办公室.社会工作项目管理手册[M].北京:中国社会出版社,2016.
[11] 陈振明.公共管理学原理[M].北京:中国人民大学出版社,2003.
[12] 赵海林.社会服务项目运作实务[M].北京:中国人民大学出版社,2018.
[13] 国务院办公厅.关于政府向社会力量购买服务的指导意见(国办发〔2013〕96号)[R].2013.
[14] 民政部,财政部.关于政府购买社会工作服务的指导意见(民发〔2012〕196号)[R].2012.
[15] 时立荣.社会工作行政[M].北京:中国人民大学出版社,2014.
[16] 周三多.管理学[M].5版.北京:高等教育出版社,2014.
[17] 周学锋.管理学[M].合肥:安徽大学出版社,2012.
[18] 吴东民.非营利组织管理[M].北京:中国人民大学出版社,2003.
[19] 许莉娅.个案工作[M].北京:高等教育出版社,2013.
[20] 吕新萍.小组工作[M].北京:中国人民大学出版社,2013.
[21] 李沂靖.社区工作[M].北京:中国社会出版社,2010.
[22] 马海英.项目风险管理[M].上海:华东理工大学出版社,2017.
[23] 谢非.风险管理原理与方法[M].重庆:重庆大学出版社,2013.
[24] 孙星.风险管理[M].北京:经济管理出版社,2007.
[25] 周丽萍,王利敏,李德满.财务管理[M].南京:东南大学出版社,2014.
[26] 王毅,王宏宝.财务管理项目化教程[M].北京:北京理工大学出版社,2015.
[27] 韦绪任.财务管理[M].北京:北京理工大学出版社,2018.
[28] 詹姆斯·皮克福德.人员管理[M].佟博,李小北,译.北京:经济管理出版社,2003.
[29] 温亚震.基于胜任力模型的专业技术人员管理指南[M].北京:中央编译出版

社,2003.
- [30] 琼斯.人力测评[M].李建伟,许炳,译.上海:上海财经大学出版社,2001.
- [31] 彼得·德鲁克.卓有成效的管理者[M].许是祥,译.北京:机械工业出版社,2009.
- [32] 童敏.社会工作专业服务的规划及设计[M].北京:社会科学文献出版社,2011.
- [33] 王德高.公共管理学[M].武汉:武汉大学出版社,2005.
- [34] 时立荣.社会工作行政[M].北京:中国人民大学出版社,2015.
- [35] 石伟.时间管理[M].北京:企业管理出版社,2004.
- [36] 李跃宇,徐玖平.项目时间管理[M].北京:经济管理出版社,2008.
- [37] 杨坤.项目时间管理[M].天津:南开大学出版社,2006.
- [38] 时立荣.社会工作行政[M].北京:中国人民大学出版社,2014.
- [39] 顾东辉.社会工作评估[M].北京:高等教育出版社,2009.
- [40] 方巍.管理学[M].上海:格致出版社,2012.
- [41] 方巍.社会福利项目管理与评估[M].北京:中国社会出版社,2010.

后 记

近十余年来,中国的社会工作领域发生了翻天覆地的变化,社会工作事业取得了重大进步,突出体现在社会工作政策环境的极大改善,社会工作人才的异军突起,社会工作机构的蓬勃发展,社会工作服务项目的逐层展开以及社会工作专业教材的逐步完善等诸多方面。伴随历史的洪流滚滚向前,我们在社会工作领域也不敢有丝毫懈怠。十余年来,我们追随时代的脚步,践行社会工作的专业精神,着力为社会工作专业学生打造良好的育人环境,为社会工作服务项目搭建优质的孵化平台,并期冀为中国社会工作事业发展添砖加瓦,贡献微薄之力。

社会工作专业人才培养离不开课程体系的设计与教材的编写。以往的经验告诉我们,不断结合新形势的发展,开发相应的社会工作专业课程,做到与时俱进、不断创新,才能让学生在社会工作大发展的今天迅速适应时代的新要求。

本教材是安徽省"十三五"省级规划教材(项目号:2017ghjc184)的建设成果。项目立项以来,主编夏维奇、李松两位老师从教材内容设计、体例框架建构、参编人员分工、时间进度安排等方面做了大量工作,并联合相关社工机构先后召开了四次会议商定编写原则和教材内容。2018年4月,夏维奇教授、李松副教授前往香港调研当地社工服务项目运行情况。2019年6月,两位主编前往台湾,与东海大学社会工作系、公益慈善与社会服务研究中心负责人进行座谈,详细了解当地社会工作项目管理运行情况。在此期间,我们先后前往广东、江苏、上海、安徽等地,实地考察社工机构,商洽教材编写工作。经过充分的调研和论证,教材于2018年年底完成初稿。2019年2月,教材进入试用阶段,经过一学期的试用,课程教师和学生进一步提出了修改建议。2019年8月,两位主编及时组织统稿修订工作,缪保爱、胡善平、程书松三位副主编加入到统稿修订过程中。在主编的带领下,经过充分讨论,对教材内容进行了新的调整、补充和修订。

本书编写过程中,邀请了安徽农业大学俞宁教授、安徽大学吴宗友教授、深圳志远社会工作服务社项目总监孙丹丹、合肥爱邻社会工作服务社总干事柏俊、苏州众合社会工作事务所总干事金笛、安庆众禾社会工作服务中心主任汪明、深圳市龙岗区龙祥社工服务中心常务副总干事齐岩等进行审稿,诸位学者专家提出了许多宝贵意见,很多中肯意见被吸纳到教材的修订工作中,在此对他们的辛勤工作表示衷心的感谢!

本教材的编写是集体智慧的结晶。具体撰稿人员分工如下:第一章,夏维奇、李松、程书松;第二章,程书松、方曙光、梁霞;第三章,胡善平、程书松;第四章,缪保爱、程书松;第五章,夏维奇、李松、胡善平、缪保爱、汪明、孙天骄;第六章,缪保爱、张冬、姚政宏、刘娟、李春桃。全书最后由夏维奇、李松统稿、审订,刘钰参与了校对工作。在教材编写过程中,深圳志远社会工作服务社、深圳市龙岗区龙祥社工服务中心、苏州众合社会工作事务所、合肥爱邻社会工作服务社、安庆市众禾社会工作服务中心、安庆市阳光社会工作服务中心、合肥阳光公益社会工作服务中心、巢湖益仁社会工作服务中心等机构参与了教材的相关工作,他们或是为教材提供了素材案例,或是对教材内容提出了修改意见,或是机构的工作人员直接参与了书稿的撰写。因此,这本教材是高校与社会工作机构协同研发的产物。

在教材编写过程中,中国科学技术大学出版社的编辑多次与我们沟通协调,并从编辑出版角度提出了很好的意见,其出色的工作为本教材添彩良多,我们在此深表感谢!

编者
2020 年 10 月